Héctor Trinidad

VIVIR
para
SERVIR

LIDERANDO
el Cambio para
CAMBIAR EL MUNDO

Héctor Trinidad

VIVIR

para

SERVIR

© Vivir para Servir (Liderando el Cambio para Cambiar el Mundo)

Inscrito en el Registro de la Propiedad Intelectual: ©SafeCreative (Registro: 1708163303608)

ISBN: 978-1973588474

©Héctor Trinidad Quijada

htrinid@hotmail.com

hector.trinidad@nash-humanes.com

Imagen de portada: ©Ana María Domínguez Lumbreras

anamdolu@gmail.com

Editado y maquetado en España

A Alexandra y Noa, a Noa y Alexandra

Índice General

BLOQUE 3 – COMUNICACIÓN

BLOQUE 4 – LIDERAZGO INSPIRADOR

BLOQUE 5 – CASOS DE ÉXITO

Prólogo

Allá por el año 2013 me encontraba inmersa en una intensa actividad de búsqueda de empleo. Tras casi un año sin conseguir mi objetivo laboral, decidí reforzar mi marca personal y proyectarla a través de mi Blog "Caminando hacia el empleo". Mi objetivo era poder utilizarlo como herramienta de aprendizaje, intercambiar información y que fuera de utilidad para todo aquel que se encontraba buscando empleo. Además, quise mostrar y reflejar mis motivaciones, mis reflexiones, mis valores, mi experiencia y todo lo que yo podía aportar.

Fue entonces cuando conocí a Héctor, mi fiel seguidor casi desde mis primeros post. Uno tras otro los leía, los comentaba, exponía sus críticas y me daba la enhorabuena por lo que transmitía. Siempre apostó por mí y desde el principio ¡me dijo que tenía talento!, es increíble la inyección de motivación que me facilitaba, y ¡sin conocernos en persona!

Desde entonces, por unas cosas o por otras, siempre hemos estado en contacto.

En octubre del 2016, de entre un grupo de personas, Héctor, un "cazador de Ángeles en busca de su sueño", me pidió colaboración para promocionar su libro "Cambia para Cambiar el Mundo" (aprovecho para deciros que si no lo habéis leído aún, no dejéis de hacerlo, es un libro auténticamente genial). Como no, le dije que sí y fue sin duda una experiencia maravillosa, que facilitó que un grupo de personas que apenas nos conocíamos de nada, pasáramos a formar parte de un grupo con un objetivo común y que consiguió establecer conexiones y simpatía entre muchos de nosotros, incluso sin vernos en persona. ¡Es más!, escribimos una novela juntos, K-THARSYS. (Lectura también recomendada☺)

De nuevo, me veo involucrada en otra de las locuras de Héctor. El 17 de agosto de 2017, nos consultó a un grupo de personas si queríamos participar como lectores de prueba de la primera versión de "Vivir para Servir" antes de publicarla. Y como no, ¡volví a decir SI!

Vivimos en una sociedad que ha avanzado en muchos campos, pero en ciertos otros como la gestión de personas y el desarrollo del liderazgo, el avance no está en concordancia. Considero que no está alineado con el panorama y las necesidades actuales, hay que mejorar mucho. Es necesario humanizar esta sociedad y sobre todo la forma de liderar en las empresas. Hay mucho que hacer y hay que mostrárselo al mundo.

Estáis ante un libro que desmitifica la figura del líder y cómo éste puede llegar a ser exitoso. El autor moderniza, humaniza y adapta dicha figura a la sociedad actual. Desde mi punto de vista y lo que transmite el libro, los pasos para ser un líder inspirador, son pasos que debemos dar todas las personas, independiente-mente de que ejerzamos o no el rol de líder. Se trata de encontrar un equilibrio para favorecer el desarrollo personal de todos y en consecuencia, el de la organización.

"Vivir para Servir" es un libro de lectura amena y entretenida, cercano, real (os sentiréis identificados en muchísimos de los ejemplos expuestos), perfectamente estructurado y práctico. Es un manual útil y ¡listo para ser aplicado! Un deleite de lectura con un formato muy atractivo y que engancha. Pero no voy a avanzar nada más, ¡comprobadlo vosotros mismos!, estoy segura de que disfrutareis igual que lo hice yo.

Y bueno, aquí estoy yo, escribiendo el prólogo de un libro al que auguro un gran éxito. Una vez más, Héctor ¡me lió! El 27 de agosto terminé el libro y ¡fui la primera en hacerlo! Como no, eso no podía quedar ahí. Héctor me pregunto si le hacía el honor de escribir el prólogo, pregunta a la que ¡volví a responder SI! Lo que él no sabía, es que el honor era mío. GRACIAS con mayúsculas, amigo mío. Gracias por creer en mí desde el principio, gracias por apostar por mí siempre y gracias por decírmelo tan alto y tan claro, ¡que conseguiste reactivar mis motivaciones!...Héctor, ¡tú tienes madera de líder! ☺

Para finalizar, como dice el autor, vivamos una sociedad donde el LÍDER deje de ser el que más explote a sus PERSONAS y sea el que más VALOR aporte a la HU-MANIDAD.

Os dejo con "Vivir para Servir", ¡que disfrutéis!

Laura Varó Pastor
Consultora de Gestión y Desarrollo de PERSONAS

BLOQUE 1
TÚ

1 | A mí me han engañado

En el momento de escribir este libro, he gastado ya los primeros 40 años de mi vida, y si echo la vista atrás tengo muy clara una cosa: A mí me han engañado.

Desde que yo era un niño, un adolescente, un joven...hasta más o menos superada la treintena, me engañaron, me vendieron un mundo que no, pero que no de verdad, que no me gustaba y me sigue sin gustar, y lo peor, que no va a ningún lado, porque el futuro no va a ser así.

Me educaron en el PASADO

Me educaron, y piensa si a ti también, en un mundo de rivalidad continua, de buenos y malos, de Madrid y Barça, de Estados Unidos y URSS, de ser mejor que los demás, de premios a los que ganaban las cosas.

No valía con que aprendieras, tenías que ser el número uno, o el mejor, no valía con que fueras mejor cada día, tenías que ser mejor que los demás, en el colegio, en el instituto, en la universidad, en el trabajo, y eso...

¿Por qué? Y sobre todo, ¿Para qué?

¿Por qué yo tenía que ser mejor que los demás? No lo entiendo. Realmente me empecé a mosquear una vez que, en la universidad, vi las listas de las notas de una asignatura y me llevé una gran sorpresa cuando vi la expresión:

Héctor Trinidad – Nota – 6 – Resultado – SUSPENSO

Automáticamente fui a la revisión del examen para comentarle al profesor que había habido un error administrativo para que lo corrigieran, y la respuesta del profe fue:

¿Sabes lo que ha pasado? Como ha habido más aprobados de lo que las estadísticas nos dicen que es lo NORMAL, ha habido que subir la nota de corte del aprobado, por lo que se ha situado en un 7, y los que habéis obtenido menos de 7 habéis suspendido.

Pero...¿Qué me estás contando?

No solo me estás aplicando una regla arbitraria que nadie (hasta ese momento) conocíamos, sino que me estás queriendo decir que el hecho de que yo apruebe o suspenda una asignatura no depende del grado de conocimientos que adquiera, sino que depende de que sea mejor que un número determinado de compañeros...

 ¡Qué bien! ¡Ole, ole, ole! ¡Viva el trabajo en equipo, el espíritu de ayuda y la solidaridad!

Como te digo, ahí me empecé a mosquear, y me di cuenta que no solo tenía que ser bueno, sino que debía ser mejor que los demás, y si podía hacer que fracasaran...mejor, ya que yo destacaría, no por mis logros, sino porque soy mejor que otros.

Y claro, luego llegas al mundo laboral y empiezas a ver rankings de ventas, incentivación, compensación y beneficios en los que se premian...¿Qué consigas tus objetivos o que seas mejor que los demás? El mejor de Madrid, el mejor de España, el mejor del Mundo.

Y claro tú me puedes decir, pero es que las empresas están para ganar dinero y tienen que incentivarte para que vendas más...

 Pero es que no es lo mismo que me incentiven a vender más que ayer, que a vender más que mi compañero, ¿No?

Muy bien, salgámonos de la empresa, y nos vamos al deporte, que es el ejemplo más grande de compañerismo, solidaridad, esfuerzo. Aquí estas cosas no pasan, ¿verdad?

Aquí no se dan medallas al mejor de Madrid, al mejor de España, al mejor del Mundo, al mejor de los juegos olímpicos, máxima representación de la unión de los pueblos mundiales en el noble arte del deporte.

En este libro vamos a hablar de LIDERAZGO, y lo vamos a hacer porque nos han educado para machacar al adversario, para ser mejor que el compañero, para hundir al amigo (bueno al amigo no, por eso es mejor que tus amigos te los busques fuera del curro, porque si hay que elegir...), eso sí con elegancia, modestia, humildad, nada de arrogancia ni soberbia, de buen rollo.

 Pero eso era antes, ¿verdad? Ahora no pasa.

Ahora los papás no vamos los fines de semana con los niños a que jueguen al fútbol e insultamos a los árbitros. No queremos que todos nuestros niños sean Cristiano Ronaldo (porque nosotros no lo hemos podido ser) y les exigimos que machaquen a su adversario y brillen por encima de sus compañeros, porque el Madrid y el Barça solo se van a fijar en los mejores de los mejores y claro, siendo "solidarios" y "trabajando para el equipo" no se brilla ni se sobresale.

Eso ya no pasa, ahora a los niños les educamos en la cooperación, en el trabajo en equipo, en ayudar el prójimo, les inculcamos todos esos valores que a nosotros no nos inculcaron,

 ¿Verdad?

Os puedo asegurar que se pueden hacer las cosas de otra manera, hacer deporte de otra manera, y competir de otra manera, pero claro, en esta realidad que te ofrezco el deporte es un medio, no un fin.

Un medio para crecer como PERSONA, para llenarse de VALORES como el compañerismo, lealtad, esfuerzo, generosidad, entrega, sacrificio…Un medio para sentirse ÚTIL (no estrella), para sentirse IMPORTANTE (no imprescindible), para sentirse FUERTE (no poderoso), para sentir que el objetivo no es GANAR, es CRECER juntos y ser mejores cada día.

Si el FIN es ser una estrella y forrarse de millones, todo lo anterior NUNCA se dará, y volverá a ser una GUERRA por ser MEJOR que los demás, rivales y compañeros.

Afortunadamente, cada vez hay más "locos" que ven el deporte de esa manera, si quieres saber más, no dudes en llamarme, te presentaré a muchas PERSONAS que están Cambiando el Mundo gracias a la educación con VALORES deportivos.

Al resto de los mortales, que no nos han educado así (ni nos están educando así), al llegar al mundo de los mayores, si queremos progresar, nos exigen que seamos grandes LÍDERES, y si no lo eres es porque…porque eres medio bobo, que ya has ido al curso de 2 días de "Liderando Personas para los desafíos digitales".

Y hablando en serio, además de ese curso de 2 días, yo te pregunto,

 ¿Tú recuerdas que te hayan educado alguna vez para ser un gran líder? ¿En el colegio? ¿En el instituto? ¿En la universidad? ¿En el trabajo?

Piensa en tu etapa infantil, seguro que recuerdas a algún amigo o amiga que tenía unas características increíbles de liderazgo, piensa en esa persona a la que te gustaba seguir, sin que te lo pidiera, solo porque te inspiraba…

 ¿Le recuerdas? ¿Qué pasó con esa persona?

15

Seguramente habrá fracasado en la vida adulta, porque nadie potenció esas habilidades de liderazgo, porque el hecho de que fuera popular, de que fuera un referente para sus amigos, de que cuestionara lo que se le imponía o se le decía y no se lo creyera así porque sí, generaba MIEDO o INCOMODIDAD entre quien le tenía que controlar.

O probablemente nadie de los referentes que tenía esa persona, de los que le tenían que guiar, estaba preparado para hacerlo, porque educar no era eso, educar era que aprendieras bien la lección, que sacaras buenas notas y que fueras "de los buenos" de clase, si podía ser "de los mejores" mucho mejor, y si podías ser "el mejor de la clase"...a lo mejor te daban beca y todo.

Seguramente ese amigo o amiga tuya fue poco a poco quedando aislado, los papás y mamás de los otros niños les dirían:

"No vayas con es@ chic@ que es muy rebelde, no es una buena influencia"

 ¿Pero...qué se hizo con esa rebeldía? ¿Se canalizó, se orientó o se intentó cortar de raíz? Incluso con esa persona, ¿se le reorientó o se le desplazó del "sistema productivo"?

Como dijo Pablo Neruda:

"Podrán cortar todas las flores, pero no podrán detener la primavera"

Afortunadamente, muchas veces hay personas que triunfan en la vida y que no han hecho lo que les decían que debían hacer. Y encima nosotros les admiramos y decimos:

"Vaya, como me gustaría ser como esa persona, ser un referente, tener su personalidad, su carisma, su liderazgo"

 **¿En serio piensas que esa persona fue como los demás querían que fuera?¿De verdad crees que no tuvo que luchar para huir de todos los podadores de flores? ¿Realmente piensas que aprendió a ser como es con el curso de "Liderando Personas para los desafíos digitales"?**

En este libro vamos a hablar de LIDERAZGO, pero liderazgo de verdad, del que inspira, del que mueve, del que hace que pases a la acción, del que CAMBIA EL MUNDO.

Y por eso, a partir de ahora te voy a cuestionar muchas de tus creencias y, lo más importante, te voy a hacer trabajar en ti mismo.

Si piensas que SOLO por leer este libro te vas a convertir en el LÍDER que no eres y que nunca has sido, te recomiendo que cojas este libro y se lo regales a alguien que pienses que lo pueda aprovechar más que tú.

Sin embargo, si estás dispuesto a trabajar en ti mismo, a incomodarte y dejarte incomodar por mí, si estás dispuesto a comenzar un nuevo estilo de vida orientado al desarrollo de tu LIDERAZGO (ya que nadie te ayudó nunca a desarrollarlo, vas a tener que ser tú quien comience a trabajarlo), y estás dispuesto a comenzar a VIVIR PARA SERVIR (poco a poco entenderás lo que esto significa) estás en el lugar adecuado, con las dos personas adecuadas, solos

TÚ y YO

Es tu decisión…

? ¿Comenzamos a trabajar juntos?

2 | El falso LÍDER que te intentan vender

Bueno, si has pasado la página es que estás dispuesto a escuchar cosas distintas de las que habitualmente escuchas (o lees), y me alegro mucho por ello (o a lo mejor has dicho, voy a seguir un poco más a ver que me tiene este hombre que contar...)

En ambos casos te doy las gracias y te aseguro que voy a hacer un gran esfuerzo porque capítulo a capítulo te quedes conmigo trabajando en tu LIDERAZGO.

Porque eso es lo primero que debes tener claro, aquí vas a trabajar en TU LIDERAZGO, el de nadie más: ni el mío, ni el de tu pareja, ni el de tu jefe, ni el de tu hijo, tu padre, tu prima...solo el tuyo, porque debe ser único e irrepetible para ti, y como tal, yo no te voy a decir cómo debes SER, aunque sí te voy a ayudar a que descubras CÓMO ERES y CÓMO QUIERES SER, y seguramente te sorprendas porque hay mucha diferencia entre CÓMO ERES y CÓMO QUIERES SER.

Y seguramente, en este punto me digas:

> **" "Pero si yo SÉ CÓMO SOY"**

Bueno, no lo dudo (o sí ☺), pero nunca viene mal que dediques un poco de tu tiempo a que repases si ha cambiado algo desde la última vez que hiciste un informe de autoconocimiento, y así ves la evolución que has tenido.

> **? ¿No crees?**

Pero no adelantemos acontecimientos y vayamos desmontando mitos sobre LIDERAZGO que, a base de escucharlos, hemos dado por ciertos, y no lo son tanto.

Lo primero de lo que me gustaría decirte es que:

> **" *"Casi todo lo que escuchas o lees de LIDERAZGO no es cierto"***

Así...para empezar, desafiando a todo el mundo especializado que escribe, investiga y publica sobre LIDERAZGO. Me voy a intentar explicar:

Podrás escuchar muchos modelos de LIDERAZGO publicados en libros de Management:

- Autoritario
- Democrático

- Laissez-Faire
- Transaccional
- Transformacional
- Orientado a tareas
- Orientado a personal
- …
- Y el que más mola de todos, el Liderazgo Situacional

Y podríamos dedicar aquí líneas y líneas a definirlos y decir cuál es el mejor y el que debes adoptar para tu vida, pero…

"Esto no es LIDERAZGO"
¿Y por qué digo que eso no es LIDERAZGO?

Porque esos modelos que han definido no son más que maneras de catalogar y clasificar los comportamientos por los que ciertos grupos de JEFES administran su AUTORIDAD.

Es decir, todo se circunscribe al ámbito empresarial, y define cómo las personas que tienen la responsabilidad de obtener unos resultados determinados los obtienen (o no) en base a la actitud que toman en relación a las personas con las que trabajan.

Porque hay una relación jerárquica y, entonces son JEFES, lo que pasa que ahora mola más decir que son LÍDERES.

¿Y cómo vas a "pasar" de seguir a tu JEFE, que es el encargado de determinar tu estabilidad dentro de tu EMPRESA, que es la que te PAGA, y hace que puedas VIVIR?

Como mucho le criticarás un poco (o un mucho) en casa con tu familia, o en el pasillo con tus compañeros, o en el bar con los amigos, pero…es probable que tu JEFE ni siquiera se haya parado a preguntarte nunca lo que piensas de él como JEFE (porque no le interesa o porque le da MIEDO escuchar y prefiere ignorarlo). Puede que, a lo mejor lo haya hecho la empresa, que te ha preguntado por él en el "Proceso de Evaluación 360", pero tampoco vas a ser demasiado duro, no vaya a ser que te perjudique, ¿No? Que a nadie le gustan los que protestan demasiado,

¿Verdad?

Incluso si tú eres ese JEFE, tampoco tienes demasiado margen de actuación, ya que estás dentro de una organización que tiene una cultura determinada e incluso un modelo de "LÍDER" definido y establecido, es decir, entras en una empresa y te dicen, no sólo como debes hacer tus tareas, sino cómo debes ejercer tu LIDERAZGO de acuerdo a los valores de la empresa.

 ¿Y por qué he dicho antes que el que más mola es el LIDERAZGO SITUACIONAL?

Porque este tipo de LIDERAZGO dice que irás adaptando tu comportamiento de acuerdo a la madurez del grupo y el grado de dominio de las tareas de los individuos, es decir, que debes ser capaz de pensar en cada momento:

- Veamos, ¿es el momento ideal para delegar un poco más o controlarles? No vaya a ser que...
- Ahora, ¿debo supervisar más o dejarles por su cuenta?
- ¿Les tengo que ayudar y formar más o dejarles respirar?

Y eso, en el mejor de los casos, con tu cursito de dos días del "Súper Líder Situacional", y digo en el mejor de los casos porque esos cursos son muy caros y solo los pagan las grandes empresas que invierten en sus directivos, si eres de una pyme me parece a mí que ni curso ni...

Otra cosa que te puede haber pasado es que te hayan promocionado a jefe de algo porque eras muy bueno en lo que hacías antes, pero antes no tenías personas a tu cargo, y has pasado a LIDERAR EQUIPOS cuando tú lo que hacías bien antes era su trabajo, y encima tu EQUIPO no lo hace tan bien como tú, porque si lo hubieran hecho tan bien, les hubieran promocionado a ellos en vez de a ti, y echas de menos cuando hacías tú las cosas porque no había fallos, y ahora sí los hay y te metes demasiado en sus tareas, y te piden que delegues, pero como vas a delegar si no saben hacerlo tan bien como tú, y entonces...

 **!!! AHHHHHHHHHHHH !!!
¿Por qué me han hecho jefe de ventas, si lo me gustaba era vender?**

Entonces lo asumes, no eres un GRAN LÍDER MUNDIAL como esos que ves en la tele y en los libros, y en los periódicos, y en los blogs, y en las Redes Sociales, pero piensas:

"Yo no he podido ser así porque nunca me han enseñado a ser un GRAN LÍDER, pero mis hijos sí pueden serlo, así que deben tener la oportunidad de disponer de la formación que yo no tuve"

? **¿Y qué haces?**

Pues lo mismo que con el fútbol, como no eres CR7 quieres que tu pequeño lo sea (y ojalá que lo sea). Buscas la mejor educación para él o ella, que para eso su padre/madre se está matando a currar y ves en la publicidad de los colegios:

"Colegio Internacional Británico XXXXXX – Formamos hoy los LÍDERES del mañana"

 ¿Pero qué me estás contando?

La frase es buenísima, ellos lo saben, y te lo venden pero...

 ¿De verdad les están formando para ser LÍDERES?

Porque vas a ese colegio y les preguntas por sus modelos educativos y sobre cómo van a "Formar hoy los LÍDERES del mañana" y ¿Qué te cuentan?

Que ellos tienen un modelo educativo innovador, bilingüe, con las mejores tecnologías, donde sus alumnos salen preparados para entrar en las mejores universidades y obtener los mejores rendimientos académicos, y las titulaciones oficiales de las escuelas de idiomas.

Además, como van a estar en los niveles más altos de la sociedad y los negocios, ellos mismos se van a ayudar unos a otros gracias a sus grupos de Networking donde se les inculca que hay que ayudar a los compañeros del colegio.

 ¿Y eso son LÍDERES? !! Estás creando una ÉLITE !!

Y no me malinterpretes, que sé que quieres lo mejor para tu hijo, pero llama a las cosas por su nombre, tú no quieres que tu hijo sea un líder,

❗❗ !! Quieres que sea el CR7 de los negocios !!

Entonces, vamos a llamar a las cosas por su nombre y vamos a diferenciar LIDERAR de MANDAR y vamos a establecer unas premisas sobre las que vamos a trabajar nuestro modelo y sobre los que tú vas a trabajar tu LIDERAZGO si decides seguir al siguiente capítulo.

- Aunque vamos a poder aplicar TODO lo que trabajemos aquí a TU mundo empresarial, a tu trabajo, a tu EQUIPO, a tu día a día, para trabajar realmente tu LIDERAZGO vamos a quitar el componente JERÁRQUICO, es decir, todo lo que vamos a trabajar es bajo el supuesto de que NO ERES JEFE DE NADIE.

Y si me dices que no puede ser, no te preocupes, te voy a poner muchísimos ejemplos de personas que NO son JEFES de nadie y que son grandes LÍDERES, moviendo a millones de personas en todo el mundo

- Vamos a quitar también el componente económico, es decir, NO VAS A PAGAR A NADIE, la gente te va a seguir porque quiere. Es más, puede que incluso les cueste el dinero.
- Vamos a quitar el componente FAMILIAR, es decir, vamos a LIDERAR personas con las que no tienes una relación directa y que se vean "obligadas" a seguirte solo por el hecho de ser tus padres, hermanos, hijos, primos, (cuñaos no, porque esos no te siguen nunca jamás en la vida, aunque les pagues millones ☺).

En resumen, vamos a trabajar tu LIDERAZGO y lo vamos a hacer desde el punto de vista de que seas capaz de mover, inspirar, motivar, ilusionar...PERSONAS.

Por eso, que no te cuenten cuentos ni películas, el LIDERAZGO no es una manera de administrar recursos, es una manera de MOVER PERSONAS, con el fin de conseguir un objetivo COMÚN.

Y aunque lo veremos muy detenidamente más adelante, a lo largo de todo el libro, para ser un gran LÍDER no hace falta estudiar en las mejores escuelas de negocios mundiales, solo hace falta tener ACTITUD DE LÍDER.

¿Y cuál es la ACTITUD DE LÍDER?

Veremos muchas características de esta ACTITUD DE LÍDER, pero la principal, por eso este libro se llama como se llama es la ACTITUD DE SERVICIO, a las PERSONAS y al OBJETIVO COMÚN.

A partir de ahora, debes interiorizar que el LIDERAZGO es un estilo de vida, el cual debes aplicar a todos los ámbitos de eso, de tu vida, y el cual debe basarse en el SERVICIO a los demás.

Y cuando hablamos de SERVICIO, de SERVIR, quiero decir que seas capaz de generar UTILIDAD, a tu familia, a tus amigos, a la sociedad, a tu comunidad, a tu empresa...al mundo en general.

Cuanta más utilidad consigas generar, cuanto más ÚTIL seas, cuanto más SIRVAS y cuanto más se BENEFICIE el mundo de todo lo que le das, más desarrollarás tu LIDERAZGO, y eso mi querido/a amigo/a (*a partir de ahora utilizaré el género masculino que se corresponde con el neutro en mis expresiones, pero me estaré dirigiendo a ti igualmente seas hombre o mujer, es más, mis estadísticas me dicen que me leen muchas más mujeres que hombres*) no lo conseguirás si no comienzas a vivir una vida de SERVICIO como el LÍDER que deseas ser.

Por eso, vamos a comenzar a trabajar y vamos a hacer el primer ejercicio de muchos de este libro.

23

Al igual que en Cambia para Cambiar el Mundo®, este libro se puede leer todo seguido, sin hacer los ejercicios, simplemente ojeándolos y haciendo una pequeña reflexión sobre ellos, o parándote en cada uno de los ejercicios y dedicándoles el tiempo necesario para que los trabajes de acuerdo a lo que tú necesites.

La manera que elijas solo depende de ti, de lo que más cómodo te resulte, pero por la experiencia de Cambia para Cambiar el Mundo® y de sus lectores, me han indicado que de la manera en la que le han sacado un mejor rendimiento ha sido la segunda:

Leyendo todo seguido el libro, reflexionando mentalmente un rato los ejercicios y, al terminar el libro y obtener una visión global del mismo, coger un cuaderno bien grande y, en una segunda lectura a conciencia, trabajar detenidamente los ejercicios.

(Además, nuestros lectores nos suelen mandar primero fotos con el libro y posteriormente con el cuaderno cuando comienzan a "trabajarlo intensivamente". Por supuesto que, si lo haces, te estaré eternamente agradecido y las publicaremos en nuestras Redes Sociales).

Ejercicio 1

Muy bien, como yo ya llevo un rato hablando y no me gusta que este libro sea un monólogo, ahora te toca a ti y, para eso, vamos a hacer el primer ejercicio.

La dificultad, intensidad y extensión de los mismos irá aumentando a lo largo del desarrollo del libro, por lo que este primero va a ser muy facilito.

Lo que sí te voy a pedir es que en los ejercicios **SEAS COMPLETAMENTE SINCERO**, nadie va a saber lo que escribes, piensas, dices...así que no tiene sentido que te "mientas", te recomiendo que te digas la verdad, aunque duela, porque cuanta más verdad haya, más crecimiento podrá haber, te lo aseguro.

Dicho esto, comencemos:

Vas a comenzar a explorar tu liderazgo, por lo que quiero que pienses en 3 situaciones cotidianas de tu vida (personal, familiar o profesional, aún no vamos a quitar ningún componente de los que hemos hablado) en los que ejerzas de **LÍDER**.

¿Ya las tienes?

Piénsalas un poco más, sí que hay 3, aunque no mandes a nadie, ni estés casado, ni tengas hijos.

¿Ya las tienes?

Muy bien. Ahora quiero que analizándolas un poquito me contestes a lo siguiente:

- Dime 5 cosas que consideras que deberías mejorar en tu **LIDERAZGO**.
- Dime 5 cosas que consideras que haces bien como **LÍDER**.
- De 0 a 10, ¿qué nota te pondrías como **LÍDER**? ¿Por qué?
- ¿Qué tendría que pasar para que llegaras al 10?

Muy bien, ya hemos terminado el primer ejercicio, ¿has visto qué fácil?

¿Continuamos?

3 | NUNCA serás un LÍDER leyendo artículos sobre las características que debe tener un LÍDER

Y te lo digo yo, que estoy escribiendo un libro sobre LIDERAZGO para ti. ☺
Me sorprende mucho la tendencia actual que hay de hablar sobre LIDERAZGO, bueno, más que hablar...compartir o escribir artículos sobre LIDERAZGO del tipo:

"Las cinco cosas que hacen todos los LÍDERES exitosos" o
"Tres cosas que no debes dejar de hacer si quieres ser como Steve Jobs" o
"Cómo ser un LÍDER en 15 días"

Está muy de moda aparentar en las Redes Sociales, tanto en las de "ocio" como en las "profesionales" que te interesa mucho el LIDERAZGO y, sobre todo, que estás orientado al LIDERAZGO más moderno, al último que se haya inventado, ya sea el SITUACIONAL, el TRANSFORMACIONAL, el EMOCIONAL, o el siguiente que se nos ocurra y que termine en -AL.

(Más adelante nos reiremos de esto, porque buscaremos un nombre chulo para ponerle al modelo de LIDERAZGO que vamos a trabajar en este libro ☺, pero intentaremos que no termine en -AL)

Además, mola mucho compartir esas cosas intentando decirle al mundo:

 "Así soy yo, de los que molan, y los demás son unos rancios que deben cambiar y evolucionar"

Pues mi querido amigo, te voy a decir varias cosas:

Ni eres tan guay como crees, ni los demás van a pensar que lo seas solo por compartir esa serie de cosas y no vas a aprender a ser un gran LÍDER leyendo ese tipo de artículos, pero...

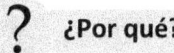 **¿Por qué?**

Antes de contestarte a la pregunta, quiero hacer una pequeña introducción a mi explicación, y para eso he de decirte que nuestro proceso de aprendizaje se basa en cuatro conceptos con los que nos vamos a familiarizar:

1 CAPACIDADES
2 CONOCIMIENTOS
3 HABILIDADES
4 COMPETENCIAS

La diferencia entre todos ellos es muy clara y, para entenderla mejor, además de explicártelas, te las voy a ilustrar con dos ejemplos, COMUNICARNOS y CONDUCIR:

CAPACIDADES

Cuando hablamos de CAPACIDADES me refiero al potencial que tú tienes para hacer cualquier cosa, es decir el hecho de que FÍSICAMENTE puedas o no puedas hacerlo.

En nuestros ejemplos, salvo que tengas alguna limitación física o cognitiva, cualquier persona adulta tiene CAPACIDAD para conducir, y cualquier persona (sin límite de edad) tiene capacidad para comunicarse, ¿cierto?

CONOCIMIENTOS

Me refiero al marco teórico que hace que sepamos CÓMO se deben hacer las cosas.

En los dos ejemplos, podemos aprender en un libro CÓMO se conduce y podremos aprender en libros también CÓMO es el proceso de la comunicación (con su emisor, receptor, canal, mensaje, código...). Sin embargo, que nos sepamos la teoría no quiere decir, ni que sepamos conducir, ni que sepamos comunicarnos.

HABILIDAD

Si tenemos la HABILIDAD quiere decir que:
- Podemos hacerlo (CAPACIDAD)
- Sabemos CÓMO hacerlo (CONOCIMIENTO) y
- SABEMOS HACERLO porque hemos puesto en práctica CONSCIENTE los conocimientos adquiridos.

Aquí quiero que tengas muy clara la diferencia entre

SABER CÓMO SE HACE (teoría – **CONOCIMIENTO**) y
SABER HACER (práctica – **HABILIDAD**)

Pero una cosa que debemos tener antes de todo eso es VOLUNTAD, es decir, QUERER HACER las cosas, porque si no queremos aprender a conducir nunca lo haremos, y si no queremos comunicarnos (que no es lo mismo que hablar) tampoco lo haremos.

Por eso, el proceso para aprender algo será:

> **Querer hacerlo (VOLUNTAD)**
> **Poder hacerlo (CAPACIDAD)**
> **Saber cómo se hace (CONOCIMIENTO)**
> **Saber hacerlo (HABILIDAD)**

En nuestros ejemplos:

Somos conductores cuando:

- Hemos decidido que queremos aprender a conducir (tenemos la VOLUNTAD de aprender).
- Tenemos la CAPACIDAD de conducir (por eso nos hacen exámenes psicotécnicos y físicos)
- Cuando tenemos el CONOCIMIENTO necesario (por eso nos han hecho exámenes teóricos) y
- Hemos demostrado que SABEMOS HACERLO (por eso nos han hecho un examen práctico).

Igual en el tema de COMUNICACIÓN:

- QUEREMOS comunicarnos.
- Tenemos la CAPACIDAD para comunicarnos
- Sabemos CÓMO hay que COMUNICARSE y
- Sabemos COMUNICARNOS.

Ahora bien,

 Que sepamos hacer algo no quiere decir que seamos COMPETENTES, que tengamos la COMPETENCIA.

Que nos comuniquemos no quiere decir que lo hagamos BIEN, y que conduzcamos y tengamos el permiso para hacerlo, no quiere decir que conduzcamos BIEN, no quiere decir que seamos COMPETENTES.

La COMPETENCIA significa que sabemos aplicar nuestra CAPACIDAD, nuestros CONOCIMIENTOS y nuestras HABILIDADES, cuando lo necesitemos, de la mejor manera y en el momento más adecuado.

Para ello debemos dar dos pasos más y esos pasos son

**Querer SER
Saber SER**

Antes de continuar vamos a ver este resumen

**VOLUNTAD - QUERER HACER
CAPACIDAD - PODER HACER
CONOCIMIENTO - SABER COMO SE HACE
HABILIDAD - SABER HACER
VOLUNTAD - QUERER SER
COMPETENCIA - SABER SER**

Por ejemplo, en el caso de conducir el coche, SOMOS COMPETENTES, cuando SOMOS capaces de desarrollar la actividad con destreza, resolver imprevistos, adaptar nuestra manera de actuar según las necesidades: si llueve, hace frío, sol, es de noche, hay un accidente, vamos por buenas vías, caminos de tierra...Sabemos lo que hay que hacer en cada momento y respondemos de manera instantánea e instintiva.

Hay muchísimas personas que son conductores pero no quieren SER competentes, y muchas personas que QUIEREN SERLO, pero que nunca llegan a SERLO.

En el caso de la COMUNICACIÓN es exactamente igual. Pensamos que tenemos la COMPETENCIA de la COMUNICACIÓN porque QUEREMOS hablar, y PODEMOS hablar, es decir, porque tenemos la CAPACIDAD de hablar, y no es así.

Vemos a grandes comunicadores y pensamos que es porque tienen un DON innato, que han nacido así, y no somos capaces de ver todo el trabajo, preparación, estudio, práctica, aprendizaje y voluntad que hay detrás hasta que se consigue la COMPETENCIA, es decir, hasta que la persona responde de manera óptima y automática según las necesidades del momento.

 ¿Recuerdas el LIDERAZGO SITUACIONAL del capítulo anterior?

Por supuesto que es magnífico el LIDERAZGO SITUACIONAL, es decir, tratar a tu equipo de la manera ideal en cada momento de acuerdo al grado de MADUREZ de tu equipo y al grado de COMPETENCIA que tienen en el desempeño de sus tareas.

La crítica que hago es que pretenden que seas capaz de aplicar el LIDERAZGO SITUACIONAL con un curso de dos días. Es como si pretendo que tengas la COMPETENCIA de CONDUCIR con un curso teórico de dos días.

¿Crees que tendrías la COMPETENCIA de conducir?

No, para SER un LÍDER, debes seguir el proceso que hemos visto.

> **QUERER HACER**
> **PODER HACERLO**
> **SABER CÓMO SE HACE**
> **SABER HACERLO**
> **QUERER SERLO**
> **SABER SERLO**

Hasta que no seas CONSCIENTE que tienes que estar dispuesto a hacer lo que haga falta, sepas cómo hacerlo, y practiques de manera CONSCIENTE, CONSCIENTE y CONSCIENTE durante años, años y años, hasta que no haga falta que lo hagas CONSCIENTEMENTE porque ya lo tienes tan interiorizado que te sale INCONSCIENTEMENTE, no conseguirás nunca SER un LÍDER.

 ¿Pero por qué te digo tanto lo de CONSCIENTE e INCONSCIENTEMENTE?

Porque en ese proceso de aprendizaje pasarás por 4 etapas, vamos a verlas todas a continuación:

1 Incompetencia – Inconsciente

Esto quiere decir que no sabes hacer algo, pero CREES que sabes hacerlo porque PUEDES.

Te he liado un poco, ¿verdad?

Por ejemplo: Como PUEDES hablar (físicamente), piensas que puedes comunicarte. Como te han puesto a mandar un grupo de personas, piensas que puedes "liderarlos", pero...

 ¿Eres CONSCIENTE de que eres INCOMPETENTE?

¿Eres consciente de que, aunque puedas hablar, no sabes comunicarte? ¿Eres consciente de que, aunque puedas mandar un grupo de gente, no sabes liderar personas?

2 Incompetencia – Consciente

En el momento que seas CONSCIENTE que eres INCOMPETENTE y comiences a trabajar CONSCIENTEMENTE en el proceso de los 6 pasos que hemos visto anteriormente, comenzarás tu proceso de mejora continua y podrás ir "aprendiendo" a SER un LÍDER.

3 Competencia – Consciente

A medida que trabajes CONSCIENTEMENTE en tu liderazgo y pongas en práctica CONSCIENTEMENTE todos los conocimientos adquiridos porque QUIERES SER un gran LÍDER, irás dándote cuenta CONSCIENTEMENTE que estás mejorando en tu proceso de aprendizaje, hasta que llegues al último nivel.

4 Competencia – Inconsciente

Llegará un día en que ERES un GRAN LÍDER, y lo que haces para SERLO, lo haces INCONSCIENTEMENTE, ya no te supone un esfuerzo CONSCIENTE, sino que ya lo tienes en tu ADN.

Ese será el día en que la gente te vea y te diga:

> **"Es que claro, tú tienes madera de LÍDER, porque has nacido con ese DON"**

Lo que no saben es todo el proceso de aprendizaje que has hecho durante muchísimo tiempo y que ellos no han comenzado a hacer, es más, ni son conscientes de que tengan que hacerlo.

? ¿Ha quedado claro?

Trabajar CONSCIENTEMENTE hasta que lo SEAS INCONSCIENTEMENTE

? ¿Hasta aquí está clara la diferencia entre CAPACIDAD, CONOCIMIENTO, HABILIDAD Y COMPETENCIA?

Perfecto, y recuerda que antes y durante todo el proceso va a haber algo imprescindible, sin la cual nada más será posible: TU VOLUNTAD, porque si no pones todo lo que hay que poner, y estás dispuesto a hacer y trabajar todo lo que tienes que hacer y trabajar...mejor no empieces, te ahorrarás tiempo y frustraciones.

Y llegado este punto, te hago otra pregunta:

 ¿El LIDERAZGO...cuál es de las 4?

- Si has contestado CAPACIDAD, lo siento amigo mío, vuelve a comenzar a leer el capítulo.
- Si has contestado CONOCIMIENTO...error.
- Si pensaste HABILIDAD, vuelves a errar.
- ¿Y si has dicho COMPETENCIA?

Pues te equivocas también, y aquí es donde tengo que hacer el máximo de mis esfuerzos para hacerme entender porque llevo todo el capítulo tratando de explicarte cómo desarrollar el proceso de aprendizaje para llegar a adquirir la COMPETENCIA.

El LIDERAZGO no es una COMPETENCIA, es un estilo de VIDA, que se compone del DOMINIO de una serie de COMPETENCIAS que has ido adquiriendo en el tiempo, mediante estudio, aprendizaje y práctica.

Es decir, no es una COMPETENCIA, sino un conjunto de COMPETENCIAS que debes dominar para aplicarlas de la mejor manera, en cada una de las situaciones, en cada uno de los momentos, con cada una de las PERSONAS con las que te relaciones.

 A que no es tan sencillo como te quieren hacer ver?

Por eso, mi amigo:

"Nunca serás un LÍDER leyendo artículos sobre las CARACTERÍSTICAS que debe tener un gran LÍDER"

Te voy a poner un ejemplo:

- Imagina que lees un artículo que se titula :

"Las 5 cosas que debes tener para ser un gran LÍDER"

- Imagina que entre esas cinco, te dicen que debes tener: **CARISMA** y **EMPATÍA** (vamos a poner solo 2)
- Muy bien, ya te está diciendo que el **LÍDER** debe tener **5 COMPETENCIAS**, porque hemos dicho que el **LIDERAZGO** no es una **COMPETENCIA**, sino un estilo de vida en el que tienes que poseer una serie de **COMPETENCIAS** (no te creas que solo son 5) y debes saber aplicarlas en cada situación.

¿Hasta aquí bien?

Perfecto. Vamos a ver qué pasa con ellas:

- **CAPACIDAD** – ¿Eres capaz de tener **CARISMA** y **EMPATÍA**? En principio **SÍ**, si no tenemos ninguna característica especial (como el autismo) o enfermedad mental (como una psicopatía)

- **CONOCIMIENTO** - ¿Sabes lo que es el **CARISMA** y la **EMPATÍA**? A lo mejor no lo sabes, pero seguro que en ese artículo te lo dice en unas cuentas líneas y te lo explica muy bien, **¿verdad?** Entonces, **LEYENDO** el artículo te vas a quedar en este punto del **CONOCIMIENTO** porque...

- **HABILIDAD** - ¿Sabes si eres una persona **EMPÁTICA**? ¿Y **CARISMÁTICA**? Una cosa es que digas que **SÍ** porque a todos nos mola decir que **SÍ**, que nos ponemos en los zapatos del otro o que tenemos **CARISMA** porque la gente nos ve así, pero:

¿Te analizas conscientemente?
¿Sabes lo que tienes que hacer para practicar y ser mejor cada día?
¿Recibes retroalimentación de las personas con las que te relacionas?
¿Con ese feed-back, desarrollas planes de mejora continua de esas HABILIDADES?
¿Practicas CONSCIENTEMENTE las dos HABILIDADES?

- **COMPETENCIA** – Muy bien, después de que sepas qué grado de **HABILIDAD** tienes y cómo desarrollarla, vamos a ver si eres **COMPETENTE**:

¿Tienes tan interiorizados tu CARISMA y tu EMPATÍA que los aplicas INCONSCIENTEMENTE para conseguir tus objetivos?
¿Sabes cómo actuar de la manera más adecuada y lo haces en cada momento y en cada situación?

Cuando hayas respondido **SI** a todas las preguntas, tendrás la **COMPETENCIA** del **CARISMA** o de la **EMPATÍA**, y cuando tengas las cinco **COMPETENCIAS**, cumplirás con los requisitos que dice el artículo para ser un gran **LÍDER**.

Pero como no son cinco **COMPETENCIAS** solo, te diré que hasta que no tengas todas las **COMPETENCIAS** que se requieren para ser un gran **LÍDER**, no podrás serlo (porque luego veremos que además de tenerlas, hay que hacer...mucho más). Y eso, mi amigo, lo siento mucho pero...

"No lo vas a conseguir leyendo artículos sobre qué competencias debes tener"

Eso solo lo vas a conseguir TRABAJANDO en ti, siendo CONSCIENTE de dónde ESTÁS, a dónde tienes que LLEGAR, qué tienes que HACER para CONSEGUIRLO, y lo más importante, si estás dispuesto a HACERLO, a esforzarte, cuestionarte e intentar mejorar día a día, todos los días de tu vida.

 ¿Todos los días de mi vida? ¿Estás loco?

Si amigo, todos los días de tu vida, porque debes CAMBIAR tu estilo de vida, hacia una vida orientada al LIDERAZGO, que no es otra cosa que una vida orientada al SERVICIO:

> **A tu familia**
> **A tus amigos**
> **A tus compañeros**
> **A tus jefes**
> **A tus colaboradores**
> **A tu empresa**
> **A tu sociedad**
> **A tu comunidad**
> **A tu país**
> **Al mundo entero**

 ¿Piensas que es una locura o una mentira lo que estoy diciendo?

Piensa en los que consideres que son para ti los grandes líderes de la humanidad,

? **¿Dirías que tienen una vida de SERVICIO?**

(Ojo, no quiere decir que no estén forrados de dinero, cuanta más gente SIRVAS, cuanto más ÚTIL seas, más gente estará dispuesta a PAGAR por lo que les das)

 ¿O crees que se leyeron el artículo de "5 cosas que debes hacer para ser el nuevo Steve Jobs"?

Que nadie te engañe, que nadie te diga que es fácil y que lo puedes conseguir sin apenas esfuerzo. Como hemos dicho en el primer capítulo,

 "NO TE HAN EDUCADO PARA SER UN LÍDER"

Por lo que si quieres serlo debes CAMBIAR tu vida.
Te pongo otro ejemplo:

De repente, te miras al espejo y ves que estás un poquito pasadito de peso, tienes menos forma física que Homer Simpson y quieres cambiar eso...

¿Qué piensas que deberás hacer para tener éxito?
¿Apuntarte al gimnasio, pagar 6 meses e ir una semana?
¿O tomar la determinación de cambiar tu vida hacia un estilo de vida saludable y, a partir de ahí, comenzar a CONSTRUIR una nueva realidad?

Como decíamos en **Cambia para Cambiar el Mundo®**

"Si no estás dispuesto a hacer cosas distintas, los resultados serán los mismos"

Si no has explorado, estudiado, trabajado y desarrollado tu LIDERAZGO en toda tu vida,

 ¿Crees que vas a conseguirlo leyendo artículos? ¿O este libro?

Si fuera así de fácil, todos seríamos estaríamos liderando los grandes avances de la humanidad. Pero no es tan fácil, eso sí, al igual que puedes cambiar tu estilo de vida hacia uno más saludable si lo deseas, puedes cambiar tu vida hacia una vida de SERVICIO y explorar y desarrollar tu LIDERAZGO.

La pregunta que te hago en este momento es:

 ¿Quieres que comencemos el camino JUNTOS?

Ejercicio 2

Perfecto, pues si lees esto, es que has dicho que **SI** y seguimos adelante

¡Magnífico!

Hemos dicho en el capítulo, que el **LIDERAZGO** debe ser un **ESTILO DE VIDA** basado en el **SERVICIO**, para el cual debes poseer una serie de **COMPETENCIAS**, las cuales debes tener tan dominadas que las apliques de manera **INSCONSCIENTE** y **EFECTIVA** en cada una de las **SITUACIONES** que se te presenten, en cualquier **MOMENTO**, con todas las **PERSONAS**.

Muy bien, quiero que pienses en ese **LÍDER** que te gustaría llegar a ser,

¡OJO!

No quiero que pienses en ninguna persona que no seas tú, ni en grandes líderes de la humanidad, ni en ninguna persona de referencia para ti, ni en quien yo te diga (eso ya lo iremos puliendo a lo largo del desarrollo del libro).

De momento solo quiero que te veas a ti mismo como eso que tú crees que es un **LÍDER**.

¿Ya te ves?

Muy bien, pues ahora quiero que hagas una lista con todas las **COMPETENCIAS** que crees que debes tener para serlo, y no quiero que sean ni tres, ni cinco, ningún número determinado...todas las que tú creas que deberías tener. (Aunque sean mil)

Recuerda que al hablar de competencias, hemos definido que tienes que tener la **CAPACIDAD**, el **CONOCIMIENTO**, y la **HABILIDAD** previamente.

Es decir que, para en un momento dado tener la **COMPETENCIA**, deberías **PODER** hacerlo, tendrías que saber **CÓMO** se hace, **SABER** hacerlo y aplicarlo **INCONSCIENTEMENTE** de manera acertada en cada situación, en cada momento, con cada persona...

(Puedes tenerlas ahora, o no, eso no importa. Bueno, intenta que por lo menos tengas la **CAPACIDAD** ☺)

Simplemente escribe todas las **COMPETENCIAS** que se te ocurran en una lista y continuamos adelante.

4 | Las 50 cualidades (y alguna más) necesarias para ser un gran LÍDER

Hasta el momento hemos visto que el LIDERAZGO es un estilo de vida orientado al SERVICIO a los demás: a las VISIONES, al MUNDO, a la HUMANIDAD, a las PERSONAS.

Cuantas más PERSONAS puedas SERVIR, y cuantas más PERSONAS que SIRVES, te sigan para, a su vez, dar SERVICIO a más PERSONAS, más repercusión tendrás.

? **¿Y por qué digo repercusión?**

Porque normalmente medimos el LIDERAZGO según el ÉXITO, FAMA, DINERO…que esa persona haya tenido, pero eso no es necesariamente así, existen personas con un gran LIDERAZGO que no salen en los periódicos, que no son millonarias, que no tiene fama, pero que SIRVEN personalmente a los demás y mueven a muchísimas PERSONAS para SERVIR a los demás.

Te voy a poner un ejemplo:

¿Piensas que una persona que es capaz de **CREAR** un comedor social y consigue que otras personas le apoyen, ya sea con dinero o trabajando desinteresadamente en ese proyecto, es un **LÍDER**?

Yo creo que sí, pero esa **PERSONA** no sale en la tele ni en los periódicos…y no hace falta, porque lo importante no es la **PERSONA**, sino la **VISIÓN**:

"Ayudar a los demás, conseguir que nadie en su barrio pase hambre"

¿Y si consigue que otros le sigan y apoyen para, en vez de en su barrio, llegar a toda la ciudad?¿Y a todo su país?¿Y a todo el mundo?

¿A que si te pregunto por "Acción contra el Hambre" lo conoces? Seguro que sí, pero si te pregunto… ¿Quién lo fundó? ¿Lo sabes? No, porque no es importante.

El objetivo no es llegar a ser un gran líder y que la gente te reconozca, el objetivo es la Visión, tener repercusión, trascender…

"Acabar con el hambre en el mundo"

Estoy seguro que poco a poco te vas convenciendo de lo del *"Estilo de Vida de SERVICIO"*, pero en tu interior aún quieres que te diga las CUALIDADES que debes tener para ser ese GRAN LÍDER.

No te preocupes, que en este capítulo vamos a ver, no cinco, ni diez, ni veinte, vamos a ver muchas más.

 ¿Muchas más? ¿Por qué? ¿Cuántas hay?

Fíjate, el LIDERAZGO es algo que tiene tan buena imagen, que está tan de moda, que mola tanto, que lo IDEALIZAMOS y pensamos en el LÍDER ideal como un súper hombre o mujer, un súper héroe, que posee todos los dones y cosas buenas que la naturaleza le puede regalar a un ser humano.

Y te aseguro que no lo es, que es una persona de carne y hueso como tú y como yo, que SIMPLEMENTE tiene esa actitud de SERVICIO y la desarrolla mediante una metodología.

Pero como no te lo vas a creer hasta que no lo veas, antes de que comencemos a desarrollar la METODOLOGÍA de la que te hablo para que la puedas aplicar en tu vida (si es que deseas tener una vida orientada al SERVICIO a los demás), vamos a ver las:

50 CUALIDADES que debe tener el LÍDER ideal

Durante los últimos ocho años de mi carrera profesional (en el momento de escribir este libro) he realizado talleres de LIDERAZGO para múltiples empresas, de diversos sectores, en muchos países, tanto en España como en Latinoamérica.

Nuestra metodología se basa en el concepto de "Desaprender para volver a aprender", por lo que las primeras actividades las solemos dedicar a "romper paradigmas" o "verdades absolutas" que todos damos por hechas y que, a lo mejor no lo son tanto, porque para construir algo nuevo, debemos muchas veces destruir lo viejo.

Te voy a hacer una pregunta:

 Imagina que tienes un bloque de hielo de un litro que no tiene sabor y debes conseguir tener un bloque de hielo de un litro con sabor a naranja. ¿Cómo lo harías?

Te dejo que lo pienses y te doy la respuesta al final del capítulo.

Una de las primeras actividades que hacemos en estos talleres es una "Tormenta de Ideas" en la cual los asistentes enumeran y definen las CUALIDADES que, para ellos, debe tener un LÍDER ideal. De esta manera establecemos esas verdades absolutas que debemos empezar a "cuestionarnos" para seguir trabajando a lo largo de todo el taller.

Lo que vamos a hacer a continuación, es recopilar las CUALIDADES que más se han repetido a lo largo de estos años, y que el "Status Quo" actual nos dice que deben ser las que debe tener ese LÍDER ideal.

Si te parece bien, las vamos a enumerar y a incluir una pequeña definición teórica a mi manera (te aviso que cualquier parecido con la definición que te pueda dar un diccionario, es pura coincidencia ☺)

Empatía Entender al otro, pero entenderle de verdad, no como decimos todos que le entendemos.

Buena Presencia Física Tenemos la impresión de que solo las personas agradables físicamente pueden ser buenos líderes.

Habilidad Verbal Referido a HABLAR, no a comunicarse.

Estratega Es decir, que sabe lo que hace, por qué lo hace y las consecuencias que va a tener con lo que hace.

Proactividad Que no espera que le digan lo que debe hacer, sino que propone cosas nuevas, que "tira del carro".

Empoderamiento Que se lo cree, que asume la responsabilidad y toma las riendas.

Comprensión Que entiende todo y a todos.

Asertividad Que sabe lo que tiene que decir en cada momento, ante cualquier situación y con cualquier persona para conseguir lo que quiere. Aunque en realidad casi todo el mundo usa asertividad como sinónimo de "diplomático"

Capacitador Que forma a las personas que se interrelacionan con él.

Positivo Que intenta ver siempre el lado bueno de la vida.

Recursivo Que sabe lo que tiene que hacer en cada momento y encuentra los recursos para hacerlo.

Persuasivo Que sabe decir las cosas para convencerte desde un punto de vista emocional.

Responsable Que asume las consecuencias de sus decisiones y sus acciones.

Ético Que tiene unos valores morales "correctos".

Respetable Que se merece el RESPETO de los demás.

Saber escuchar Es decir, atender a las opiniones de los demás.

Constante Que no se rinda fácilmente, sino que siga adelante a pesar de las dificultades.

Planificador No es lo mismo que ESTRATEGA, porque una cosa es saber hacia dónde quieres ir, y otra es que sepas elaborar los PLANES para llegar.

Don de Servicio Que esté al SERVICIO de los demás.

Paciencia Que no busque la recompensa inmediata, ya que los planes para conseguir la estrategia requieren su tiempo.

Seguridad Que crea en lo que hace y que no tenga fisuras (¿En serio nadie duda nunca? Otra cosa es que no se las muestres a los que te siguen pero…Todos dudamos, no somos máquinas, ¿no?).

Detección de Oportunidades Que esté siempre pendiente de todo lo que pueda surgir que le ayude a la consecución de sus objetivos.

Organizado – Que estructure todo, estrategia, táctica, operación (esto está muy de moda, como la gestión de proyectos, pero…¿No hay ningún LÍDER que sea un desastre? ¿Genio como LÍDER, pero desastre?

Dinámico Que sepa mover gente, actuar, que sea ágil, de pensamiento y actuación.

Energético Efectivamente, si tiene que mover a los demás, debe transmitir energía y fuerza (Mira Gandhi la energía y fuerza que transmitía con su buena presencia física, o Stephen Hawking ☺)

Observador Que esté "al loro" de todo y no se le escape ni una oportunidad.

Analítico Que todo lo que observe, sea capaz de analizarlo y sacar las conclusiones adecuadas.

Conocimiento del Negocio Que tenga una visión global del todo y de cada una de las piezas.

Justo Que trate a todas las PERSONAS de una manera justa, con justicia.

Inspirador Que la gente le vea y haga que los demás den lo mejor de sí mismos.

Creativo Que pueda CREAR cosas que aún no están inventadas.

Carismático Que la gente le siga y quiera seguirle, como sea.

Simpático Que sea agradable (esta me gusta mucho, el LÍDER enrollado ☺).

Cercano Que tenga facilidad de trato con las PERSONAS.

Accesible Que se pueda interactuar con él.

Competente Esta siempre me ha gustado porque se refieren a que sepa de TODO (debe ser que muchos han tenido "jefes inútiles" ☺).

Comunicador Que tenga bien desarrollada la competencia de la COMUNICACIÓN, que no es lo mismo a que "hable bien".

Visionario Que tiene la VISIÓN y se pone al servicio de la misma.

Generoso Es decir, que sea capaz de dar a los demás, en todos los sentidos.

Pasional Que contagie a los demás su pasión.

Entusiasta Lo mismo, pero con su entusiasmo.

Racional Que sepa en un momento dado no dejarse llevar por la emoción y tome decisiones racionales.

Inteligencia Emocional Que entienda sus emociones y las de los demás, y las utilice en su propio beneficio.

Ejemplar Que sea una referencia para todos los demás, donde mirarse, verse reflejados e imitar.

Inteligente No voy a dar ninguna definición de inteligente, porque cada uno tenemos una distinta, seguro.

Humilde Que a pesar de estar cambiando el mundo, no se crea el protagonista, sino que entienda que está al servicio de los demás.

Honesto Consigo mismo y con los demás. Que no actúe de manera (en público) en que se pueda arrepentir.

Íntegro Que sea una persona de los pies a la cabeza, que no actúe de manera que se pueda arrepentir y sea coherente con los que es, lo que piensa y lo que hace (tanto en público como en privado).

Agradable Que trate a las personas bien.

Educado Por supuesto, que siempre sea correcto en sus formas y en su comportamiento.

Y yo voy a añadir una de mi propia cosecha. Se explica ampliamente en mi primer libro Cambia para Cambiar el Mundo® y es

AMABLE, pero no como sinónimo de simpático, educado o agradable, sino con el significado de DIGNO de ser AMADO, por sus actos, y no me refiero a AMOR físico.

La conclusión y el resumen que quiero que veas con esto es que IDEALIZAMOS la figura de los LÍDERES, tanto lo hacemos que si miramos realmente todo lo que hay que hacer para ser un LÍDER ideal pensamos:

 !!! Es IMPOSIBLE que yo pueda llegar a serlo !!!

Claro que es IMPOSIBLE, y por eso quiero que cambies tu manera de pensar, un LÍDER no es un súper héroe, es una persona que tiene una vida NORMAL, pero con algo muy distinto a la tuya y la mía, tiene una vida de SERVICIO a los demás, y a partir de ahí, con CONSCIENCIA, METODOLOGÍA y PRÁCTICA, mucha PRÁCTICA ha conseguido desarrollar su COMPETENCIA INCONSCIENTE del LIDERAZGO.

 ¿Más o menos me hago entender?

No te preocupes que apenas estamos empezando, es más, aún no hemos empezado a construir nuestro modelo de LIDERAZGO para que comiences a trabajarlo.

Sin embargo, sí que estamos trabajando en tu AUTOCONOCIMIENTO, y por eso vamos a hacer el próximo ejercicio.

Ah, se me olvidaba, para que el bloque de hielo sin sabor pase a ser un bloque de hielo que sepa a naranja, debemos:

> **Descongelar el bloque de hielo**
> **Echarle zumo (u otra bebida) de naranja**
> **Mezclarlo todo**
> **Volver a congelarlo**

Por eso, en esta primera parte (igual que con mis alumnos) estoy intentando descongelar tu bloque de hielo rompiendo tus paradigmas, esas verdades absolutas.

Ejercicio 3

En el ejercicio anterior te dije que hicieras una lista de las competencias que creías que debía tener ese **LÍDER** ideal que querías llegar a ser.

¿Lo hiciste?

Bien, en este ejercicio vas a trabajar con la lista que he elaborado con las opiniones de miles de personas, a lo largo de mucho tiempo, en distintos países, culturas, empresas, sectores, edades...

Ahora vamos a hacer una cosa, me gustaría que en esta lista de **CUALIDADES**, pienses en ti mismo y te pongas **una nota del 1 al 10** en cada una de ellas.

Después, vas a pensar en la nota que tendría ese **LÍDER** ideal que te gustaría ser (en el que pensabas en el Ejercicio 2) en esa **CUALIDAD** de la que estamos hablando.

Muy bien, de todas las que estés por debajo, es decir que te hayas evaluado con menos nota de la que piensas que deberías tener para ser el **LÍDER** ideal que aspiras a ser, elige las **10** más importantes en las que piensas que deberías mejorar.

Y con eso terminaríamos el ejercicio, para ponértelo más fácil, te doy la siguiente tabla:

Competencia	Nota Propia	Nota Líder Ideal	¿A mejorar? S/N
Amable			
Educado			
Agradable			
Honesto			
Humilde			
Inteligente			
Íntegro			
Ejemplar			
Inteligencia Emocional			
Racional			
Entusiasta			
Pasional			
Generoso			
Visionario			
Comunicador			
Competente			

Accesible			
Cercano			
Simpático			
Carismático			
Creativo			
Inspirador			
Justo			
Conocimiento del Negocio			
Analítico			
Observador			
Energético			
Dinámico			
Organizado			
Detección de Oportunidades			
Seguridad			
Paciencia			
Don de Servicio			
Planeador			
Constante			
Saber escuchar			
Respetable			
Ético			
Responsable			
Persuasivo			
Recursivo			
Positivo			
Capacitador			
Asertividad			
Comprensión			
Empoderamiento			
Proactividad			
Estratega			
Habilidad Verbal			
Buena Presencia Física			
Empatía			

5 ¿Estás dispuesto a hacer TODO lo que tengas que hacer?

Muy bien, llegados a este punto, ¿Qué tenemos?

- Una idea, más o menos clara, del LÍDER ideal que te gustaría llegar a SER.
- Una lista de COMPETENCIAS que tú has dicho que son las que deberías adquirir para llegar a ser ese LÍDER.
- Otra lista de CUALIDADES que yo te he dicho que son las que mucha gente dice que deberías adquirir.
- Una autoevaluación donde has hecho un poquito de reflexión de donde estás, dónde deberías llegar y cuáles son las CUALIDADES en las que crees que podrías poner tu FOCO de mejora.

Si te das cuenta, hemos progresado mucho desde el punto que hacemos todos de leer el artículo:

"Las 5 cosas que hacía Steve Jobs después de cenar"
¿Verdad?

Ahora, lo lógico sería que hiciéramos un Plan de Acción donde comenzáramos a trabajar en el desarrollo de esas CUALIDADES y fuéramos haciendo seguimiento a las mejoras que tuvieras, para convertirlas con trabajo y esfuerzo en competencias inconscientes, y como consecuencia llegaras a la puntuación que te has establecido como meta, ¿Verdad?

Pues mi querido amigo, no lo vamos a hacer así, ¿Por qué?

Porque si así lo hiciéramos, a lo mejor tendrías muy desarrolladas una serie de CUALIDADES que necesitas para ser un LÍDER pero...

 ¿Serías un LÍDER?

Te lo voy a explicar con un ejemplo:

Si voy a tu casa y te regalo:
- 4 ruedas
- Un motor
- Un chasis
- Una carrocería
- Unos asientos...

-   En definitiva, todas las piezas que necesitas para tener un coche y te las dejo así en el salón de tu casa

¿Tendrías un coche? ¿O tendrías un problema?

Pues esto es lo mismo, no basta con tener todas las CUALIDADES, hay que saber ENCAJARLO todo y, por eso, igual que para montar las piezas del coche necesitarías saber algo de mecánica, tener herramientas, unos planos y habilidad para montarlas, vamos a hacer lo mismo con tu LIDERAZGO, para que sepas qué hacer con todas esas piezas cuando las tengas.

Por eso, vamos a empezar nuestra casa por los cimientos, y si yo te pregunto:

 ¿Qué es lo primero que necesita un LÍDER y que es condición indispensable para serlo, aunque tenga miles de millones de CUALIDADES?

Lo primero que debes hacer es tener la ACTITUD necesaria para desarrollar tu LIDERAZGO, y ser tu propio LÍDER, querer hacer las cosas, tomar el control y las riendas de tu vida, profundizar en tu autoconocimiento, encontrar tu equilibrio.

Solo así comenzarás a tener herramientas que te ayuden a descubrir tu VISIÓN, tu PROPÓSITO, tu SUEÑO y ponerte a trabajar para conseguirlo. Como veremos posteriormente, seguramente no tendrás que "descubrir la Coca-Cola" ni inventar nada nuevo, simplemente encontrar algo que te APASIONE y te pongas a trabajar para conseguirlo.

Todo esto lo hemos visto en nuestro libro Cambia para Cambiar el Mundo®, en el que trabajamos ese proceso, y el cual te recomiendo que leas, ya que te dará una visión global de como empoderarte y ser el dueño de tu propia vida.

¿Y por qué? Porque solo en ese momento en que tengas claro lo que quieres, y que estés dispuesto a dar de ti todo lo que tengas que dar, y en el que sepas qué es lo que tienes que hacer y cómo hacerlo, solo de esa manera podrás INSPIRAR a los demás, solo de esta manera podrás conseguir que más PERSONAS te acompañen, solo en ese momento tu liderazgo comenzará a trascender sirviendo a los demás.

Y eso es lo que vamos a comenzar a trabajar ahora, el conocimiento de las PERSONAS para seguir uniendo piezas a tu coche, en el que ya tenemos el motor que eres tú y la VISIÓN que es el objetivo hacia el que lo quieres llevar.

Por eso, a partir de ahora, trabajaremos mucho más en conocer lo que va a ser nuestra gasolina:

 **Las PERSONAS ¿Vale?**

Ejercicio 4

Muy bien, quiero que cojas un papel, un lápiz y dediques un tiempo a pensar esta pregunta y anotes **TODAS** las respuestas que se te ocurran (hay muchas, y **TODAS** son correctas)

¿Por qué las PERSONAS hacen las cosas?

Escribe todas las que quieras y se te ocurran y cuando creas que no sabes más...continúa al siguiente capítulo.

BLOQUE 2
PERSONAS

6 ¿Por qué las PERSONAS hacen las cosas?

En el primer bloque hemos visto como ser un LÍDER está sobrevalorado, y cómo no vas a desarrollarlo leyendo libros sobre LIDERAZGO, sino comenzando un proceso personal de autoconocimiento en el que tengas claro que, para hacer cosas grandes, debes ponerte al servicio de los demás, ver cómo puedes ayudar y mejorar el mundo y cómo articular todo eso.

Además, debes tener la determinación de hacerlo y trabajarlo todos los días de tu vida, porque va a ser eso, tu nuevo estilo de vida, no lo puedes ser de 8:00 a 17:00, o los fines de semana, porque el LIDERAZGO, lo realmente importante, lo vas a tener que aplicar en todas las situaciones, toda tu vida, en todos los aspectos de la vida.

Este segundo bloque nos va a servir para conocer mejor a las PERSONAS, ya que vas a tener que servirlas a partir de ahora, entendiendo SERVIR como el hecho de ponerte a su servicio para que te ayuden a conseguir tus OBJETIVOS, tu VISIÓN. Una VISIÓN que ellos deberán conocer y compartir (lo veremos posteriormente).

Porque no te engañes, si quieres ser el LÍDER de algo debes asumir tu RESPONSABILIDAD, al igual que has asumido trabajar en ti mismo, debes trabajar para las PERSONAS que te acompañen.

Esa RESPONSABILIDAD también implicará tomar decisiones, y cuanto más conozcas a las PERSONAS, mejor se las podrás explicar, ya que SÍ, se las tendrás que explicar, porque vamos a ver que la COMUNICACIÓN va a ser fundamental. Iremos dándole forma a todo hasta que hablemos de nuestro MODELO DE LIDERAZGO, que vendrá en el BLOQUE 4 de nuestro libro

Pero antes de ver todo eso, vamos a comenzar contestando a una pregunta muy simple, pero muy compleja a su vez:

> **?** **¿Por qué las PERSONAS hacen las cosas?**

A partir de ahora vamos a ver que no todas las personas hacen las cosas por los mismos motivos, es más, una misma persona no hace las cosas por los mismos motivos en distintos momentos de su vida. Cuanto más entendamos ese PORQUÉ, más podremos cumplir con las motivaciones de las PERSONAS:

(Nota: Te voy a contar por qué las PERSONAS hacen las cosas. Alguna de las cosas que te voy a decir quizá no te gusten (a mi muchas no me gustan), pero es la realidad, si no te gusta...quizá sea el momento de comenzar a trabajar para cambiarlas, esa puede ser una gran motivación, ¿No crees?)

DINERO

Actualmente vivimos en una sociedad en la que la "voluntad" de las personas se compra con DINERO. Además, cuanto más necesario sea el DINERO para sobrevivir, más fácil será que con DINERO podamos conseguir que una persona haga lo que nosotros deseemos.

Te pongo un ejemplo, antes de la crisis que comenzó en el año 2007, las PERSONAS vivían de manera más desahogada que en la actualidad (2017 al escribir este libro)

? ¿Eso que significaba?

Que el DINERO no era tan coercitivo (elemento de presión amenazante) para doblegar la voluntad de una persona. Como había un poquito de excedente de DINERO, las personas tenían más libertad para elegir hacer o no hacer ciertas cosas (todas legales, por supuesto). Sin embargo, después de 10 años de crisis, ha habido mucha gente que ha tenido que hacer "lo que sea" para sobrevivir, ya que el DINERO era muy necesario, por lo que su capacidad de elección se ha visto mermada.

MIEDO

El MIEDO siempre ha sido un mecanismo magnífico para controlar voluntades. Con el MIEDO se han sometido pueblos enteros, se ha humillado personas hasta despojarles de la más mínima dignidad humana, y las personas por MIEDO han hecho cosas impensables que les han marcado de por vida.

Solo tienes que ver reportajes de guerras del siglo XX, que son las mejor documentadas, o de guerras actuales, y verás lo que es capaz de hacer el ser humano por MIEDO.

Incluso en nuestros días, las personas hacemos cosas por MIEDO, y si es por MIEDO a no tener DINERO mucho más.

? ¿O no conoces a nadie que esté haciendo cosas que no le gustan en su trabajo pero no dice nada por MIEDO a perder su empleo?

Por supuesto, que sepamos que las personas hacen las cosas por MIEDO, no quiere decir que te recomiende que lo hagas, todo lo contrario, no debes generar miedo, sino otro tipo de emociones que veremos posteriormente. (Y eso lo voy a defender SIEMPRE)

PREMIOS

A muchas personas les gusta que se les premie por hacer bien las cosas. Por eso algunas personas hacen las cosas para que les den un premio (ya sea monetario o no), lo cual va muy unido al siguiente motivo.

RECONOCIMIENTO

Que te digan que lo has hecho bien, que te lo reconozcan, lo agradezcan y encima te muestren como un ejemplo delante de los demás, puede ser un motivo para que te esfuerces y des lo mejor de ti mismo.

ORGULLO DE PERTENENCIA

A las personas nos gusta, por lo general, formar parte de algo, y si puede ser algo más grande que nuestra propia existencia, mucho mejor.

Eso lo saben las grandes empresas, que te dicen que debes sentirte orgulloso de formar parte de un gran sitio donde trabajar, el mejor sitio del mundo, que mejora la vida de miles de millones de personas a lo largo de todo el mundo, ¡Vaya!

PROTECCIÓN

Si además te ofrecen una protección paternalista y te dicen que formas parte de una gran familia.

 ## ¿Cómo no vas a hacer las cosas?

Formas parte de un grupo increíble que mejora la vida de miles de millones de personas a lo largo y ancho de todo el mundo y que nos trata a todos los empleados como una gran familia.

SEGURIDAD

Además, estás en la empresa más solvente del mundo, con más de 150 años de historia (y te quedan 20 para jubilarte) así que, muy mal se te tiene que dar para que no estés tranquilito trabajando en esa empresa hasta que te jubiles, le des lo mejor de ti mismo y recibas, dinerito, orgullo, pertenencia, protección y seguridad.

Y ya si eres funcionario del Estado y tienes un puesto de trabajo asegurado para toda tu vida...

 ¿Para qué quieres más? ¿No crees?

¿Has apuntado alguna más? Hay muchas, pero veamos algunas más:

TRASCENDER

Hacerte famoso, pasar a la historia por haber contribuido por algún logro increíble a la humanidad. Y que luego cuando te mueras dejes un legado y pongan tu nombre a una calle, a un polideportivo, a una biblioteca, un colegio...

LIGAR (CONQUISTAR)

Reconócelo, todos hemos hecho cosas por satisfacer al chico o chica que nos gustaba, que si nos lo hubiera pedido otra persona no lo habríamos hecho...!La vida es así!

AMOR

Y otras veces ya habíamos conquistado a la persona, pero la vida nos ha puesto en una circunstancia en la que teníamos que hacer algo, o elegir...por AMOR. Y todos lo hemos hecho, y unas veces ha salido bien, y otras mal.

PORQUE NOS APETECE

Hay cosas que no hemos hecho NUNCA y que SIEMPRE hemos dicho que no haríamos, es más, posiblemente NUNCA nos lo hayamos planteado, pero de repente, un día nos apetece hacerlo, y lo hacemos.

PORQUE OTROS LO HACEN

Muy unido al Orgullo de Pertenencia. Todos lo hacen, pues yo también. Hay veces que pensamos que eso solo lo hacemos cuando somos adolescentes para integrarnos en el grupo pero...al final somos animales sociales y nuestro entorno nos influye mucho. Si no me crees, piensa en algo que decías que no ibas a hacer o tener, y al final has tenido o hecho porque otros lo tienen y si no lo haces o no lo tienes, te quedas desplazado (fumar, beber, móvil, Facebook...hijos ☺)

CAMBIAR EL MUNDO

Esto es mucho más guay y noble que tener WhatsApp para poder estar en el grupo de padres del cole de tu hija pequeña.

Porque no te gusta lo que ves y, en vez de conformarte con protestar en el bar, pasas a la acción y decides que te la juegas y que luchas contra todo lo que hay y que vas a Cambiar el Mundo...

 !!!! Con un par !!!!

(Si eres de estos últimos, te recomiendo que leas, si no lo has hecho ya, mi anterior libro Cambia para Cambiar el Mundo®, por lo menos te sentirás un poco menos solo)

En definitiva, hay muchísimos motivos por los que las PERSONAS hacemos las cosas, unos son más "bonitos", otros menos, unos más "nobles" otros más "ruines", unos son "legales" otros no tanto, pero es relativamente sencillo conseguir que las PERSONAS hagan lo que quieres, solo tienes que saber qué necesita cada uno, tenerlo y dárselo.

Si alguien se mueve por DINERO, solo hace falta tener DINERO y dárselo a cambio de que haga lo que tú quieras.

Si alguien se mueve por MIEDO, solo hace falta ser capaz de generarle MIEDO, y amenazarle si no hace lo que tú quieras.

Si alguien se mueve por ILUSIÓN, solo hace falta ser capaz de ILUSIONAR...y darle ILUSIÓN por algo si hace lo que tú quieras.

 Esto es más difícil, ¿verdad?

No creas, porque la Publicidad y el Marketing viven de esto, (de PROMETER / ILUSIÓN y de AMENAZAR /MIEDO).

Lo que pasa es que el Marketing y la Publicidad saben lo que tienen que hacer para que hagas lo que ellos quieren, y sin tenerte delante, sin verte, sin conocerte.

 ¿Y cómo lo consiguen?

Porque estudian muchísimo más que tú el comportamiento humano, sus MOTIVACIONES, sus REACCIONES, en definitiva saben lo que tienen que DARTE para CONSEGUIR lo que ELLOS quieren.

? ¿Y eso es malo?

Yo creo que no, y por eso te digo que si quieres hacer cosas, debes conseguir INSPIRAR y que otras PERSONAS te ayuden, y para ello debes conocer lo que las PERSONAS necesitan, y DÁRSELO para que te ayuden a conseguir tu VISIÓN, y no pasa nada por reconocerlo, no te engañes, no quiere decir que no sea noble tu PROPÓSITO.

Una cosa es decir que debes INSPIRAR a los demás, y otra muy distinta es decir que debes quedarte en casa esperando a que el mundo se dé cuenta de lo INSPIRADOR que eres. Amigo mío, cuanto más salgas a la calle a contarle a las PERSONAS tu VISIÓN y más sepas cuáles son sus motivaciones, pues mucho mejor.

Te pongo un ejemplo:

Imagina que tu **VISIÓN**, tu **PROPÓSITO**, tu **OBJETIVO** es que en tu barrio haya más parques infantiles.

Estarás de acuerdo conmigo que solo no lo puedes conseguir, ¿Verdad?
Y que si te quedas en casa no vas a conseguir nada, ¿No?
Y que, quizá, la población a la que más le guste tu VISIÓN sean los papás y mamás de niños pequeños de tu barrio, ¿cierto?
¿No sería lógico conseguir hacer una serie de reuniones donde les expliques tu VISIÓN a los papás y mamás de tu barrio?

Pues eso es lo que me refiero, de nada te vale no hacer nada, y de nada te vale hacerlo con los solteros de otro barrio, que tendrán poca **MOTIVACIÓN** por apoyar tu **VISIÓN**.

La Publicidad no te dice que te va a vender algo, pero tú sabes que todo lo que hacen es para venderte, incluso darte el control para que pienses que eres tú el que compras. Por eso, tu propósito es conseguir que las **PERSONAS** te sigan, con un modelo muy noble, ilusionante y para nada coercitivo (amenazador).

Pues lo mismo pasa con tu reunión con los vecinos, aunque no les digas que les vas a "vender" nada, ellos saben que lo que buscas es su apoyo para conseguir entre todos un objetivo común, y para conseguirlo, amigo mío, vas a tener que demostrar que conoces muy bien a las **PERSONAS**.

Por eso, al comenzar este libro, te dije que íbamos a trabajar nuestro MODELO DE LIDERAZGO bajo unas premisas iniciales:

- No hay vinculación ECONÓMICA, es muy fácil si eres quien paga.
- No hay vinculación JERÁRQUICA, es muy fácil si eres quien tiene su futuro profesional en tus manos.

- No hay vinculación EMOCIONAL, es muy fácil "chantajear emocional-mente", y si no que se lo pregunten a las madres lo bien que lo hacen ☺, "Ellas que nos han dado la vida, y ahora ni las miramos a la cara"

Además, como vivimos en un mundo civilizado y no hacemos nada fuera de la legalidad, tampoco vamos a generar MIEDO, por lo que…

 ¿Por qué alguien te va a SEGUIR?¿Te va ayudar?¿Le vas a INS-PIRAR? ¿Qué le vas a dar que NECESITE?

Ten en cuenta que tienes que conseguir que las personas te sigan te ayuden porque QUIEREN, igual que compran cosas porque QUIEREN (y las NECESITAN).

 ¿Complicado?

No te creas, lo que pasa es que aún no lo has hecho NUNCA, o pocas veces, en el momento que empieces a desarrollar tu COMPETENCIA, ya verás que no es tan difícil.

 ¿Lo complicamos un poco más?

Todas las PERSONAS son distintas y se mueven por cosas distintas. No es lo mismo un niño que un adolescente, un joven ambicioso, que un NI-NI, una persona soltera de 35 años, que otra de 35 casado y con dos hijos.

No es lo mismo una persona casada que su cónyuge trabaja, a casada que su cónyuge no trabaja, no es lo mismo un funcionario que una persona con trabajo temporal, no es lo mismo alguien que ha tenido los hijos joven que alguien que ha tenido los hijos mayor…

Cada PERSONA es distinta y va a hacer las cosas por motivos distintos, va a tener MOTIVACIONES distintas.

 ¿Te sigue pareciendo complicado?

Te voy a dar la receta, que es muy simple:

Debes aprender a detectar cuáles son las MOTIVACIONES de las PERSO-NAS con las que te rodeas.
Detectar qué NECESITAN que les des para que se MUEVAN y…¡Dárselo!
¡Así de SIMPLE! (Y complicado)

No te deprimas, que cuando lo hayas hecho mil veces, verás que no es tan difícil como parece, además vamos a comenzar con ejercicio muy sencillo para que te vayas acostumbrando a hacerlo.

Ejercicio 5

Muy bien, ya hemos visto cómo cada **PERSONA** tiene unas motivaciones distintas y lo primero que debes hacer es aprender a detectar estas **MOTIVACIONES**, porque si no las conoces, no las podrás satisfacer y no podrás conseguir que las **PERSONAS** te sigan.

¡Perfecto!

Vamos a trabajar con tu entorno, y para eso te voy a pedir que hagas lo siguiente:

- Piensa en **7 PERSONAS** con las que tengas relación habitualmente, por lo menos una vez a la semana.
- Quiero que, pensando en esas personas, apuntes, para cada una de ellas, las **MOTIVACIONES** que tú piensas que tiene, es decir, cuales tú piensas que son los motivos por los que esa persona hace las cosas.
- Una vez que lo hayas hecho me gustaría que tuvieras la oportunidad de hablar con cada una de esas personas durante **10/15 MINUTOS** y se lo preguntaras directamente:

*"Oye **NOMBRE**, estoy haciendo un trabajo de desarrollo de mi **LIDERAZGO** y para ello me gustaría hacerte una pregunta:*
*¿Cuáles son tus **MOTIVACIONES**? Es decir, ¿Qué es lo que te mueve a hacer las cosas?"*

Recálcale, por favor, que sea totalmente sincero/a, que no intente quedar bien diciendo (la paz, la solidaridad, el bien común), si lo que le mueve es su propio interés y el dinero, que te lo diga, no pasa nada, es muy importante que diga la verdad.

Una vez que tienes las dos respuestas de cada persona, la tuya y la suya, apunta al lado el porcentaje de acierto que crees que has tenido (De 0% hasta 100%)

Y aquí lo dejamos de momento.

(Vuelvo a recalcar la importancia de que seáis, tanto tú como las personas que entrevistes, lo más sinceros posible en vuestras respuestas para maximizar la utilidad de este tipo de ejercicios)

Nombre	MOTIVACIONES que pienso que tiene	MOTIVACIONES que me ha dicho que tiene	% de acierto

7 ¿Razones o Emociones?

Muy bien, ya sabemos entonces que las personas hacen las cosas por MOTI-VACIONES, es decir por algo que les MOTIVA, que les MUEVE a hacer (o no hacer, dejar de hacer) las cosas.

Y esas MOTIVACIONES,

 ¿Son de tipo Instintivo, Emocional o Racional? ¿Qué piensas?

No quiero enrollarme mucho hablando del comportamiento del cerebro humano, si quieres saber más sobre mi teoría te remito a Cambia para Cambiar el Mundo® donde dedico una parte del libro a hablar de eso, pero es muy importante que sepas cómo tomamos las decisiones las personas, es decir,

 ¿Por qué hacemos lo que hacemos?
¿Nos movemos por la Intuición, por la Emoción, por la Razón...Por una mezcla de todas?

Vamos a ver un ejemplo:

Imagina un padre que tiene un hijo adolescente. Ante cualquier situación en la que el hijo debe tomar una decisión:

¿Qué suele pasar? ¿Coinciden ambos en sus puntos de vista, o están muy alejados?

Yo creo que lo segundo, ¿verdad?

¿Y por qué crees que es?

Porque están teniendo **EMOCIONES** distintas, fíjate:

El padre...¿Qué crees que buscará?

Normalmente **SEGURIDAD**,

Pero...SEGURIDAD ¿Para quién, para él o para su hijo? ¿Querrá el padre sentirse tranquilo?

Y el hijo...¿Qué crees que buscará?

Experiencias, emociones, aprendizajes, diversión, crecimiento, reír, viajar, aprender, conocer.

Cuando el padre le dice al hijo: "Debes estudiar, hacer una buena carrera, tener un buen trabajo, comprar una casa, tener una hipoteca, formar una familia..." ¿Qué siente el padre?

Que el hijo, si hace eso, va a seguir un buen camino y va a tener **ESTABILIDAD**, y él como padre se va a sentir **SEGURO**.

Pero...¿Piensa en cómo se va a SENTIR su hijo?

Realmente, no creo, ¿Verdad?

Porque ante todo lo que su padre le plantea, ¿Qué es normal que SIENTA el hijo?

Stress, agobio, ansiedad, asfixia, esclavitud...Apenas está empezando a vivir y ya le están planificando el resto de su vida...!!!Ahhhhh!!!

Pero...¿Por qué te digo todo esto?

Porque en el choque generacional entre padres e hijos, ninguna de las dos partes piensa en ningún momento cómo la otra parte se **SIENTE**. El padre, por supuesto que **PIENSA** que lo que le está diciendo es lo mejor para su hijo pero...

¿Piensa en cómo le hace SENTIR?

Y el hijo, pasa de lo que dice el padre porque le agobia, pero...

¿Piensa por un momento en la INCERTIDUMBRE que el padre siente cuando hace lo que le da gana sin darle ningún tipo de explicación?

La respuesta es **NO**,

Y esa es la causa del choque generacional, porque... citando a la gran Elia Guardiola:

❝❝ "No es lo que haces. Es lo que haces SENTIR con lo que haces"

Ahora piensa en ti, en lo que haces y dices a otras personas. Seguramente tus actos y tus palabras son súper bienintencionados, pero...
-   ¿Te paras a pensar cómo haces SENTIR a las otras personas?
-   Si dijeras las cosas de otra manera, ¿les harías SENTIR de otra manera?
-   Si les expusieras cómo tú te SIENTES, ¿las otra personas te entenderían un poco más?

Aquí entra una cosa que se llama EMPATÍA, y que es la mayor mentira del mundo mundial

? ¿Mentira?

Si, mentira, porque todos decimos alegremente a cualquier persona:

❝❝ *"Te entiendo"*

Y esa es la mayor mentira del mundo.

Si realmente entendiéramos a esa persona, no le daríamos consejos desde nuestra posición y nuestro punto de vista, nos bajaríamos hasta su posición, nos situaríamos a su lado, le preguntaríamos:

? ¿Cómo te SIENTES? ¿Por qué te SIENTES así? ¿Qué piensas que puedes hacer para dejar de SENTIRTE así? ¿Cómo te puedo ayudar para que no te SIENTAS así?

E intentaríamos adaptar toda nuestra comunicación a sus SENTIMIENTOS, para hacerle SENTIR como esa persona quiere SENTIRSE.

? Pero, ¿Qué hacemos?

Le damos consejos (por supuesto, bienintencionados, desde la experiencia, le aconsejamos cosas que no hicimos y que, por eso, sabemos que es lo que debe hacer, ya nos equivocamos nosotros por los dos)

Volviendo al ejemplo del hijo:

No vas a **MOTIVAR** a tu hijo adolescente con una vida de trabajo, casa, hipoteca, familia e hijos (o por lo menos no a la mayoría), pero a lo mejor sí le **MOTIVAS** con una vida de **VIAJES, EXPERIENCIAS, PERSONAS, VIVENCIAS, DESAFÍOS, RETOS**...y posiblemente para tener ambas cosas, deba estudiar, que en el fondo es lo que tú quieres, que estudie.

**¡Pues háblale en su idioma!¡Presta atención a sus SENTIMIEN-
TOS!¡A sus MOTIVACIONES!¡Y hazle sentir BIEN!**

Porque, nuevamente, como dice la gran Élia Guardiola (tienes que conocerla):

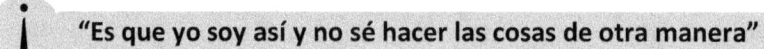

"No es lo que haces. Es lo que haces SENTIR con lo que haces"

Y tú puedes decirme:

"Es que yo soy así y no sé hacer las cosas de otra manera"

Pues entonces regala este libro, porque si quieres desarrollar tu LIDERAZGO, debes aprender a tratar con PERSONAS, a entender sus MOTIVACIONES, a comprender lo que SIENTEN, y si no lo has hecho hasta ahora, debes comenzar a trabajar en ti mismo para que hagas SENTIR a las PERSONAS como tú quieras que se SIENTAN.

Porque otra cosa debes tener clara es que debes saber "cómo quieres que las personas se sientan", porque es la manera de conseguir que te sigan: (te lo repito otra vez y en negrita porque es IMPORTANTÍSIMO).

Debes ser muy consciente de ello y conseguir que las personas, si tú quieres, sientan ILUSIÓN, ORGULLO, PAZ, RESPETO, PROTECCIÓN, SEGURIDAD...todas las emociones que hacen SENTIR BIEN a las PERSONAS.

Porque, a partir de aquí te voy a contar muchas cosas y te voy a dar muchas herramientas muy poderosas, pero lo que SIEMPRE voy a defender es que, debes usarlas para:

☺ **HACER SENTIR BIEN A LAS PERSONAS**

? **¿Crees que es IMPOSIBLE controlar como quieres hacer SENTIR a
las PERSONAS y conseguirlo?**

Te voy a poner varios ejemplos:

Cuando ves una película, ¿crees que el director sabe cómo quiere hacerte SENTIR en cada momento?
¿Y cuando acudes a una obra de teatro?
¿Y cuando escuchas una canción?
¿Y cuando disfrutas de un espectáculo de magia?
¿Y cuando lees un libro?
¿Y al ver un anuncio de televisión?
¿Y al escuchar un discurso?

Todas las personas que nos quieren comunicar algo, lo hacen con la intención de hacernos SENTIR de una manera determinada con cada una de sus PALABRAS, IMÁGENES, GESTOS...¿Por qué?

❚❚ **Porque es la manera de llegar a sus MOTIVACIONES, de moverles a hacer las cosas.**

8 | Entonces, ¿Cómo conectamos MOTIVACIÓNES y EMOCIONES?

Anteriormente veíamos POR QUÉ las PERSONAS hacían las cosas, pues vamos a ver, si esas motivaciones van asociadas a la razón o a la emoción, y en este segundo caso, a ver si podemos identificar las emociones que van asociadas.

DINERO

Cuando alguien hace las cosas por dinero es lo más fácil, porque no hay que pensar demasiado, le das dinero...y ya, es RACIONAL, tener dinero para sobrevivir. Pero, ¿Y si ya no es por sobrevivir? ¿Si es por acumular riqueza? ¿O si el DINERO ya no es importante y entran otras emociones como el PODER? ¿Por qué un jugador de fútbol estaría dispuesto a cambiar de equipo para pasar de cobrar 20 millones de euros al año a 30? ¿La RAZÓN no le diría que con 20 milloncitos es suficiente para sobrevivir? ¿Qué emoción piensas que habría detrás? (No te voy a contestar, te dejo que pienses lo que quieras ☺)

MIEDO

El **MIEDO** es la emoción más potente, y es con la que se nos ha intentado manipular a lo largo de la historia, y aún se sigue haciendo de una manera totalmente efectiva, ¿No me crees? Te pongo unos cuantos ejemplos:

Cuando un padre le dice a un hijo: No te subas ahí que te vas a caer,

¿Qué quiere hacerle SENTIR?

Cuando en nuestro trabajo nos dicen que si no llegamos a la cifra de ventas nos vamos a quedar sin **BONUS**,

¿Qué quieren hacernos SENTIR?

Y en publicidad, el sector de los **SEGUROS**,

¿En qué se basa?

En el **MIEDO** a que mueras y dejes a tu familia sin **RECURSOS**, a que los ladrones roben en tu casa, o a que tengas un accidente y te quedes sin coche (lo que pasa que lo esconden bajo la palabra **PREVISIÓN**). Les pagas a cambio de que se lleven tu **MIEDO**. (No a morir, sino a dejarlos sin recursos)

PREMIOS

De esta manera vamos a conseguir que las personas no tengan MIEDO, sino ILUSIÓN por conseguir las cosas, es una recompensa al buen comportamiento. En vez de castigar con refuerzos negativos, premiamos con refuerzos positivos.

El CASTIGO y el PREMIO serían estrategias contrarias que utilizamos para conseguir lo que deseamos, ¿verdad? Tú eliges cual quieres utilizar y cómo quieres hacer sentir a las PERSONAS con las que te rodeas. Tú elijes si quieres que sientan MIEDO o quieres ILUSIONAR.

Y una cosa te voy a decir, es mucho más fácil hacer sentir MIEDO que ILUSIÓN y si no, fíjate, a lo largo de la historia, que nos han hecho sentir más, ¿MIEDO o ILUSIÓN?

 ¿Y cuál ha sido más eficaz?

Incluso se han COMBINADO siempre ambas, ¿No crees? Si eres BUENO tienes un PREMIO, si eres MALO un CASTIGO (para que la diferencia fuera aún mayor), lo que se llama la estrategia del palo y la zanahoria. (Persigues la zanahoria y huyes del palo con el que te atizo por detrás)

Si eres BUENO irás al CIELO y si eres MALO...te quemarás en el INFIERNO.

 Si no existiera el infierno, el cielo no sería tan apetecible, ¿verdad?

RECONOCIMIENTO

Cuando nos reconocen cosas buenas: que somos altos, guapos, listos, simpáticos, buenas personas, inteligentes, que hemos hecho un trabajo bien...

 ¿Cómo nos hacen SENTIR?

Sentimos orgullo, nos sube la autoestima, nos sentimos más seguros, más fuertes, más útiles, más capaces, más...normalmente sentimos cosas buenas cuando se nos reconoce, por lo que somos, por cómo somos, por lo que hacemos, por nuestro desempeño, por ayudar a los demás, cuando somos valorados por los demás, nos sentimos…BIEN

ORGULLO DE PERTENENCIA

El propio nombre lo dice, nos sentimos orgullosos de pertenecer a algo, de que nos consideren dignos de formar parte de algo importante. Nuevamente, nuestra autoestima sube, nos sentimos más importantes, más poderosos, porque estamos, juntos a otros, haciendo cosas grandes, que nosotros no podríamos hacer solos.

PROTECCIÓN

No somos súper héroes, y muchas veces nos sentimos INSEGUROS, y esto va a hacer que sentirnos PROTEGIDOS nos mueva a hacer muchas cosas, ya que nos sirve para eliminar el MIEDO.

Vamos a ver un ejemplo:

- Un niño pequeño se sube a un lugar en alto y su padre le dice: "No te subas ahí, que te vas a caer"
- ¿Qué quiere el padre? Que sienta **MIEDO**.
- ¿Qué es normal que haga el hijo? Que siga subido, porque no percibe el peligro de estar ahí subido.
- ¿Qué es lo que pasa si se cae? Que el niño llora.
- ¿Y qué hace su padre? Le protege.
- ¿Cómo se siente el niño? Protegido por su padre, el cual, en vez de decirle: "No te preocupes, que yo te cuido y te protejo", aprovecha esta situación de vulnerabilidad del niño para decirle: "Lo ves, si es que me tienes que hacer caso, que yo todo lo que digo es por tu bien, para que no te hagas daño"

¿Ves cómo, aunque no lo hagamos conscientemente, llevamos toda la vida "jugando" con las emociones de los demás para que hagan lo que nosotros queramos (y chantajearles emocionalmente)?

Te propongo que comencemos a trabajar y hacerlo CONSCIENTEMENTE para hacer SENTIR BIEN a los demás.

SEGURIDAD

Muy unido al anterior, nos gusta sentirnos seguros, y eso es lo que los padres quieren, sentirse SEGUROS con sus hijos, asegurarse que no la van a "liar parda", por eso les dicen que sean buenos y que hagan lo que ellos no hicieron cuando fueron hijos (sentir SEGUROS a sus padres). ☺

TRASCENDER

Con esta motivación, las personas queremos sentirnos IMPORTANTES, queremos RECONOCIMIENTO, pero no basta con una palmadita en la espalda, queremos un EGO más inflado, un Nóbel, un Óscar, un record del mundo…un homenaje a toda una vida de éxitos… (Lo malo es que las calles y los pabellones nos los suelen dar cuando ya hemos muerto, pero a lo mejor los vemos desde otro sitio, ¿no?) ☺

LIGAR (CONQUISTAR)

Si te fijas, puse los dos verbos, uno en paréntesis, precisamente porque, aunque pareciera que lo que nos gusta es LIGAR para tener placer físico, realmente lo que buscamos es CONQUISTAR, plantearnos un reto y conseguirlo, y qué mejor reto que gustar a otra persona y que quiera intimar con nosotros. Nos puede hacer sentirnos fuertes, poderosos, importantes, inflar nuevamente nuestro ego, puede ser que "nos guste gustar".

AMOR

¿No es lo mismo que el anterior? Pues no, antes querías subir tu ego, y ahora quieres querer y que te quieran, quieres que ya que por fin has podido cortar el cordón de seguridad y protección de tus padres…tener un poquito de eso, pero que lo hayas elegido tú.

!Pero no todo el amor es de pareja! Claro que no, por eso nos gusta tener amigos a los que también queremos, para no sentirnos SOLOS en este miserable mundo; o una mascota, que son más nobles y menos complicadas; y por eso también queremos tener hijos, para tener a alguien a quien querer de verdad, sin ningún tipo de condicionantes, solo para regalarles AMOR y sentirnos…¿realizados?

PORQUE NOS APETECE

¿Cuando haces las cosas porque te apetece, cómo te sientes? Libre, que tienes el control, importante, seguro, poderoso. Puedes hacer algo y lo haces, ¿por qué? Porque quieres, es una sensación fuerte, ¿verdad? Aunque después la razón te diga, ¡Menuda tontería que acabas de hacer! Y tienes otro tipo de emociones que se llaman... ¿Remordimientos?

PORQUE OTROS LO HACEN

Cuando hacemos algo porque otros lo hacen puede ser por dos motivos: por el orgullo de pertenencia del que hablábamos antes o, y es lo más probable, por MIEDO, a sentirnos rechazados, apartados, que nos dejen de lado, de no ser guay.

Entrar a formar parte de un grupo es motivo para sentirnos ORGULLOSOS, pero si ese grupo es muy poderoso, podemos SENTIR un gran MIEDO por la posibilidad de dejar de formar parte de él.

Esto es algo que se ve muy claramente en la adolescencia, en la que los jóvenes hacen lo que hacen sus amigos y en todo lo que tenga que ver con las MODAS, en las que hay que seguir la corriente para no sentirse rechazado (a no ser que seas tú el que cree la MODA, para lo que deberás...lo veremos más adelante ☺)

CAMBIAR EL MUNDO

Muy unido a trascender, las personas que QUEREMOS CAMBIAR EL MUNDO, queremos hacer cosas importantes, sentirnos útiles, independientes, capaces, libres de tomar nuestras propias decisiones, de ver lo que no te gusta y cambiarlo, sentir que tu vida vale para algo más que para gastar cada día y dejarlo pasar sin hacer algo grande de verdad, algo por lo que merezca la pena luchar.

En definitiva, lo que quiero decirte, es que las personas hacen las cosas por diversos MOTIVOS, que les hemos llamado MOTIVACIONES, cada PERSONA tiene las suyas, que son totalmente lícitas, válidas y correctas, y que pueden o no coincidir con las tuyas.

Nota: Te he contado algunos de los MOTIVOS / MOTIVACIONES por los que las PERSONAS hacen las cosas y de las EMOCIONES que hacen que las PERSONAS hagan las cosas. Nuevamente, te estoy contando un hecho y, por supuesto, siempre te diré que lo utilices para hacerles sentir BIEN (dentro de todo el abanico de EMOCIONES que hacen SENTIR BIEN)

Como te he dicho, esas MOTIVACIONES van a ir muy unidas a EMOCIONES que esa persona

> **QUIERE TENER (en el caso de que sean positivas – Reconocimiento, seguridad, orgullo...)**
> **O NO QUIERE TENER (en el caso de que sean negativas – Miedo, incertidumbre, inseguridad...)**

La capacidad que nosotros tengamos para identificar las MOTIVACIONES y las EMOCIONES que a cada persona le influyen para hacer las cosas o para tomar decisiones va a determinar en una gran medida el éxito que tengamos en:

> **"Conseguir que otras PERSONAS nos sigan, nos apoyen y nos ayuden a conseguir nuestro OBJETIVO, nuestro PROPÓSITO, nuestra VISIÓN"**

El ejercicio anterior lo hiciste con **7 PERSONAS** con las que habitualmente tienes relación y sobre las que trabajamos en sus **MOTIVACIONES**.

Pues en este ejercicio vamos a trabajar sobre las **EMOCIONES** y **SENTIMIENTOS** que mueven a esas **PERSONAS**, por lo que vas a hacer lo siguiente:

- Si has hecho correctamente el ejercicio anterior, debes tener una tabla rellena con 4 columnas,

¿Cierto?

- La que nos interesa es la tercera, donde esa persona te ha dicho cuáles son sus **MOTIVACIONES**.
- Vamos a hacer otra tabla, en la que, para cada una de esas personas y analizando las **MOTIVACIONES** que te ha dicho que tiene, vas a escribir en una casilla, las **EMOCIONES** que tú piensas que hacen que esa persona haga las cosas, ya sean positivas o negativas.
- Una vez que lo hayas hecho me gustaría que, nuevamente, tuvieras la oportunidad de hablar con cada una de esas personas durante 10/15 minutos y se lo preguntaras directamente:

*"Oye **NOMBRE**, siguiendo con el trabajo que hicimos el otro día, me gustaría hacerte otra pregunta:*
*¿Cuáles son tus **EMOCIONES** más potentes que te mueven a hacer las cosas?*
*Es decir, ¿Qué es eso que tú **SIENTES** y que es el motor para que hagas algo?"*
Recálcale, nuevamente, la importancia de que sea totalmente sincero/a.

Una vez que tienes las dos respuestas de cada persona, la tuya y la suya, apunta al lado el porcentaje de acierto que crees que has tenido **(De 0% hasta 100%)**
Y aquí lo dejamos de momento.

(Vuelvo a recalcar la importancia de que seas tanto tú como las personas que entrevistes, lo más sinceras posibles en vuestras respuestas para maximizar la utilidad de este tipo de ejercicios)

Nombre	EMOCIONES que pienso que le mueven	EMOCIONES que me ha dicho que le mueven	% de acierto

9 | Todos somos diferentes y, sobre todo, NADIE ES como TÚ ni está obligado a PENSAR ni SENTIR como TÚ

Querido amigo, si quieres conseguir tu VISIÓN vas a tener que tratar con PERSONAS y probablemente nunca en la vida hayas estudiado nada de cómo hacerlo.

Seguramente se ha dado por supuesto que como eras una PERSONA y sabías HABLAR, estabas preparado para COMUNICARTE y ENTENDERTE con PERSONAS,

 ¿Verdad?

Pues a partir de ahora, si quieres hacerlo bien, vas a tener que derrumbar muchos mitos y creencias con los que has crecido.

En primer lugar, debes tener algo muy claro:

> "No tienes que tener razón"
> "No tienes que convencer a nadie"
> No estás en posesión de la verdad"
> "No eres el más listo, ni el más fuerte, ni el que más sabe"
> "No eres más que nadie"

Porque nos han educado para eso: Para tener razón, para convencer a los demás, para estar en posesión de la verdad, para ser más que los demás, más listo, más fuerte, el que más sabe, porque tenías que demostrarle a los demás que estabas por encima de ellos, y así, ellos debían SEGUIR al superior.

Pues rompe y derrumba todo eso, porque NO ES VERDAD. NO ERES nada de eso, y lo mejor, no lo necesitas SER, así que quítate esa presión por intentar ser PERFECTO, ese súper héroe con cien (o mil, o diez mil) súper COMPETENCIAS, porque...

 NUNCA lo vas a conseguir, NO lo necesitas, NO es necesario para conseguir tus OBJETIVOS

Y sin embargo, sin pretender sentirte poderoso con las herramientas que te han dicho que debías utilizar, vas a conseguir que TODOS te sigan...

Apasionante, ¿verdad?

Pues claro que es apasionante, porque vas a descubrir (estás descubriendo) las herramientas que de verdad te van a ayudar a INSPIRAR a las PERSONAS, para llegar a SER alguien a quien las PERSONAS quieran SEGUIR. Así que, vamos a continuar, a llenarte de herramientas para que puedas hacerlo.

Otra cosa que debes tener clara es que cada PERSONA con la que te rodees es distinta:

> **NO HAY DOS PERSONAS IGUALES:**
> **Que PIENSEN igual**
> **Que SIENTAN igual**
> **Que RESPONDAN igual ante ciertas acciones**
> **Que hayan tenido VIDAS iguales**
> **Que hayan tenido VIVENCIAS iguales**
> **Que estén en el mismo MOMENTO VITAL**
> **Que hayan desarrollado un CARÁCTER igual...**

Y por lo tanto, deberás adaptar tu manera de actuar a cada una de las PERSONAS con las que te relaciones. Es más, la misma PERSONA no es igual a lo largo de su vida, aunque te digan que NO CAMBIAN, eso no es verdad, porque nuestra personalidad, carácter, nuestra esencia, se va puliendo a lo largo de nuestra vida, y las MOTIVACIONES que tenemos varían en función de la etapa de la vida en la que nos encontremos, por lo que, lo que nos valía con una PERSONA hace un tiempo, puede que no nos valga ahora.

Nadie está obligado a PENSAR o SENTIR como tú y, si lo hacen, es que algo no estás haciendo bien, porque no es verdad, lo que están haciendo es adoptar una pose determinada por algún motivo (por miedo, por agradarte, por...cualquier MOTIVACIÓN).

En el caso de que esto ocurra, piensa que esa PERSONA que te está haciendo ver que actúa y piensa como tú, realmente está haciéndote SENTIR como tú quieres SENTIRTE, te está dando lo que tú necesitas, por lo que...

? **¿Quién está haciendo que la otra persona se SIENTA como él quiere, tú o él? (Te está dando la razón y el poder, piénsalo)**

Porque puede que el que dé la cara, el que tenga el PROTAGONISMO, sea el que esté ayudando a conseguir la VISIÓN, el OBJETIVO de otros, que han conseguido implicarle, que les ayude le han asignado ese ROL...y eso NO ES MALO.

Hay que desmitificar esa idea de que el LÍDER es el que TIRA DEL CARRO. Nuevamente, al ver nuestro modelo veremos cómo lo importante es SERVIR a los demás, al MUNDO, a las PERSONAS, tener clara una VISIÓN y trabajar conjuntamente para CONSEGUIRLA.

> **?**
>
> *¿No conoces ningún episodio histórico en que la figura que estaba al frente realmente no era el que manejaba la situación, que había otras figuras en la sombra que eran los que tenían clara la VISIÓN, el OBJETIVO, el PROPÓSITO, sin tener un cargo EJECUTIVO? ¿Nos quitamos entonces la idea del LÍDER / SÚPERHÉROE tirando del carro, el más LISTO, el más FUERTE...el de las 1001 COMPETENCIAS?*

Te pongo otro ejemplo:

En la edad media, en la corte de los Reyes y los nobles, ninguno de los súbditos se atrevían a contrariar al Rey o al noble, por **MIEDO** al castigo (normalmente ya sabes cuál era).

Sin embargo, había un personaje, el bufón, que debajo de la figura del tonto, era el único que mediante la creatividad y la sátira, se atrevía a criticar al que ostentaba el poder. Para hacerlo, se ponía muy debajo física, moral e intelectualmente, era el tonto, jorobado e ignorante y podía decir lo que quisiera porque

¿Cómo el rey o el noble se iba a rebajar a sentirse ofendido por un ser tan insignificante?

Muchas personas recurrían a ese bufón para que consiguiera influir en el rey y así conseguir sus **OBJETIVOS**, ya que ellos no podían decírselo directamente

Por eso, desde que hemos comenzado este libro te he dicho que vamos a explorar y trabajar tu LIDERAZGO, porque que ostentes la figura del JEFE, o seas la CABEZA de algo, no quiere decir que tengas el LIDERAZGO de la situación. Por lo que te pido que, continuamente, te cuestiones a ti mismo y te preguntes si estás haciendo las cosas como las debes hacer para conseguir tus OBJETIVOS. (Veremos más adelante cómo diseñar y desarrollar nuestro plan, pero ahora...sigamos trabajando en tu conocimiento de las PERSONAS)

Otras expresiones que debes ELIMINAR de tu VOCABULARIO y de tu MENTE son:

> **"Es que en esta situación, yo haría..." o**
> **"Ha pasado esto, y esta persona ha actuado de esta manera, cuando debería haberlo hecho de esta manera, porque yo lo habría hecho..." o**
> **"Las cosas solo se pueden hacer de una manera..."**

Mi amigo, hemos dicho que todas las personas son distintas, piensan, sienten y actúan distinto ante ciertas situaciones y, a no ser que establezcas muy claro cuál debe ser la actuación que cada uno debe tener en cada momento y en cada situación:

> **"No exijas a nadie que haga las cosas como tú CREES que las hubieras hecho"**

Y digo CREES porque tú lo sueles analizar a posteriori, con todos los datos objetivos y con la información del resultado que han tenido las actuaciones de una persona, pero realmente:

> **"No tienes ni idea de qué habrías hecho tú"**

Así que no te las des de listo, ni de superior moral o intelectual. (¿Me las estoy yo dando de listo ahora ☺, a que NO MOLA?)

Ante cualquier situación que no haya salido de la manera que creías o querías, simplemente siéntate con esa PERSONA, pregúntale por qué ha actuado así, aprovecha para conocer mejor a esa PERSONA, sus MOTIVACIONES y si ha habido alguna consecuencia negativa por su comportamiento, intentad solucionarlo.

Esto nos lleva a un concepto que debes interiorizar y hacerlo tuyo a partir de hoy:

ACEPTACIÓN

Una vez que conozcas a las PERSONAS, lo que piensan, lo que sienten, sus motivaciones, cómo se comportan y cómo son, acéptalo, no malgastes tus energías intentando cambiar la manera de ser, pensar o actuar de una persona, simplemente

!! "Intenta que se SIENTAN como te gustaría que se SINTIERAN"

Y aquí tú me dices (con todo la razón)

? Pero, ¿Y si su comportamiento no es el adecuado?

Pues entonces, tienes una conversación con esa persona y le explicas que su comportamiento no es correcto y le pides que lo cambie (pero eso lo veremos cuando hablemos de COMUNICACIÓN ASERTIVA)

Vas a poder pedir a las PERSONAS que cambien sus COMPORTAMIENTOS, pero

!! "No les pidas NUNCA que cambien su manera de SER, PENSAR o de SENTIR"

Por último, vamos a terminar este capítulo hablando de otro concepto que vas a tener que interiorizar:

CONFIANZA

Vas a tener que CONFIAR en las PERSONAS que te sigan, que te ayuden, en las que te apoyes, debes CONFIAR en que van a dar lo mejor de ellos mismos y en que van a hacer lo que tienen que hacer lo mejor que pueden y saben.

Y aquí nuevamente me puedes decir:

? ¿Y si no lo hacen?

Pues en vez de DESCONFIAR y de pensar que no hacen las cosas porque no quieren hacerlas, piensa:

¿Saben lo que tienen que hacer? ¿Tienen todas las instrucciones claras? ¿Saben cuándo lo tienen que terminar? ¿Saben a quién le deben reportar?
¿Saben cómo hacerlo? ¿Tienen la capacitación necesaria?
¿Tienen las herramientas necesarias?
¿Tienen la motivación necesaria?
Es decir, ¿Saben hacerlo? ¿Pueden hacerlo? ¿Quieren hacerlo?

Y si la respuesta es NO, pregúntate...

? ¿Por qué?

Si no hacen las cosas, no le eches la culpa lo primero de todo a la PERSONA, examina antes muchos otros factores que pueden haber fallado:

La información.
La comunicación.
La formación.
Los medios.
La motivación…

Piensa si se le ha facilitado todos los medios y has descartado otros factores, entonces busca la respuesta en esa PERSONA, pero si la respuesta es NO, corrige lo que está fallando, porque si no lo haces, cambiaras la PERSONA por otra, pero seguirás teniendo el PROBLEMA, porque la PERSONA no es la SOLUCIÓN.

En el tema de la CONFIANZA pasa una cosa muy curiosa:

> **"Solemos confiar en todas las PERSONAS con las que no tenemos relación y no confiamos en las más cercanas."**

Te voy a poner un ejemplo:

Quiero que pienses en dónde haces la compra habitualmente. Te voy a hacer una serie de preguntas:

¿Confías en que cuando vayas a la tienda esté abierto? (Si vas en el horario que dice que va a estar abierto)
¿Confías en que los productos estén en buen estado?
¿Confías en que estén en los lineales?
¿Confías en que los trabajadores de esa tienda, supermercado, centro comercial han hecho su trabajo?

Estoy casi seguro que has respondido que **SI** a todas las preguntas, **¿Verdad?**

Pero aquí me puedes decir: es que confío porque es mi supermercado de toda la vida y me han demostrado que es así, porque **NUNCA** me han fallado.

Vale, acepto tu respuesta. Ahora piensa que te vas de vacaciones, donde sea, y tienes que hacer compra y vas a un supermercado, ya no es el tuyo de confianza y, aunque sea de la misma cadena, no trabajan las mismas personas que en tuyo, ¿no?

¿CONFÍAS en que esas nuevas PERSONAS que no conoces y no has visto en su vida hayan hecho bien su trabajo?

La respuesta a estas preguntas, normalmente es SI. Solemos confiar en que las personas que no conocemos y que están a nuestro SERVICIO hacen las cosas correctamente, entonces:

> **¿Por qué nos cuesta CONFIAR en las PERSONAS con las que nos relacionamos?**

Y aquí si te voy a dar un consejo, más que un consejo una premisa fundamental sobre lo que debes construir todo los demás, ahora entenderás PORQUÉ

> **"CONFIA en las personas de las que te rodees, ACEPTA que no son como tú, no les exijas cosas que no tienen por qué darte, ten un LIDERAZGO de SERVICIO, es decir, dales todo lo que NECESITEN, y ellos te lo devolverán multiplicado por 1.000"**

Esta es la base del modelo de LIDERAZGO que veremos en este libro, ese LIDERAZGO basado en el SERVICIO, ese LIDERAZGO INSPIRADOR. (Ups, ya lo he dicho ☺)

Si te das cuenta, todo lo que estamos hablando hasta el momento, es ACTITUD, que es lo primero que hemos dicho que debemos tener: ACTITUD de SERVICIO, ACTITUD de LÍDERAZGO, ACTITUD de SENTIRSE RESPONSABLE, y no echar culpas, sino analizar las situaciones y asumir que, si quieres conseguir una VISIÓN, un OBJETIVO, un PROPÓSITO, eres el RESPONSABLE ÚLTIMO.

Si no te gusta, puedes seguir haciendo lo mismo que hasta ahora, pero si te va gustando algo de lo que te estoy contando, te hago una pregunta muy sencilla...

> **¿Continuamos?**

10 NO trates a los demás como te gusta que te traten a TÍ, trátalos como les gusta que les traten a ELLOS

Esto es otra cosa que tienes que desterrar de tu mente, y va muy unido a lo que hemos visto, TODAS las PERSONAS son distintas, PIENSAN distinto, SIENTEN distinto, ACTÚAN distinto y les gusta que les traten DISTINTO.

Hombre, aquí me puedes decir...

> **"A todos nos gustan que nos traten BIEN"**

Correcto, pero BIEN es un poco subjetivo. Lo que para ti es BIEN, puede que no lo sea para otra PERSONA, o por lo menos que no sea suficientemente BIEN, o al revés.

Te voy a poner un ejemplo:

Ante la misma empresa que trata a los clientes de la misma manera, hay clientes que están muy contentos, otros indiferentes y otros enfadados

¿No es cierto?

La empresa intenta que el trato y atención sean homogéneos para todos. Por lo que si eliminamos los errores puntuales e individuales, ante un mismo trato, la percepción es distinta para todos los clientes.

¿No crees?

Y las empresas conocen qué porcentaje de los clientes están: Muy Satisfechos, Satisfechos, Indiferentes, Insatisfechos y Muy Insatisfechos,

¿Verdad?

Pues si las empresas hacen ese esfuerzo por segmentar y tratar a sus clientes de manera distinta, dependiendo del grado de exigencia que tengan, me parece mi amigo que tú vas a tener que hacer lo mismo, e intentar conocer a todos tus CLIENTES para saber cómo les gustaría que les trataran.

Porque a partir de ahora debes tratar a las PERSONAS que te acompañen como tus CLIENTES, y las empresas a los CLIENTES les prestan SERVICIO, ¿Verdad?

 ¿Ves cómo va encajando todo, que el LIDERAZGO es un estilo de vida orientado al SERVICIO?

Muy bien, vamos teniendo claro que tienes que conocer mejor a las PERSONAS, a TODAS y cada UNA de las PERSONAS de las que te rodees, pero…

 ¿Qué tienes que hacer para conocerlas?

Pues es muy simple: Preguntarles, interesarte por ellos, por sus vidas, por sus motivaciones, por sus inquietudes…hacer algo que no has hecho nunca.

 Pero…¿Eso no es meterme demasiado en su intimidad?

Pues depende como lo hagas, y te voy a poner otro ejemplo:

Yo tengo dos niñas pequeñitas (mellizas) que ya van creciendo pero que cuando eran bebés consumían muchísimos pañales, tantos que hacíamos la compra familiar en el que tuviera la mejor oferta de pañales, hasta que…

Una gran superficie, que no voy a decir el nombre para no dar publicidad, solo os diré que su nombre empieza por Carre y termina por Four ☺, gracias a sus sistemas de fidelización empezó a tener información de nuestros hábitos de compra.

Tal fue el conocimiento que tenían de nosotros que sabían:

- Que **COMPRÁBAMOS** pañales
- La **TALLA** de los pañales que comprábamos
- La **MARCA** de los pañales que comprábamos
- Que **SIEMPRE** que íbamos, comprábamos pañales
- Que **NUNCA** comprábamos **SOLO** pañales
- Cuanto **TIEMPO** nos duraban los pañales que comprábamos (sí, mi querido amigo, sabían mejor que yo cuántos pañales gastaban mis hijas)

¿Qué hizo el amigo Carrefour con esa Info?

Se dio cuenta que mi **MOTIVACIÓN** para hacer la compra era la oferta de pañales y, con la Info que tenía, me enviaba tres días antes de que se me gastaran los pañales (tengo pruebas de ello ☺) un mail y un mensaje al móvil ofreciéndome un descuento para mi próxima compra de pañales, de la talla que usaba (y la siguiente, por si las niñas crecían), en el tamaño que usaba, válido durante 5 días (con máximo del doble de las unidades que compro habitualmente)

!! INCREÍBLE !!

¿Y tú piensas que a mí me molestaba que el amigo Carrefour tuviese toda esa información mía y la utilizara en su beneficio (vender)?

¡Al contrario, yo estaba encantado!

Es que no tenía no que llevar el control de los pañales, ya lo hacía Carrefour por mí. Se preocupó por conocer **MI MOTIVACIÓN** (comprar pañales baratos) y me hizo **SENTIR** como yo quería que me sintiera, **BIEN ATENDIDO, CUIDADO** y **ESCUCHADO** (sin haberle dicho ni pedido nada)

Pues con las PERSONAS tienes que hacer lo mismo, COMUNICARTE mejor con ellas. Por eso el siguiente bloque que trabajaremos en este libro, antes de desarrollar el modelo de LIDERAZGO INSPIRADOR será COMUNICACIÓN, porque vas a tener que aprender a COMUNICARTE mucho mejor de lo que haces ahora con las PERSONAS.

Y COMUNICARSE no es hablar, es otra cosa, es un flujo de doble dirección, *"pallá y pacá"*, es dar y obtener información útil y necesaria, es decir que también tienes que obtener información de las PERSONAS para conocerlas, para que puedas darle lo que necesitan.

 ¿Alguna vez en tu vida habías hecho un ejercicio como el 5 y el 6?

Es decir, ¿Preguntar abiertamente a las PERSONAS por sus sentimientos, motivaciones, inquietudes en la vida, sobre lo que les mueve a hacer las cosas? No, ¿Verdad?

Entonces, mi querido amigo, vamos a tener que trabajar también tu COMUNICACIÓN, porque debes tener toda la información posible de las PERSONAS, y aquí es cuando tú dices:

 "Hombre, toda, toda...no hace falta, hay cosas que se dan por supuestas"

Vale, y yo te digo:

" "Ante cualquier situación, NO supongas NADA"
No supongas que deberían SABER
No supongas que deberían SABER HACER
No supongas que deberían HACER
No supongas que deberían ENTENDER
No supongas que deberían PENSAR
No supongas que deberían SENTIR
No supongas que deberían...NADA

i !! Hombre, hay cosas que son obvias !!

Elimina eso de tu cabeza, de tu mente, de tu vida...

Con PERSONAS no hay nada obvio, NADA. Vamos a ver, si no hay contigo nada OBVIO, si tú te sorprendes a ti mismo. Si tú piensas que en una situación actuarías de una manera y luego ocurre esa situación y actúas de manera contraria.

? ¿Cómo vas a suponer lo que debería (aquí pon el verbo que quieras) ante cualquier situación otra PERSONA que no eres TÚ?

CONFÍA en las PERSONAS y prepárate para que te sorprendan y no actúen como tú crees que iban actuar, porque es la manera de conocerlas. Y cuando no actúen como tú crees que iban a actuar, en vez de enfadarte con esa PERSONA, y decirle:

i "Confié en ti, y me has decepcionado"

(Eso es manipulación emocional) Pregúntale POR QUÉ ha actuado así, y díselo, no en plan regañina, sino para CONOCERLE mejor. Demuestra que te interesas por él o ella, que te importa cómo se siente y empieza a trabajar la EMPATÍA, y

" NUNCA, NUNCA, NUNCA, le digas a nadie (porque no es verdad)
ENTIENDO (o SÉ) cómo te SIENTES

Por muy duro que te parezca esto que te estoy diciendo, si lo interiorizas y actúas conscientemente, comenzarás a desarrollar tu aprendizaje sobre eso que crees que sabes y que realmente desconoces...

LAS PERSONAS

Ejercicio 7

Muy bien, estás trabajando el módulo de **PERSONAS** para intentar conocer mejor a esas **PERSONAS** que, o están en tu vida, o van a estar, pero que las vas a necesitar para que te acompañen, en los proyectos que emprendas.

Cuando hablo de emprender proyectos pueden ir desde cositas pequeñas hasta Cambiar el Mundo.

A lo mejor para ti es un súper reto que tu hijo te acompañe a montar en bici los sábados, pues eso lo vamos a tratar aquí como un proyecto, en el que vamos a trabajar para que tu hijo QUIERA acompañarte.

No subestimes nada, porque a lo mejor empezamos con cositas pequeñas, pero antes de correr hay que aprender a caminar y, seguramente hay que caerse, por lo que vamos a aprender a caminar y, cuanto más seguro te sientas, más capaz te sentirás para hacer cosas mayores.

Perfecto, ya has trabajado con una serie de **PERSONAS** de tu entorno, preguntándoles sobre sus **MOTIVACIONES** y las **EMOCIONES** que les hacen moverse, pasar a la acción, hacer las cosas.

Voy a atreverme a suponer (seguramente me equivoque) que, para esos ejercicios, has elegido **PERSONAS** con las que te sientes relativamente cómodo, con las que has pensado que te suponía un menor esfuerzo (o que te daba menos vergüenza) preguntarle esa serie de cosas.

Pero te he dicho que los ejercicios se iban a ir complicando poco a poco, por lo que…te voy a incomodar un poco, que este ya es el **EJERCICIO 7**.

Vas a hacer una lista de **5 PERSONAS** con las que te cuesta **CONECTAR**, que te cuesta **COMUNICARTE**, que no os entendéis, que si tú dices blanco, la otra **PERSONA** dice negro. Pero quiero que esa **PERSONA** te importe, que aunque tengáis problemas, en el fondo te gustaría que las cosas fueran distintas.

Y para cada una de esas **PERSONAS** con las que tienes problemas de comunicación quiero que escribas al lado…

¿Por qué tenéis problemas de comunicación?

A esta pregunta quiero que respondas de la manera más sincera y profunda posible.

No vale: Porque no escucha, porque es muy terco, porque tiene mal carácter…profundiza más y a cada excusa que des, vuelve a preguntarte…

¿Por qué?

Por ejemplo:
- No me escucha - **¿Y por qué no te escucha?**
- Porque siempre que hablamos acabamos discutiendo - **¿Y por qué acabáis discutiendo?**
- Porque vemos las cosas desde dos puntos de vista distintos - **¿Y por qué lo veis desde dos puntos de vista distintos?**
- Porque él lo ve como padre y yo como hijo - **¿Y eso que quiere decir?**
- …

Este ejercicio lo vas a hacer tú solo, no hay que buscar culpables, no nos importa, lo único que quieres (porque solo tú lo vas a saber) es

¿Por qué pasa lo que pasa?

Y cuanto más profunda sea la raíz...más fácil será arreglar la planta...

¿No crees?

Haz este ejercicio para cada una de las **5 PERSONAS** que has elegido.

11 Las PERSONAS NO son MALAS, solamente tienen MOTIVACIONES distintas a las tuyas

Al comenzar este libro te dije que a mí me engañaron. Yo nací a finales de los 70 y me enseñaron a desconfiar de la gente. Te dije que nací en un mundo de buenos y malos, de polos opuestos.

Crecí con una educación en la que me decían: "Ten cuidado, protégete, que no te hagan daño, la gente de "la calle" te quiere por su interés, no te fíes e ellos, los únicos que van a estar a tu lado SIEMPRE son tu familia."

Y yo te pregunto una cosa, aunque sea verdad lo que me decían...

 ¿Es malo? ¿Es malo que las PERSONAS quieran estar con otras PERSONAS que les aporten, en cualquiera de los sentidos?

Yo creo que no. Lo que debes tener claro es que todas las PERSONAS van a actuar por su interés, por sus MOTIVACIONES, van a intentar buscar lo mejor para ellos, y es tu HABILIDAD y tu COMPETENCIA, conseguir que sus MOTIVACIONES encajen con las tuyas.

Cuando te dicen: Los únicos que van a estar a tu lado incondicionalmente son tu familia,

¿Es verdad?

En principio SÍ (digo en principio porque hay muchísimas familias que no se hablan entre ellos), porque su MOTIVACIÓN para apoyarte aun cuando hagas las cosas mal, te equivoques una y mil veces es el AMOR, ese AMOR incondicional, paternal, fraternal, familiar.

El AMOR de las PERSONAS que te cruzas en tu vida, será mayor o menor, más o menos fiel, más o menos auténtico, y más o menos duradero, pero no será el AMOR de tu familia.

Pero eso NO ES MALO, eso es la VERDAD, y como venimos diciendo, si quieres que las PERSONAS te apoyen, estén a tu lado, te ayuden, confíen en ti, debes saber cuáles son sus MOTIVACIONES para que lo hagan, y darle lo que necesitan para seguirte: tu familia lo hará por AMOR (aunque no CREA en lo que haces) y otras PERSONAS lo harán por otros motivos, cada uno por los suyos PERSONALES.

Retomando el planteamiento de buenos y malos con el que comenzaba este capítulo, me gustaría hacerte una pregunta:

? ¿Tú de cuál eres?

Si te hago esta pregunta, me vas a decir que de los buenos, ¿cierto?

Si en la guerra fría se la hubiera hecho a los americanos, me hubieran dicho que de los buenos, y si le hubiera hecho a los soviéticos, me hubieran dicho también que de los buenos.

Si en la segunda guerra mundial se la hubiera hecho a los alemanes, me hubieran dicho que ellos eran los buenos, ¿verdad? Igual que si se la hubiera hecho a los franceses, a los japoneses, a los rusos, a los italianos, a los polacos...

En todos los conflictos de los seres humanos, todos piensan que ellos son los buenos, y los "otros" los malos,

? ¿O crees que alguno piensa que son de los malos?

Incluso los fans del Madrid piensan que los del Barça son los malos, y viceversa. Pero, entonces,

? ¿Quién son realmente los buenos y los malos?

Efectivamente, no hay buenos ni malos, solo hay PERSONAS (o grupos de PERSONAS) que están en conflicto) y lo peor es que no sabemos ni por qué.

Vamos a ver, las PERSONAS nacemos buenas e inocentes. A no ser que tengamos alguna enfermedad mental que nos haga ser unos psicópatas, en general no hay pueblos que nazcan "HIJOSDEPUTA" sino que, alguien te "adiestra" para que pienses que los otros son los "HIJOSDEPUTA", y cuanto más "HIJOSDEPUTA" sean los otros (los malos), más justificación tienes para hacer todas las barbaridades que ni siquiera puedas imaginar.

Pero mi amigo, lamento decirte que te han manipulado, te han educado y adiestrado en el odio, un odio absurdo e irreal porque pueblos enemigos han llegado a ser amigos al terminar los conflictos, e incluso ha habido conflictos en los que tu enemigo acérrimo, al que hacían que odiaras, al final ha acabado siendo tu aliado.

? ¡Basta ya de dejarte manipular¡

No dejes que te manipulen más, que te digan que el diferente es malo. Malas son las acciones que hacen las PERSONAS y para cambiar las acciones que hacen las PERSONAS hay que analizar las causas, las MOTIVACIONES, entenderlas y acercar las posturas.

Te voy a pedir que pienses en la Alemania de la segunda guerra mundial,

 ¿Piensas que todos los alemanes (o la mayoría) eran unos fanáticos asesinos? Probablemente SI lo piensas

Ahora mira la Alemania actual,

 ¿Piensas que los alemanes son unos fanáticos asesinos? Seguramente NO

¿Qué ha cambiado? ¿Les han lavado a todos el cerebro? ¿Les han hecho una terapia para dejar de ser asesinos?

Nada de eso, simplemente las posturas de las PERSONAS se han acercado, las MOTIVACIONES se han entendido, se ha intentado COMPRENDER, ACERCAR y ver a las PERSONAS como aliadas en vez de como enemigos.

Pues en nuestro día a día es igual, no podemos educar a las PERSONAS haciéndoles ver que el resto de PERSONAS son malas, que van a intentar aprovecharse de ellas, que se deben proteger…

Tampoco debemos educar a las PERSONAS en plan "flower power" de "hermano, todo el mundo es bueno y va a ayudarte a ser feliz".

No, no hay que ser ni FANÁTICO, ni IDEALISTA, hay que ser REALISTA y educar a las PERSONAS bajo la premisa de que:

 "Todas las PERSONAS van a buscar su interés; van a querer lo mejor para ellos, para su familia, para sus círculos; van a tener sus MOTIVACIONES, que van a ser la razón por la que hagan las cosas."

Si quieres que tus relaciones con las PERSONAS sean constructivas, satisfactorias, enriquecedoras…busca los puntos en común, busca la manera de entenderles, busca la manera de conocer sus MOTIVACIONES y busca la manera de que encajen con las tuyas.

Y ya está, es así de SIMPLE. Y tú me puedes decir,

 !! Pero eso es IMPOSIBLE !!

¿Seguro que es IMPOSIBLE? No te engañes, se hace continuamente:

- Los sindicatos y las patronales negocian sus convenios, tienen unas posturas enfrentadísimas, unas luchas de poder brutales; con protestas, huelgas...y, de repente, las posturas se empiezan a acercar, cada parte entiende lo que la otra quiere, comienzan a ceder un poco y...

> **i**   **¡Llegan a un acuerdo!**

Y el día anterior parecía que se iban a matar y que iban a ser enemigos hasta la muerte.

- Los partidos políticos tienen posiciones enfrentadas, parecen que nunca se van a entender en ciertas leyes y, como se vean obligados a entenderse, a última hora...

> **i**   **¡Llegan a un acuerdo!**

- Un club de fútbol quiere fichar a un jugador y comienza la negociación entre el club que lo quiere, el que lo vende y el jugador, parece que no se van a entender y, milagrosamente, cinco minutos antes de que termine el plazo para el traspaso...

> **i**   **¡Llegan a un acuerdo!**

- Vas a comprar a un mercado, te piden 10 euros por una camisa, tú ofreces 5 euros, el vendedor te dice que ¡estás loco!, tú te vas, cuando te estás yendo, te dice que te lo vende por 8, tú le dices que de 7 no vas a subir y es ¡tu última oferta!, él te dice que como máximo puede bajar a 7 y medio y...

> **i**   **¡Llegáis a un acuerdo!**

Las PERSONAS están destinadas a entenderse, y cuanto más "profesional" es la relación entre las PERSONAS, más se sabe que todo es un juego de negociación, entonces:

> **?**   **¿Por qué no entiendes que en tu relación con las PERSONAS que forman parte de tu vida, todo es igual?**

No hay buenos ni malos, no hay enemigos eternos, no merece la pena dejar de hablar a nadie por ORGULLO, no busques motivos para separar a las PERSONAS porque, si quieres, los vas a encontrar,

> **"Busca razones para unir a las PERSONAS"**

Te voy a decir una cosa para que la tengas clara:

> *"Si quieres ser enemigo de una PERSONA puedes encontrar millones de motivos y razones para serlo, porque habrá millones de cosas que NO tengáis en común, pero si te quieres acercar a esa PERSONA, basta con que encuentres una MOTIVACIÓN común"*

Y aquí es cuando me dices:

> **"Ya, pero que sea la otra PERSONA la que dé el primer paso"**

Mi querido amigo, no te dejes llevar por el ORGULLO, debes saber cuándo mantenerte firme, cuándo CEDER y cuándo debe dar el primer paso para encontrar un acuerdo BENEFICIOSO para las dos partes.

Seguro que has escuchado mucho hablar de que, en las NEGOCIACIONES, hay que conseguir acuerdos de GANA – GANA (o WIN-WIN), pues esa es la clave, encontrar un punto en que todas las PERSONAS ganen, y estén SATISFECHAS, y para eso nuevamente vas a tener que conocer sus MOTIVACIONES, para saber qué es lo que QUIEREN y llegar a un acuerdo beneficioso para ambos.

Sin embargo, el ORGULLO, el *"antes muero que ceder ni un paso"* solo va a llevarte a relaciones de PIERDE-PIERDE en las que estás dispuesto a PERDER con tal de que el otro PIERDA también, y eso tiene un riesgo muy grande, porque si en el mundo empresarial es una estrategia útil, pero con riesgos,

(Se utiliza por ejemplo en las huelgas, los trabajadores aceptan un deterioro económico al no percibir salario en las jornadas de huelga y provocan un deterioro de la empresa, en ventas, imagen, reputación...)

En el mundo PERSONAL va a provocar muchas heridas entre PERSONAS que luego va a ser difícil arreglar, por lo que

> **¿Vas a dejar de buscar ENEMIGOS a los que GANAR y vas a empezar a UNIRTE a PERSONAS a las que AYUDAR?**

Ejercicio 8

Muy bien, en el ejercicio anterior habíamos hecho una lista de las **PERSONAS** con las que tienes problemas para **COMUNICARTE** y que, sin embargo, te gustaría (en el fondo) que las cosas fueran mejor.

Has hecho un análisis (espero que bastante profundo) de **POR QUÉ** os pasa eso, **POR QUÉ** no os entendéis y **POR QUÉ** no os comunicáis.

¿Lo has hecho, verdad?

Muy bien, vamos a dar un paso más. Ahora, para cada una de esas **PERSONAS** quiero que hagas una lista de sus **MOTIVACIONES** (de las que crees que tiene), como hicimos en el **EJERCICIO 5**, y de las **EMOCIONES** que crees que le mueven, como hiciste en el **EJERCICIO 6**.

¿Ya la tienes? Bien

Ahora quiero que hagas un **EJERCICIO** contigo mismo y es el siguiente:
- Te voy a hacer una serie de preguntas y quiero que te contestes **SI**,
- Pero no que te contestes **SI** por contestar,
- Quiero que interiorices ese **SI**,
- Que lo hagas tuyo,
- Que te lo creas y estés dispuesto a aplicarlo en tu vida,

¿Estás preparado? ¿Seguro? ¡Mira, que vamos, eh! ¿Preparado?

¿Reconoces que esa PERSONA y tú sois diferentes?
¿Estás dispuesto a ACEPTAR a esa PERSONA como ES, sin pedirle o exigirle que CAMBIE?
¿CONFÍAS en esa PERSONA a pesar de todos los PROBLEMAS que tenéis?
¿Estás dispuesto a tratar a esa PERSONA como quiere que le trates, no como a ti te gusta que te traten?

Si has interiorizado los cuatro **SÍES** para cada una de las cinco **PERSONAS**, podemos continuar adelante.

12 Como CREAR un movimiento entendiendo las distintas ACTITUDES ante el CAMBIO.

Una de las cosas más difíciles es conseguir empezar algo, es decir, arrancar un nuevo proyecto desde cero, en el que vas a necesitar trabajar primero en ti mismo (te vuelvo a recomendar todo el proceso de LIDERAZGO PERSONAL de Cambia para Cambiar el Mundo ®) y, posteriormente, es probable que, para alcanzar lo que quieres no puedas hacerlo solo, sino que necesites PERSONAS que te sigan, que te apoyen, que trabajen contigo y, ¿Por qué no? Que te financien.

Si yo te hablo de Facebook o de Apple, estarás de acuerdo conmigo que, a fecha de hoy, son grandes empresas en las que a cualquiera (o a la mayoría) le gustaría formar parte del grupo de PERSONAS que trabajan conjuntamente por conseguir la VISIÓN que un día un "LOCO" tuvo, ¿Cierto?

Pero eso no fue siempre así, hubo un momento en que eso tuvo que empezar y en que los fundadores se tuvieron que enfrentar al:

¿Qué hago para que alguien me ayude a Cambiar el Mundo, a conseguir juntos NUESTRA VISIÓN? (Ya veremos que la VISIÓN no es tuya, es de todos los que luchan por conseguirla)

Como venimos hablando en este libro, es relativamente fácil administrar la AUTORIDAD, pero es mucho más complicado demostrar LIDERAZGO si le quitamos el componente económico, jerárquico y emocional / familiar.

Recuerda cuando poníamos el ejemplo de tu VISIÓN: "Conseguir que se construyera un parque infantil en tu barrio" y cómo debías buscar las PERSONAS que tuvieran MOTIVACIONES similares a las tuyas para COMENZAR y no darte cabezazos contra una pared.

Entonces, para ayudarte a entender cómo puedes COMENZAR ALGO desde cero, vamos a intentar ver qué tipo de actitudes tienen y adoptan las PERSONAS ante los CAMBIOS, ante lo NUEVO, ante lo DESCONOCIDO, ante un loco que, de repente, les muestra algo que no habían visto NUNCA y que NUNCA esperaban VER,

¿O si lo esperaban? (Depende si elijes bien la PERSONA)

Vamos a ver QUÉ es lo que hace que algunas PERSONAS sean las ideales para elegirlas como los PRIMEROS a quien contarles tu VISIÓN, y que es lo que hace que otras PERSONAS no lo sean.

Vamos a ver también cómo puede que el proceso sea al revés, que unas PERSONAS tengan un VISIÓN, y necesiten a alguien que les muestre el camino para conseguirlo, y que esas PERSONAS te elijan a TI para desempeñar ese ROL porque consideran que eres la PERSONA adecuada.

Incluso vamos a ver también cómo una PERSONA puede que no te apoye en un momento dado, pero puede que más adelante sí que lo haga, y vamos a ver POR QUÉ ocurre esto.

Una vez que sepamos POR QUÉ las PERSONAS tienen las ACTITUDES que tienen, veremos qué puedes hacer para darle a cada PERSONA lo que necesita para, lo más IMPORTANTE, que te ayuden a conseguir la VISIÓN, el OBJETIVO, el PROPÓSITO.

 ¿Te parece bien? Excelente, muchísimas gracias (espero que hayas contestado que SI)

Lo primero que vamos a ver es qué tipos de PERSONAS existen cuando hablamos de "algo nuevo", revolucionario, novedoso.

Seguro que te ha pasado que has tenido una buena idea alguna vez, se la has contado a alguien y esa persona no te ha apoyado, no ha creído en tu idea, incluso puede que la haya ridiculizado, lo que te ha hecho sentir MAL, puede incluso que te haya hecho creer que tu idea no era buena, has desistido de desarrollarla, has seguido con tu vida y, un tiempo después, has visto que otra PERSONA ha desarrollado esa idea o parecida y ha tenido ÉXITO.

 ¿Te ha pasado?

Si has dicho que SI, te puedo asegurar que no eres el único, nos ha pasado a muchísimos más de los que piensas, incluso yo te puedo asegurar que, en una gran parte de mi vida era de los que les contaban una idea y no la apoyaba, con lo que…imagínate las consecuencias (más adelante, en este mismo capítulo te cuento una de esas historias☺).

Afortunadamente, el hecho de ver posteriormente que esas ideas eran buenas y triunfaron, me hicieron darme cuenta que lo que estaba fallando era MI ACTITUD, o más concretamente que una PERSONA estaba buscando APOYO en MÍ, cuando YO NO ERA el tipo de PERSONA que tenía la ACTITUD que él NECESITABA EN ESE MOMENTO.

Por eso vamos a ver qué tipos de PERSONAS existen cuando hablamos de algo nuevo o novedoso, las ACTITUDES que toman cada uno, sus NECESIDADES y MOTIVACIONES y cómo satisfacerlas:

1 VISIONARIOS

En primer lugar está el VISIONARIO, el que tiene la IDEA, la VISIÓN, el LOCO, el que PIENSA, CREA, DESCUBRE, IMAGINA algo nuevo, novedoso y lo quiere desarrollar. Esa PERSONA que ve la realidad, no le gusta como es, no se conforma y quiere cambiarla.

Esa persona que imagina el futuro mejor, el mundo mejor, esa persona que cree que tiene la solución a los problemas, esa persona que quiere hacer algo nuevo y se pone a hacerlo, pero no puede hacerlo solo.

Estas personas cuestionan continuamente el STATUS QUO establecido y CREAN los CAMBIOS en vez de REACCIONAR a ellos.

Son seguramente esas PERSONAS CARISMÁTICAS que admiras y que dices, es que yo quiero ser como ellos, ¿Verdad?

Pues bien, esas PERSONAS son las que salen en los artículos, no son nadie sin el siguiente grupo de PERSONAS, porque sin ellos no existe.

2 PRIMEROS SEGUIDORES

Son las primeras personas que confían en lo que el VISIONARIO dice. Cuando un LOCO dice alguna cosa nueva, son los que le CREEN, CONFÍAN en él y dicen...yo lo hago contigo y le apoyan.

Son los que hacen que una PERSONA sola luchando por un SUEÑO, se convierta en un equipo de PERSONAS trabajando por una VISIÓN, por un OBJETIVO por un PROPÓSITO, siempre más grande que cada uno de los individuos y que el propio EQUIPO.

Son personas que:
- Están abiertas a nuevas ideas.
- Se sienten estimuladas en vez de inquietas por las cosas nuevas, por los cambios, por las novedades.
- Pero no tienen la iniciativa, ni la idea, ni la creatividad para ser los que den el primer paso.

Sin embargo, son las PERSONAS que realmente hacen que las cosas sean posible, las primeras PERSONAS que van a CREER en el PROYECTO del VISIONARIO.

Antes de continuar, quiero dejar claro que puede que en un proyecto determinado, ni los VISIONARIOS, ni los PRIMEROS SEGUIDORES sean los que están a la cabeza del mismo, simplemente han sido los que han tenido la idea, la han apoyado y la han puesto a funcionar. En este punto pueden haber elegido a alguien que se haga cargo de trabajarla. Te voy a poner un ejemplo:

¿Te acuerdas de nuestro parque?

Imagina que **YO** tengo la idea de luchar **"Por construir parques en las ciudades"**. Lo primero que hago es buscar otras **PERSONAS** que tenga la misma **MOTIVACIÓN** que yo (**que les importe el bienestar de los niños en las ciudades**) y les ofrezco mi **VISIÓN** (**unas ciudades llenas de espacios lúdicos para niños donde puedan desarrollarse jugando libremente**) y decidimos comenzar a trabajar en la misma.

Pero no queremos (o podemos) estar al frente del proyecto y lo que hacemos es crear una **FUNDACIÓN**, para la que establecemos unos **ESTATUTOS** (que va a ser la manera de plasmar en papel nuestra **VISIÓN**) y contratamos (o **IMPLICAMOS**) a alguien que se pueda hacer cargo de **TRABAJAR** el proyecto para llevarlo a cabo.

¿Te parece razonable esa opción?

Al final, unos son los **LOCOS**, otros le **SIGUEN**, y otros lo **EJECUTAN**, pero ¿Qué tienen en común todos ellos? Que persiguen la misma **VISIÓN**, que es lo realmente **IMPORTANTE**, no quién esté al frente, sino quién tiene una **ACTITUD DE SERVICIO** que es lo realmente **IMPORTANTE**.

Vamos a ver otro ejemplo más chulo, así de Hollywood.

¿Has visto la película Jerry Maguire?

Si recuerdas, en esta película, el personaje interpretado por Tom Cruise es un ejecutivo de éxito que trabaja en una gran empresa de representación de deportistas de élite en Estados Unidos. Este personaje tiene una noche una crisis de identidad y escribe un memorándum (o declaración de intenciones) criticando cómo se hacen las cosas en su empresa y ofreciendo una alternativa para que todo sea distinto.

Lejos de escucharle, la empresa decide despedirle y este hecho hace que tenga que salir de su zona de confort (recuerda lo que decíamos en **Cambia para Cambiar el Mundo®**, "De la zona de confort no se sale, te echan a patadas") y comenzar a luchar por su **SUEÑO** solo, de manera independiente.

Y no te cuento nada más, si no la has visto, te recomiendo que la veas y si ya lo has hecho, que la vuelvas a ver desde el punto de vista que estamos hablando en todo el libro.

En esta película, el **VISIONARIO** sería el personaje que representaba Tom Cruise y el **ROL DE PRIMER SEGUIDOR** es ocupado por el personaje que representaba Renee Zellweger y el que representa Cuba Gooding Jr., ambos son **PRIMEROS SEGUIDORES**, confían en el **LOCO**, desde dos puntos de vista distintos.

Todos se necesitan, el **LOCO** necesita alguien que sean los primeros en seguirle y los otros necesitan alguien que les **INSPIRE** y que les **GUÍE** hacia la **VISIÓN** que les ha mostrado y en la que han **CREÍDO**.

Una cosa debes tener clara, el **VISIONARIO** necesita a los **PRIMEROS SEGUIDORES** y los **PRIMEROS SEGUIDORES** necesitan al **VISIONARIO**, es una necesidad mutua, los unos sin los otros son incapaces de hacer nada.

Te voy a poner otro ejemplo también molón (si no sabes qué quiere decir molón, es algo así como "cool")

¿Sabes lo que es Silicon Valley?

En la zona sur de la bahía de San Francisco se encuentra Silicon Valley, que es la zona del mundo donde hay mayor concentración de empresas tecnológicas, pero no solo grandes empresas, sino pequeñas empresas tecnológicas emergentes (Start-ups).

Es la zona del mundo donde mayor concentración de **VISIONARIOS** hay, y ¿Qué hemos dicho que necesitan los **VISIONARIOS**? Efectivamente, **PRIMEROS SEGUIDORES** que crean en las **VISIONES** que estos les ofrecen, en sus **PROPÓSITOS**, y en cómo van a **CAMBIAR EL MUNDO**.

¿Y quiénes serían los **PRIMEROS SEGUIDORES** de las Start-Ups? La otra figura que hay en Silicon Valley, los fondos de Capital-Riesgo, es decir, el dinero que se arriesga y apuesta por la **INNOVACIÓN**. Un tercio de toda la inversión de capital/riesgo de Estados Unidos (puedes imaginar que es mucho dinero) está en Silicon Valley.

Entonces, te voy a hacer una pregunta que me vas a contestar muy rápido.

¿Por qué Estados Unidos es el país donde surgen más cantidad de empresas tecnológicas que están a la vanguardia del progreso mundial?

Efectivamente, porque los **VISIONARIOS** están muy cerquita de los **PRIMEROS SEGUIDORES**, en un ecosistema propio que les permite **UNIRSE**.

Y aquí tú me puedes decir:

 Pero estos no quieren estar al SERVICIO DEL MUNDO, solo quieren ganar DINERO.

Como te he dicho anteriormente, te voy a facilitar herramientas para conseguir conocer mejor a las PERSONAS y puedas llevar tus VISIONES adelante, rodeándote de PERSONAS que te ayuden a hacerlo. El uso que le dé cada uno es algo PERSONAL, y yo SIEMPRE voy a recomendarte que busques la manera de CAMBIAR EL MUNDO para mejorarlo.

Pero una cosa quiero que te quede clara: no hay que confundir, SERVIR AL MUNDO, a la HUMANIDAD, a las PERSONAS y GANAR DINERO, ambas cosas son TOTALMENTE COMPATIBLES (SIEMPRE que se haga LÍCITAMENTE con las reglas que la humanidad acordamos seguir. Si no te gustan estas reglas, y quieres cambiarlas, puede ser un buen motivo para comenzar a hacerlo, y esa una buena VISIÓN por la que trabajar ¿No crees? ☺)

Una vez que hemos visto los dos primeros tipos de PERSONAS, vamos a ver quiénes serían los siguientes:

3 CREADORES DE TENDENCIAS

Estas son las PERSONAS que están pendientes de las cosas nuevas que surgen, que no tienen el poder para lanzar al VISIONARIO pero sí que van a ser los primeros clientes, van a dar el impulso inicial, van a ser embajadores de la marca, el cambio, el movimiento y se van a implicar en el crecimiento de la VISIÓN del MOVIMIENTO.

Te pongo otro ejemplo, en el caso de Apple (no voy a meterme siempre con ellos ☺), los **VISIONARIOS** serían Steve Jobs y Steve Wozniak, los **PRIMEROS SEGUIDORES**, las personas que les apoyaron trabajando con ellos (ahora son multimillonarios) y financieramente (también lo son), y los **CREADORES DE TENDENCIAS** son las primeras personas que vieron en los productos de Apple algo genial, algo novedoso, y que se arriesgaron comprando sus productos cuando nadie lo hacía.

Estos **CREADORES DE TENDENCIAS** no solo se convirtieron en sus primeros clientes, sino que fueron los primeros fans incondicionales de la marca, que compran todos los productos, y que allá donde vayan y estén con quien estén, van a defender el producto y van a ser sus embajadores.

Los CREADORES DE TENDENCIAS son los fans de un grupo de música, de una saga cinematográfica, de un escritor...

Estas personas quieren estar a la vanguardia de las nuevas novedades que hay en el mundo, no toman tantos riesgos como los PRIMEROS SEGUIDORES, pero sí que ven un beneficio en ser pioneros, en formar parte del grupo de personas que dicen a los demás lo que deben hacer, que CREAN las tendencias.

Si miramos en la cadena, los VISIONARIOS y los PRIMEROS SEGUIDORES les necesitan para romper círculos y expandir el movimiento, y que llegue a los...

4 SEGUIDORES

Esta es la amplia mayoría de las PERSONAS, les gusta SEGUIR la moda, las TENDENCIAS, les encanta estar a la última y no les gusta estar desfasados ni desactualizados. Estas son las PERSONAS que hacen lo que el mundo dice:

 "Si todo el mundo tiene un i-phone, pues habrá que comprárselo"

No van a ser embajadores de tu VISIÓN, pero van a hacer que llegues a la gran mayoría de PERSONAS, van a hacer que tu lancha motora se convierta en un trasatlántico.

A estas PERSONAS les gusta hacer cosas nuevas, estar a la última, pero no se arriesgan a CREAR las modas, porque no quieren, no pueden, les supone mucho esfuerzo, no se quieren arriesgar, prefieren dejarse llevar por la corriente y no desentonar.

Estas PERSONAS no te van a seguir hasta que el movimiento sea MASIVO, no van a ser un PRIMER SEGUIDOR ni un CREADOR DE TENDENCIAS, pero les necesitas y es importantísimo que llegues a ellos en el momento justo y adecuado.

5 CUESTIONADORES

Estas van a ser las PERSONAS que van a pensar, creer y decir que no les gusta lo que haces, que no les parece bien, que no tiene futuro, que la innovación que propones no va con ellos, que las cosas se han hecho toda la vida de una manera y que no las van a hacer de otra peeeeeeero:

"Cuando el movimiento sea lo suficientemente fuerte, se van a unir a él"

Te pongo el ejemplo de PERSONAS más mayores, que suelen ser más conservadoras, que les cuesta cambiar y adaptarse a los nuevos tiempos, a las nuevas tecnologías, que no van a ser los primeros en comprarse el nuevo i-phone, pero que, después de muchos años y viendo que, si no se suben al carro, se quedan totalmente aislados. Todos:

- Tienen teléfono móvil (que siempre dijeron que no necesitaban).
- Hacen fotos con el móvil (cuando decían que ellos tenían su cámara de película que era la que mejor hacía las fotos).
- Están todo el día enganchado al WhatsApp mandándose fotos y videos en los grupos que han hecho con los amigos, cuando el año pasado eran ellos los que te regañaban en la cena de Navidad, y te decían que estabas "enganchado" al móvil.

Y, por último, están los...

6 DESTRUCTORES

Son PERSONAS que nunca te van a seguir, porque tienen una mentalidad ultra conservadora, les cuesta mucho aceptar nuevas ideas y que, además, les gusta sentir que tienen el control y que ellos deciden que son como son y que no quieren cambiar.

Además, si intentas que te sigan, ellos te atacarán y te desmontarán tu idea con todos los argumentos que puedan lo que, si no tienes la suficiente fortaleza, hará que te sientas mal y dudes de ti mismo, de tu IDEA, tu VISIÓN.

Por eso mismo, cuando detectes un DESTRUCTOR no intentes venderle tu idea, no pierdas el tiempo, ni la energía. No quiere decir que le eches de tu vida, porque probablemente tengas destructores mucho más cerca de lo que piensas pero, hay cosas que no necesitan saber o, por lo menos, no necesitan tener más información que la estrictamente necesaria.

Como has visto, tu MOVIMIENTO tendría una forma PIRAMIDAL, de tal manera que iría cogiendo fuerza a medida que conseguimos tener una base sólida que sostenga todo lo demás, con una cúspide fuerte que sea capaz de VER, ENTENDER, COMUNICAR y TRANSMITIR todo lo que necesiten.

Otra cosa que debes saber es que, en esta cadena que estamos viendo, cuanto más cerca estés de las personas, más fieles te serán, y viceversa, cuanto más lejos estés de las PERSONAS, más fácil será que se vayan igual que han venido.

Por eso, debes tener muy claro cómo hacer que todos los grupos reciban lo que necesitan, y eso es lo que vamos a ver en el siguiente capítulo.

Pero para terminar este capítulo, quiero que recuerdes la importancia de rodearte de las PERSONAS adecuadas en el momento adecuado, para que puedas desarrollar tus IDEAS, tu VISIÓN y quiero que tengas una cosa muy clara:

> ❝ **"Que no te sigan hoy, no quiere decir que no lo hagan mañana"**

Porque tienes que rodearte de PERSONAS en el orden que te he contado para que el movimiento funcione, ya que si es de otra manera, tu idea puede ser DESTRUIDA muy rápidamente. Si te intentas rodear primero de CUESTIONADORES, es probable que tu IDEA no salga adelante, pero eso no quiere decir que no puedas rodearte de ellos cuando tu IDEA esté lo suficientemente desarrollada, para tener muchísima más FUERZA.

Como te he dicho, yo mismo, en varios momento de mi vida, he destruido IDEAS porque no me las contaron en el momento adecuado, puede que buscaran en mi un PRIMER SEGUIDOR, cuando a lo mejor yo tenía una ACTITUD de SEGUIDOR (o CUESTIONADOR ☺).

Te voy a poner un ejemplo que me pasó, para que entiendas mejor lo que quiero decir:

Finalizando el año 2009 un buen amigo mío, en una comida de amigos de Navidad, confió en mí como **PRIMER SEGUIDOR** y le destruí una idea.

Este amigo mío trabajaba en Nokia y en esa época, los teléfonos móviles que existían eran cada vez más pequeños y básicos, con ninguna aplicación más allá de llamadas y SMS.

Los aparatos eran cada vez más baratos y eran usados como reclamo por las compañías para captar clientes, de manera que si te cambiabas a su compañía telefónica, te regalaban el terminal a cambio de una permanencia determinada (12, 18, 24 meses)

Mi amigo me dijo que la **VISIÓN** que él tenía del negocio era que todo iba a cambiar y que los teléfonos iban a ser como ordenadores personales, en los que podríamos hacer todo lo que hacemos en un ordenador, es más, utilizaríamos más el teléfono que el ordenador mismo.

Y por eso los usuarios estaríamos dispuestos a pagar un precio moderado, en torno a 600 euros por un teléfono de alta gama.

En ese momento estuve totalmente en desacuerdo con él y le dije que no veía por ningún lado cómo eso podía ser posible.

Años después, finalizando 2017, podéis ver cuál ha sido la evolución del teléfono móvil y, de acuerdo a la evolución que ha tenido **NOKIA**, creo adivinar que en la compañía tampoco le hicieron demasiado caso.

Años después yo tengo un teléfono de gama alta en mi bolsillo, en el que hago la mayoría de mis tareas.

La conclusión, me contó su VISIÓN para que yo fuera un PRIMER SEGUIDOR y no la compré, sin embargo sí he comprado la misma VISIÓN con el ROL de SEGUIDOR.

Te lo voy a explicar con otro ejemplo:

Hemos hablado de Silicon Valley y de cómo, en un ecosistema, están juntos el talento y el capital/riesgo. Es decir, los **VISIONARIOS** y los **PRIMEROS SEGUIDORES**. Ahora quiero que pienses en ti, en tu entorno normal:

Si tienes una idea... ¿A quién se la dirías?

¿A tus amigos?
¿A tus padres?
¿A tus compañeros?

Normalmente buscarías como **PRIMEROS SEGUIDORES** a las **PERSONAS** de tu entorno, pero...

¿Serían las PERSONAS CORRECTAS?

Y te voy a hacer otra pregunta,

¿A quién le pedirías dinero?

¿A tus amigos?
¿A tus padres?
¿Al banco?

Nuevamente buscarías la financiación en lo que tienes más cerca **(Porque en tu barrio no hay muchas oficinas de Fondos de Capital/Riesgo, ¿verdad? ☺),** pero...

¿Serían las PERSONAS correctas para pedirle dinero?

Probablemente **NO**, y para conocer el **POR QUÉ** vamos a continuar al siguiente capítulo donde vamos a ver:

? **¿Qué necesitan cada uno de los 6 tipos de PERSONAS?**

Ejercicio 9

Muy bien, vamos a comprobar si he conseguido explicarme bien con esto de los tipos de personas según sus actitudes antes los **CAMBIOS**, las **NOVEDADES**, las **INNOVACIONES**...

Para eso, quiero que hagas una lista de **10 PERSONAS** de tu entorno, familia, amigos, compañeros...con distintos perfiles, edades, estudios, maneras de **SER**, de **PENSAR**, de **SENTIR**...

¿Ya las tienes? Genial

Ahora quiero que les catalogues dentro de las **6 CATEGORÍAS** que hemos visto

Es decir, imagínate que tuvieras una **IDEA** que quieres llevar a la práctica, y te quieres rodear de las **PERSONAS** correctas en el momento correcto, y que **SOLO** puedes elegir entre esas **10 PERSONAS**.

Para decidir las **PERSONAS** a las que recurrirías primero, vamos a catalogarlas en esas **6 CATEGORÍAS** que hemos visto:

**VISIONARIOS
PRIMEROS SEGUIDORES
CREADORES DE TENDENCIAS
SEGUIDORES
CUESTIONADORES
DESTRUCTORES**

De esta manera, comenzarías tu proyecto **SIGUIENDO A UN VISIONARIO** o **IMPLICANDO** a los **PRIMEROS SEGUIDORES**, luego a los **CREADORES DE TENDENCIAS**, luego a los **SEGUIDORES** y por último a los **CUESTIONADORES**. Los **DESTRUCTORES** debemos tener claro que no les vamos a dar parte activa en el proyecto, aunque a lo mejor les tenemos que contar algo porque te pregunten:

Por cierto, ¿qué es lo que estás haciendo ahora, que hace mucho tiempo que no sabemos de tu vida?

¿Ya has hecho la clasificación? Excelente, muchísimas gracias, continuemos al siguiente capítulo.

13 ¿Qué necesitan cada uno de los 6 tipos de PERSONAS de los que te puedes rodear?

Recuerda que cuando hemos comenzado a analizar a las PERSONAS, hemos visto que todas tienen MOTIVACIONES, que son las RAZONES por las que hacen las cosas.

En el capítulo anterior hemos visto como tu éxito va a depender, además de conocer cuáles son las MOTIVACIONES de cada PERSONA, de la capacidad que tengas de rodearte de las PERSONAS adecuadas en cada momento determinado y cómo ciertas PERSONAS puede que no te sigan en una fase de tus proyectos, pero que sí que lo hagan posteriormente, y viceversa, cómo algunas PERSONAS puede que no te sigan en fases posteriores de un proyecto, ya que su forma de ser, su personalidad, sus MOTIVACIONES, hacen que SOLO le interese tu proyecto si se involucran en una fase temprana del mismo.

 Mola, ¿verdad?

No solo hay que saber lo que quieren las PERSONAS, sino que hay que saber CUÁNDO lo quieren, con el OBJETIVO de darles LO QUE QUIEREN en el momento QUE LO QUIEREN.

 ¿Aún piensas que si quieres ser un gran LÍDER no tienes que profundizar mucho más en el conocimiento de las PERSONAS?

Para ayudarte un poquito en esa tarea, vamos a intentar comprender qué buscan cada uno de los grupos que hemos visto en el capítulo anterior y cómo dárselo en el momento adecuado.

VISIONARIOS

Son PERSONAS que tienen una VISIÓN, que cuando ven algo que no les gusta, no se quedan protestando, sino que luchan por cambiarlo. Se cuestionan continuamente el STATUS QUO establecido, es decir, siempre piensan que hay una manera mejor de hacer las cosas y se responsabilizan para que este CAMBIO se produzca.

No tienen MIEDO al CAMBIO, sino que VIVEN en el CAMBIO, lo intuyen y CREEN en él. Son capaces de IMAGINAR el FUTURO, y comienzan a CREARLO, quieren ser PROTAGONISTAS de lo que pase, no se conforman con ser ESPECTADORES.

PRIMEROS SEGUIDORES

Hemos dicho que son PERSONAS que quieren desafíos, nuevos retos, hacer cosas nuevas, novedosas, originales, pero que necesitan alguien que les guíe.

No les va a importar arriesgar: su tiempo, su dinero, su prestigio...si SIENTEN que pueden verse recompensados.

En definitiva, están dispuestos a asumir grandes riesgos, a cambio de grandes beneficios potenciales (económicos, intelectuales, profesionales, emocionales...)

La manera de manejar a estas PERSONAS es tratándoles como a iguales, como socios en la misión que vais a emprender juntos, aunque seas tú el que tenga la VISIÓN de hacia dónde vais. Por eso es muy importante que tomes las riendas, les muestres el camino, les digas hacia donde vais a ir, cómo lo vais a hacer y qué pasos vais a seguir y comencéis a caminar JUNTOS.

La VISIÓN/EL OBJETIVO/EL DESTINO debe estar por encima de tu PERSONA, es mucho más importante, es decir, estáis juntos para llegar a un sitio determinado y para conseguir algo (VÍSIÓN) y para ello lo vais a hacer juntos, y eso es lo más importante. (Aunque la idea haya sido tuya, es lo mismo, no te dejes llevar por tu ego, les necesitas, de igual a igual)

El flujo de COMUNICACIÓN (lo veremos más adelante) debe ser continuo, deben saber tanto como tú, y es tu RESPONSABILIDAD darles toda la información que necesiten.

Su premio y su recompensa será el avance del proyecto y, si las cosas funcionan, serán tus fieles aliados

CREADORES DE TENDENCIAS

Están un nivel por detrás, pero la unión va a ser muy importante entre ellos y el binomio que formes con los PRIMEROS SEGUIDORES.

Ellos quieren sentirse IMPORTANTES, EXCLUSIVOS, van a defenderte ante el MUNDO entero, a cambio van a pedir que les trates como si fueran VIP entre todos los seguidores, que su opinión sea escuchada y que sean los primeros en conocer las tendencias y los pasos que se están siguiendo.

Debes hacerles partícipes de la VISIÓN, porque ellos van a ser los encargados de vendérsela al mundo.

No van a participar en el diseño y en la toma de decisiones estratégicas, aunque sí que debes comunicarles todo y explicarles muy bien por qué se toman las decisiones que se toman.

SEGUIDORES

Van a ser el grupo de PERSONAS que siguen las modas, les gusta tomar RIESGOS moderados y va a ser la base que multiplique tu éxito.

No debe molestarte que no te sigan en un primer momento, sino que debes saber cuándo están preparados para hacerlo y en ese momento, buscarles como aliados.

Si consigues tener una gran masa de SEGUIDORES, tu movimiento, tu proyecto será IMPARABLE.

CUESTIONADORES

Son PERSONAS que no les gustan los RIESGOS, que no les gustan los CAMBIOS y que no quieren hacer cosas que les suponga esfuerzo y de las que no estén seguros.

Pueden llegar a seguirte, pero lo harán en el momento que los RIESGOS de NO seguirte sean más grandes que los RIESGOS de SÍ hacerlo. Los cuestionadores te seguirán en el momento que tu masa de SEGUIDORES sea tan grande que estén en minoría si no lo hacen.

A este tipo de PERSONAS no les gusta "apostar y perder", por eso "apuestan a caballo ganador" cuando saben que van a acertar SIEMPRE.

DESTRUCTORES

No te van a seguir NUNCA, su forma de ser no se lo va a permitir NUNCA. Les gusta ser "auténticos" y si han dicho que no hacen una cosa, será muy difícil que den su brazo a torcer y cambien de opinión.

Como hemos dicho anteriormente, es mejor que, aunque estén informados, no pierdas demasiado el tiempo intentando convencerles.

Para que veas mejor cómo se produce el MOVIMIENTO, ya que antes hablábamos de Apple, vamos a ver DOS EJEMPLOS muy distintos para ilústralo bien:

"La canción del verano 2017 – Despacito"

Antes de empezar, quiero que leas este ejemplo desde tu punto de vista y, como no has sido el LÍDER de este proyecto (a no ser que te llames Luis Fonsi y estés leyendo este libro, cosa que si ocurre espero que me llames automáticamente por teléfono para vernos y conocernos), intentes definir qué **ROL** has desempeñado tú en este proyecto de **"Despacito"**.

"Despacito" se publicó el 12 de enero de 2017, convirtiéndose el 4 de agosto del mismo año, 203 días después de su publicación, en el video más visto de las historia de YouTube con 3 mil millones (3.000.000.000) de visitas.

Vamos a intentar comprender qué paso desde el punto de vista de los **ROLES** que participaron en este proyecto para ver cómo fue su "proceso expansivo".

En primer lugar vamos a determinar quién fue el **VISIONARIO** del proyecto. Por si aún no lo sabes, se llama Luis Fonsi, y es un cantante puertorriqueño caracterizado por componer e interpretar canciones melódicas a lo largo de toda su carrera de más de 20 años, nunca antes había tenido ningún contacto con el género musical que es "Despacito".

Entonces, ¿Qué pasó este año?

Daddy Yankee y Erika Ender, fueron los **PRIMEROS SEGUIDORES** del proyecto, ya que escribieron **JUNTO** a él. Fue muy importante cómo enriquecieron el proyecto original.

Fíjate que la **VISIÓN** estaba por encima de la **PERSONA**, que en palabras del propio Fonsi era:

"Crear una canción llena de alegría, movimiento y sensualidad que cuando el mundo entero la escuchara, no tuviesen otra opción más que bailarla y cantarla."

Y sobre la participación de Daddy Yankee dijo:

"Él llevó la canción a otro nivel..."

Es decir, Fonsi trasladó su **VISIÓN** a los dos **PRIMEROS SEGUIDORES** y les trató como iguales, no les dijo "Esta es mi canción", sino que pasó a ser la canción de los tres, aunque Fonsi fuera el **VISIONARIO**.

Además, como **PRIMEROS SEGUIDORES** tenemos a los productores y a su discográfica, que hicieron realidad la canción, el video musical y diseñaron, conjuntamente con los autores, la estrategia de promoción.

Si Fonsi hubiera continuado solo, no habría tenido el gran éxito que tuvo, pero se rodeó de las **PERSONAS** adecuadas. (Por lo menos en esta fase)

CREADORES DE TENDENCIAS

¿Qué pasó? ¿Quiénes fueron los primeros en darle impulso? No sé si sabes que el jugador de fútbol Dani Alves fue el primer famoso en grabar un video bailando la canción en febrero del mismo 2017, a este le siguieron otras estrellas del deporte que subían sus bailes a través de YouTube.

La canción pasó de ser una canción más a recibir el impulso de **PERSONAS** que son referentes para otros millones de **PERSONAS** y que lo que hacen y dicen es escuchado por muchísima gente.

¿Y por qué Dani Alves lo hizo? No sabemos si fue "porque quiso", "porque se le ocurrió", "porque le incitaron" o porque "le contrataron".

Pero el hecho de que las **PERSONAS** adecuadas dieran ese primer impulso, fue clave para que luego tuvieran muchos más:

SEGUIDORES

El **IMPULSO** ya estaba dado, estos **CREADORES DE TENDENCIAS** hicieron que las televisiones de hicieran eco del fenómeno y sacaran en sus noticieros y programas la canción.

Esto hace que la canción se expanda como la espuma y sus **SEGUIDORES** aumenten exponencialmente, hasta que llega un punto en que, como digas algo malo de "Despacito" ese comentario puede hacerte más mal que bien, por lo que llega la fase en la que se unen los...

CUESTIONADORES

El 12 de abril de 2017 se publica una versión de Justin Bieber.

¿Por qué iba a hacer una versión un artista como Bieber de una canción como "Despacito"?

Porque ya no corre riesgos, sabe que es un éxito seguro y tiene más cosas que ganar que cosas que perder. Por eso, aunque no es su género, y seguramente (esto es una completa imaginación mía) durante los meses anteriores haya dicho o pensado que la canción era una **"@#$%&"** graba su canción y le da el impulso definitivo que necesitaba, porque ese **CUESTIONADOR** se convierte en un **CREADOR DE TENDENCIAS** y todos los **CUESTIONADORES** que le siguen, se convierten en **SEGUIDORES** de "Despacito".

¿Me he explicado bien o te has perdido?

Seguramente los seguidores de Bieber nunca habían escuchado (ni iban a escuchar) **"Despacito"**, pero cuando este la versionó, la cosa cambió **COMPLETAMENTE**.

Eso hizo ya que el movimiento fuera **IMPARABLE**, se hicieran versiones en muchísimos países en más de 20 idiomas y que, en agosto, se convirtiera en el video de YouTube más visto de la historia.

DESTRUCTORES

Aún habrá personas que no la hayan escuchado, porque no les interesa o que, habiéndola escuchado dirán que no les gusta o que no la han bailado nunca.

Además, hay **PERSONAS** que se manifiestan públicamente diciendo que "Despacito" ha hecho muchísimo daño al mundo de la música.

¿Por qué lo hacen?

Pues todos tienen sus motivos, unos más auténticos, otros más naturales, y otros más "estudiados". Ten en cuenta que, cuando algo es tan fuerte, el hecho de posicionarte en contra también te va a dar notoriedad. Todo es cuestión de valorar los **RIESGOS**.

¿Ha quedado claro cómo es el proceso de creación de un MOVIMIENTO con esta canción?

¿Y tú ya sabes qué **ROL** has tenido (o tienes) en el proceso? Yo te reconozco que fui embajador de la canción, casi fui **CREADOR DE TENDENCIA**, cuando Dani Alves salió bailando me enganché y era yo el que se la mostraba a mis amigos para que vieran "la que iba a ser la canción del verano" ☺.

A lo mejor estás pensando:

 "Pero eso no es un movimiento es MARKETING"

Vale, si te hablo de Star Wars, Los Beatles, Star Trek...

 ¿También es Marketing o son MOVIMIENTOS?

Vaaaale, te he dicho que te iba a dar dos ejemplos muy distintos, aquí va el segundo:

En el momento de terminar de escribir este libro estamos a finales del año 2017 (digo terminar de escribir este libro porque, de momento, ha habido 7 siete reescrituras, antes de mandar a maquetar).

Estoy seguro que si te hablo del movimiento **LGTB** sabes que es, **¿cierto?** Un movimiento por la lucha por una libre orientación sexual, para que las personas que tengan una orientación distinta a la heterosexual tengan los mismos derechos que éstas.

En este año 2017, la igualdad social y de derechos está muy avanzada en muchos países occidentales, aunque queda camino por recorrer, un infinito camino si vamos a otros países donde la homosexualidad está penada incluso con la muerte.

Te voy a hacer una pregunta:

¿Piensas que la situación actual de progresos en los derechos de este colectivo es por causa de algún partido político o gobierno que haya impulsado estos cambios?

Si has respondido que **SÍ**, mi querido amigo, estás muy equivocado, y para ello te voy a poner antecedentes.

El movimiento **LGTB** tiene su origen en el **siglo XIX** aunque se toma formalmente su creación en **Nueva York en 1969**, como respuesta a una serie de disturbios de **Stonewall**, un bar gay del barrio de Greenwich Village, dando lugar a las **marchas por el orgullo gay**.

Anteriormente a estos acontecimientos existían diversas asociaciones cuyas actuaciones en reivindicación de sus derechos habían sido muy tímidas, siendo este hecho lo que desencadenó la unión de muchas de ellas para la consecución de una **VISIÓN** común.

En **1970** se realizaron estas primeras marchas en Nueva York, Los Ángeles y Chicago, al año siguiente se unieron 8 ciudades más y en **1972**, eran 17 las ciudades donde se realizaron marchas, incluyendo 4 europeas.

Los avances en la despenalización legal de la homosexualidad tuvieron un enorme avance en **2001**, cuando en los Países Bajos se legalizó la **unión matrimonial** entre homosexuales, uniéndose posteriormente Bélgica, España y Canadá, y ha ido aumentado hasta que en la actualidad son **más de 20 países** los que lo reconocen.

En **más de 15 países** está reconocido el **derecho a la adopción** por parejas del mismo sexo.

Sin embargo, sigue habiendo **75 países** en que la homosexualidad está **penada**, con condenas que van desde latigazos, penas de cárcel y **pena de muerte en 10 de ellos**.

¿Piensas que lo que ha ocurrido es un MOVIMIENTO? ¿Lo analizamos desde el punto de vista de las ACTITUDES de las PERSONAS?

VISIONARIOS

Los primeros que, allá en el siglo XIX consiguieron crear las primeras asociaciones.

PRIMEROS SEGUIDORES

Los miembros de dichas asociaciones que apoyaron a las **PERSONAS** que tuvieron la **VISIÓN**.

CREADORES DE TENDENCIAS

Fue clave el fenómeno de **1969** y cómo los **VISIONARIOS** y **PRIMEROS SEGUIDORES** se unieron y fueron capaces de transmitir a los **CREADORES DE TENDENCIAS** lo necesario que era el **MOVIMIENTO** para conseguir la **VISIÓN**.

SEGUIDORES

La masa social que, siempre había vivido fuera del movimiento, no tenía ningún interés en él, pero cuando lo vio coger fuerza, lo apoyó.

CUESTIONADORES

Tanto gobiernos como masa social que no apoyaban dicho movimiento mientras que era una minoría. En el momento que la minoría no era tal, algunos **CUESTIONADORES** pasaron a ser **SEGUIDORES**, por ejemplo, los **PRIMEROS GOBIERNOS**, que a su vez hicieron de **PRIMEROS SEGUIDORES** en el plano de la legislación para otros países, que fueron **SEGUIDORES**.

En la actualidad, hay países que son **CUESTIONADORES**, no legislan a favor de la igualdad, ni tampoco la penalizan, por los riesgos que supone tanto una cosa como otra. La balanza la decantará hacia un lado u otro la presión internacional y social.

DESTRUCTORES

Una gran masa social y política de ciertos países que persigue y "ajusticia" a los que defienden sus derechos.

Si lo analizamos, el proceso de creación es similar a **DESPACITO**, y este no me puedes decir que es un producto de Marketing, ¿verdad?

Porque todos los avances sociales siguen el mismo patrón:
- Alguien lo VE
- Otros lo apoyan
- El grupo va cogiendo fuerza
- Va ejerciendo presión de cambio contra la realidad establecida
- El cambio se produce con resistencia social.
- La resistencia se suaviza
- El MOVIMIENTO (avance social) pasa a ser la nueva realidad aceptada por todos (aunque sea rechazado por algunos, pero no tienen fuerza para conseguir que se dé marcha atrás)

 ¿Llevamos todo esto a tu realidad con un nuevo ejercicio?

Ejercicio 10

Muy bien, vamos a continuar el ejercicio anterior, en el que tenías una idea que querías llevar a la práctica y elegías a 10 personas, y las habías catalogado dentro de uno de los 5 grupos.

Quiero que retomes esa idea. En el caso de que no tengas alguna, piensa una, algo sencillo: Iros todos a cenar, iros de vacaciones, un crucero...lo que se te ocurra.

Ahora quiero que escribas como sería el proceso expansivo de tu idea, es decir, cómo irías metiendo en el proyecto a tus **PRIMEROS SEGUIDORES**, luego lo harías con las **PERSONAS** que has escrito que eran **CREADORES DE TENDENCIAS**, luego los **SEGUIDORES**, los **CUESTIONADORES** y que pasaría con los **DESTRUCTORES**.

Escríbelo como si fuera una historia, igual que hemos contado la historia de "Despacito" y cuando la hayas escrito...

¿Hacemos otro ejercicio?

Ejercicio 11

Antes de continuar, me gustaría que hiciéramos otro ejercicio para que te quede muy claro que tu vida está llena de **PROYECTOS**, en los que adoptas distintos **ROLES**, unos más **ACTIVOS** y otros más **PASIVOS**, y el hecho de que analices qué **ROLES** sueles tomar y cuál es tu **ACTITUD** cuando desempeñas alguno de estos **ROLES**, te va a ayudar a conocerte un poco mejor.

Para eso, quiero que pienses **DOS** proyectos en los que desempeñas **CADA UNO** de los roles que hemos visto anteriormente, es decir:

> **2 proyectos en los que eres el VISIONARIO.**
> **2 proyectos en los que eres el PRIMER SEGUIDOR.**
> **2 proyectos en los que eres un CREADOR DE TENDENCIAS.**
> **2 proyectos en los que eres un SEGUIDOR.**
> **2 proyectos en los que eres un CUESTIONADOR.**
> **2 proyectos en los que eres un DESTRUCTOR.**

No te asustes, hay muchísimos más que dos por cada categoría, para que veas que no es tan difícil como puede parecer te voy a poner, en vez de dos, un ejemplo mío de cada uno.

- Soy el **VISIONARIO** del proyecto de escribir este **LIBRO**.
- Soy el **PRIMER SEGUIDOR** de mi mujer cuando dudaba si estudiar clases de interpretación y al final lo hizo.
- Soy **CREADOR DE TENDENCIAS** con "Despacito" (lo he metido en mi libro ☺, así que..."me la juego").
- Soy **SEGUIDOR** de "Mercadona".
- Soy **CUESTIONADOR** de "Nokia" porque pienso que están desfasados y no se están adaptando a los tiempos.
- Soy **DESTRUCTOR** de alguna que otra cosa que prefiero no decirla para que nadie se pueda sentir ofendido, porque el hecho de que yo no siga a ciertas cosas y que sepa que no las vaya a seguir nunca, no quiere decir que no respete que otros lo hagan.

Ahora que lo tienes un poco más claro, quiero que hagas tu lista:

¿Ya la tienes?

Muy bien, ahora quiero que reflexiones otro poquito y escribas posteriormente cómo cambia tu **ACTITUD** y tu comportamiento cuando tienes un **ROL** u otro. Por eso, para cada uno de los **PROYECTOS** que has escrito, intenta contestar a las siguientes preguntas:

¿Qué DAS?
¿Qué RECIBES?
¿Qué NECESITAS?
¿Quién TE INFLUYE? ¿A quién INFLUYES?
¿Quién TE INSPIRA? ¿A quién INSPIRAS?
¿Hasta qué punto te INVOLUCRAS en el proyecto?
¿Te produce SATISFACCIONES?
¿Y TENSIONES? ¿QUEBRADEROS de cabeza?

Cuando lo hayas hecho...¡Continuamos!

14 La MOTIVACIÓN NO dura para SIEMPRE

Espero que el ejercicio que acabas de hacer te haya servido para darte cuenta que, a medida que vamos ascendiendo en la pirámide de DESARROLLO de un proyecto, el ROL que tenemos se vuelve más activo, más importante y requiere de un mayor esfuerzo.

Espero que hayas entendido que, cuando estamos en la parte baja, esperamos que de los de arriba hagan ciertas cosas, pero...

> **?** **¿Somos conscientes, que esos otros ROLES esperan de nosotros las mismas cosas?**

Espero que te haya servido para entender un poquito más otros ROLES que no son el tuyo en cualquier situación. De igual modo espero que los once ejercicios que llevamos planteados hasta ahora te estén ayudando a desarrollar un poquito más tu EMPATÍA y comprender un poco mejor PORQUÉ otras PERSONAS hacen las cosas que hacen. (Y no las que tú harías)

Espero todo eso porque, en este capítulo, me gustaría hacerte ver algo que, probablemente, te vaya a chocar al principio, pero espero convencerte y que lo interiorices, y lo que te quiero decir es que, si quieres desarrollar el MODELO DE LIDERAZGO que veremos:

> **❞** **"Debes SER el RESPONSABLE de la MOTIVACIÓN de tus PERSONAS"**

Y aquí sé que, a lo mejor, no piensas lo mismo; lo respeto, pero voy a intentar convencerte de mi razonamiento así que voy a intentar explicarme lo suficientemente bien.

Por eso, antes de retomar el planteamiento, te voy a dar otra frase que me gustaría que interiorizaras e hicieras tuya:

> **❞** **"Si quieres ser un INSPIRAR, INFLUIR, AYUDAR, SERVIR...debes tratar a todas las PERSONAS de las que te rodeas como si fueran tu mejor CLIENTE"**

? ¿Esta te gusta más?

Si recuerdas, desde la primera página de este libro estoy intentando hacerte ver que el LIDERAZGO es un estilo de vida orientado al SERVICIO.

Debes desmontar el mito que dice que las personas que te ayudan a poder hacer tu VISIÓN realidad están a tu servicio, es al revés:

" "Tú estás al SERVICIO de todos"

Todo el mundo no está al SERVICIO del amigo Luis Fonsi, sino que él ha estado al SERVICIO de todas las PERSONAS que han colaborado con él para conseguir su VISIÓN que:

" **¿Recuerdas cual era?**
"Crear una canción llena de alegría, movimiento y sensualidad, que cuando el mundo entero la escuchara, no tuviesen otra opción más que bailarla y cantarla."

No dijo que la VISIÓN fuera:
- Forrarse de dinero.
- Ser número uno.
- Ganar un Grammy.
- Tener tres mil millones de visitas…

No, su VISIÓN, lo que puso por encima de todo y con lo que todas las PERSONAS que le siguieron se podían IDENTIFICAR era la que tenemos ahí arriba, y todos han trabajado al SERVICIO de la VISIÓN y Fonsi ha trabajado al SERVICIO de todos para que se identificaran con la misma y la hicieran tan suya como el propio Fonsi.

Esa es la clave del éxito, las consecuencias serán el dinero, los premios, los números uno, los millones de visitas…pero eso no será posible si nadie se identifica con TU VISIÓN.

Veámoslo más claro con el MOVIMIENTO LGBT,

 ¿Recuerdas su VISIÓN?
"Conseguir que las personas que tengan una orientación distinta a la heterosexual tengan los mismos derechos que éstas"

En este ejemplo lo puedes ver más claro, porque la mayoría de nosotros no conocemos las PERSONAS que están LIDERANDO el movimiento, simplemente conocemos el MOVIMIENTO y la VISIÓN, que es lo realmente IMPORTANTE.

Por eso, si quieres ser un gran LÍDER, tu objetivo no es SER FAMOSO, o conseguir mucho dinero, sino TRASCENDER, consiguiendo tu VISIÓN, pero NO DEBES TRASCENDER TÚ, debe hacerlo EL MOVIMIENTO, que debe tener vida propia y ser más importante que TÚ y de los que lo hacen REALIDAD.

Si en despacito no lo ves claro, en STAR WARS sí que lo verás, trasciende mucho más que quien lo empezó (por poner un ejemplo de "supuesto Marketing")

Y, por supuesto, se ve muy claro en todos los MOVIMIENTOS que suponen un avance social, ya sea el LGBT, la lucha por los DERECHOS CIVILES, la LUCHA OBRERA, el FEMINISMO...

Debes estar al SERVICIO de todos y ser el responsable de su MOTIVACIÓN (no hace falta que motives a miles de millones de personas, pero sí que esa MOTIVACIÓN sea un pilar fundamental en tu ESTRATEGIA y que todos se encarguen de multiplicarla)

Una vez, hace muchos años tuve un JEFE con el que tuve algunas diferencias, ya que cuando yo le planteaba que el EQUIPO no estaba motivado y que teníamos que luchar, trabajar y hacer cosas para que lo estuvieran, me contestó una frase que me marcaría para SIEMPRE:

"Mi querido amigo, MOTIVADO se viene de casa y quien no esté lo suficientemente MOTIVADO, ya sabe dónde tiene la puerta. Aquí se viene a trabajar"

Es una frase con la que estoy totalmente en DESACUERDO, porque si le haces caso a dicha frase, las PERSONAS que estén contigo, solo lo estarán por DINERO, y en el momento que haya alguien dispuesto a ofrecerle un poquito más, o lo mismo, o un poquito menos, cuando haya alguien que les ofrezca algo más que SOLO DINERO, no dudes que esas PERSONAS te abandonaran, y...

¿Qué dirá eso de tí? ¿A lo mejor también en ese momento piensas que te han fallado, con todo lo que les has dado?

Por eso tienes que tratar a todas las PERSONAS que estén junto a ti como si fueran tus mejores CLIENTES, porque les tienes que tener continuamente MOTIVADOS, igual que tienes continuamente CUIDADOS a tus mejores CLIENTES:

¿O no es así? Carrefour conmigo SÍ lo hace

De ahí la importancia de conocer las MOTIVACIONES de cada una de las PERSONAS que trabajen contigo, y de ahí la importancia de conocer tanto sus MOTIVACIONES INDIVIDUALES como las MOTIVACIONES según el ROL que estén desempeñando en el GRUPO.

Otra cosa que debes saber es que la MOTIVACIÓN no dura para siempre, tiene una duración determinada que depende del tipo de MOTIVACIÓN y de la persona, y que no puedes permitir que decaiga, por lo que el trabajo es continuo.

 Pero eso es muchísimo trabajo, ¿verdad?

¡Pues claro que es muchísimo trabajo! Por eso te dije que no ibas a ser un LÍDER leyendo *"Las 5 cosas que desayunaba Steve Jobs los días de lluvia"*, vas a desarrollarte como LÍDER trabajando, explorándote, conociéndote, preparándote y mejorando, día a día.

Y te voy a poner algún ejemplo de por qué no puedes permitir que la MOTIVACIÓN decaiga y qué pasa si no cuidas este detalle.

¿Conoces Coca-Cola? Si, ¿verdad?

¿Conoces la publicidad de Coca Cola? ¿Te has dado cuenta que no te vende ningún producto? No te vende la botella de 2 litros, ni la de litro, ni la Zero, ni la Light, ni la lata de 33 centilitros, ni la botella de 20 centilitros, Coca Cola no vende productos.

En la publicidad de Coca Cola solo sale...Coca Cola. Y yo te pregunto:

¿Por qué lo hacen, si ya conoces Coca Cola? Si la inmensa mayoría de la población mundial conoce la marca Coca Cola, ¿Por qué no se ahorran el dinero?

Porque Coca Cola tiene una imagen de marca y, si no hacen esa publicidad, la gente se **OLVIDA** de esa imagen. Su motivación para comprar Coca Cola puede ir desapareciendo.

Pues la **MOTIVACIÓN** de tus **PERSONAS** es igual.

"No puedes vivir del PASADO"

Igual que Coca Cola no vive de su pasado, sino que cada día es una nueva oportunidad para volver a "enamorar" a todos sus **CLIENTES**, tú tienes que hacer lo mismo. Empezar cada día con la intención de **MOTIVAR**, de **ENAMORAR** a todas tus **PERSONAS**.

Bueno, espero haberte convencido más o menos, porque es uno de los mensajes clave que me gustaría que interiorizaras antes de pasar al siguiente capítulo, en el que vamos a terminar el bloque de PERSONAS.

? **¿Estás preparado?**

15 Sin PERSONAS no eres NADIE

Hace un tiempo leí una frase, de estas que se ponen de moda y que se comparten por Facebook, WhatsApp, twitter, LinkedIn o cualquier red social para parecer que sabes de algo, que decía:

> ❚❚ *"Si quieres ir rápido ve solo, si quieres llegar lejos, ve acompañado"*

La frase es genial, pero vamos a ir un paso más allá, para explicarte por qué debes rodearte de PERSONAS:

> ❚❚ **"Solo no puedes hacer NADA en tu vida"**
> **"Solo no eres NADIE"**

Hagas lo que hagas, te desafío a que me digas una sola cosa que puedes hacer SOLO en tu vida, para todo vas a necesitar PERSONAS.

Hasta para irte SOLO al campo andando, necesitas a alguien que te haya hecho, por lo menos, la ropa.

Nuestro estilo de vida actual no permite que el ser humano pueda sobrevivir solo, sin la intervención de ninguna persona, y eso no viene solo del mundo moderno, en la antigüedad el peor castigo (peor que la muerte) era el destierro, te apartaban de tu pueblo, de tu gente, de tu sociedad.

Tu capacidad para rodearte, entender y relacionarte con las PERSONAS adecuadas, va a ser clave para que puedas desarrollar tus proyectos con ÉXITO.

Acuérdate de la pirámide del MOVIMIENTO, si no eres capaz de MOVER a las PERSONAS, no serás capaz de sacar tus VISIONES adelante. Incluso para trabajar para las VISIONES de otras PERSONAS vas a tener que rodearte e interactuar con PERSONAS, si no lo haces, el sistema, lamentablemente, es probable que te aparte a un lado, piénsalo.

Si llegado este punto estás pensando:

> ❚❚ **"Bueno, yo tengo un talento enorme, y con eso estoy seguro que podré conseguir mis objetivos, no necesito nada más, y menos PERSONAS con las que interactuar, ya vendrán a mi"**

131

Mi querido amigo, te voy a decir algo que debes acepar:

> **"Tener TALENTO no te garantiza el ÉXITO en NADA"**

Además de tener TALENTO, además de TRABAJAR para desarrollar ese TALENTO, debes rodearte de las PERSONAS adecuadas para que te ayuden a desarrollar tu VISIÓN, es decir, para que te ayuden a desarrollar la manera en que vas a poner ese talento al SERVICIO de la humanidad, porque tu SOLO no vas a conseguir NADA.

El mundo está lleno de TALENTO, de gran POTENCIAL, desde el punto de vista físico e intelectual. Y está lleno de TALENTO DESAPROVECHADO, porque no se dan las condiciones para que se produzca la magia.

Ya hemos visto como hay "Ecosistemas" donde es más fácil que el TALENTO, el POTENCIAL crezca y se convierta en PROYECTOS DE CAMBIO. Porque nuevamente te digo,

> **"TÚ NO ERES LO IMPORTANTE, TU TALENTO NO ES LO IMPORTANTE, LO IMPORTANTE ES LO QUE HAGAS CON ÉL, TU VISIÓN, TU PROPÓSITO, TU PROYECTO DE CAMBIO"**

De nada te sirve ser el niño que mejor juega al fútbol del mundo, si no llega un día alguien que te descubra y apueste por ti y te ayude.

De nada te sirve tener la mayor inteligencia del mundo, si no hay nadie que te ayude a canalizarla, potenciarla, utilizarla por el bien de la humanidad.

El mundo está lleno de TALENTO que no brilla, simplemente porque no se ha desarrollado un proceso eficaz para ponerlo al SERVICIO del mundo, porque no se juntó un VISIONARIO con un PRIMER SEGUIDOR, porque no se han encontrado las PERSONAS ADECUADAS en el MOMENTO ADECUADO.

En el CAPITULO 26 te pondré un ejemplo muy claro de todo esto, pero antes de contártelo tenemos que ver muchas más cosas que nos permitan analizarlo en su conjunto (Oye, no vale saltar hasta el Capítulo 26 ☺).

Con esto terminamos la segunda fase, la segunda pata sobre la que vamos a desarrollar nuestro modelo de LIDERAZGO, que hasta ahora se ha basado en:

- Explorar tu LIDERAZGO, es decir trabajar la primera pata, TÚ como LÍDER. Conocerte y cuestionarte continuamente para que sepas si tienes lo que hay que tener.
- PERSONAS, a las que conocer, comprender, entender, ayudar, guiar, inspirar.

Fíjate, algo tan básico y simple como:

> **"Para que puedas ser un LÍDER debe haber mínimo dos personas: TÚ y otra PERSONA que camine a tu lado"**

Espero, hasta ahora, haberte hecho comprender cómo tienes que trabajar muchísimo más en el conocimiento de esas dos partes, porque si no, va a ser IMPOSIBLE que se entiendan de manera eficiente.

Y después de conocer a ambas partes vamos a comenzar a trabajar en la HERRAMIENTA que va a hacer posible que, una vez que las conoces, puedas hacer que se ENTIENDAN:

LA COMUNICACIÓN

Porque, mi querido amigo:

> **"Lo que no se comunica no existe"**
> **"Si gritas solo en un bosque sin que nadie te escuche, ¿has gritado realmente?"**
> **"Si en el mismo bosque, un árbol se rompe sin que nadie escuche el crujido...¿Sirve de algo?"**
> **"¿De qué te sirve hablar si no hay nadie que te escuche, que te entienda, que le interese, que le importe?"**

> **¿Comenzamos a trabajar en mejorar nuestra COMUNICACIÓN?**

BLOQUE 3
COMUNICACIÓN

16 COMUNICAR no es HABLAR, HABLAR no es COMUNICAR

Bienvenido a este tercer bloque en el que vamos a trabajar para que interiorices la necesidad de trabajar en mejorar tu COMUNICACIÓN.

Cuando veamos nuestro modelo de LIDERAZGO lo desarrollaremos en base a dos actores fundamentales, en primer lugar TÚ, y en segundo lugar, todas las PERSONAS que te van a ayudar a conseguir tu VISIÓN.

Y el nexo de unión, es decir, la manera de unirte a ti con las PERSONAS, no puedes ser otro que COMUNICACIÓN.

En este punto es normal que pienses:

 "Pues claro, con qué quieres que nos unamos, ¿con pegamento? Pues no, con COMUNICACIÓN, como toda la vida"

Y aquí es donde comienza mi tarea, donde debo hacerte ver que tienes mucho que mejorar en este tema, porque no te COMUNICAS tan bien como piensas.

 ¿Aceptas mi desafío?

Lo primero que tenemos que entender es que el ser humano es el único animal que tiene la CAPACIDAD de hablar y el que peor se comunica.

 ¿Te has dado cuenta? ¿Por qué será?

Fíjate que tenemos la creencia que HABLAR y COMUNICARSE son palabras sinónimas o prácticamente inseparables, y realmente no tienen nada que ver.

En primer lugar, quiero que reflexiones cómo los animales se comunican sin necesidad de hablar: los bancos de peces, las bandadas de pájaros, un enjambre de abejas...todos estos grupos de animales actúan prácticamente como si fueran un organismo vivo cuando están juntos sin necesidad de hablar, eso quiere decir que se comunican perfectamente.

Y aquí me puedes decir nuevamente:

 "No hablan pero emiten sonidos o tienen su propio código"

Vale, te voy a poner otro ejemplo.

? ¿Conoces a Charles Chaplin?

Es el gran rey del cine mudo, y espero que estés de acuerdo conmigo en que era capaz de COMUNICAR sin emitir ni una sola palabra. Igual que Chaplin, te voy hablar de música (sin voz), danza, pintura, arquitectura...todas son capaces de COMUNICAR sin decir ni una sola PALABRA.

De igual manera, puede ser que alguien nos hable, y hable y hable y no nos esté comunicando absolutamente nada.

? ¿En eso estás de acuerdo?

Entonces, lo primero que quiero que interiorices es que HABLAR no es sinónimo de COMUNICAR, HABLAR es una de las muchas HERRAMIENTAS que podemos utilizar para COMUNICARNOS, de hecho hay PERSONAS que no pueden hablar y que, sin embargo, sí se COMUNICAN, y probablemente mejor que muchos que hablan.

En segundo lugar quiero que entiendas que COMUNICAR es una COMPETENCIA, y si recuerdas, en el proceso de APRENDIZAJE distinguíamos:

> **Capacidades**
> **Conocimientos**
> **Habilidades**
> **Competencias**

 ¿Y nos han educado para desarrollar la COMPETENCIA de la COMUNICACIÓN?

No lo han hecho, la educación que nos han dado ha sido algo así como:
- Como tenemos la CAPACIDAD de hablar, podemos COMUNICARNOS.
- Nos han dado algún CONOCIMIENTO de COMUNICACIÓN, pero nada más.

? ¿Recuerdas qué te enseñaron de COMUNICACIÓN?

Nos decían que la COMUNICACIÓN era un proceso en el que un EMISOR transmitía un MENSAJE a un RECEPTOR, a través de un MEDIO, con un CÓDIGO determinado.

 ¡Y ya está! La mayoría de nosotros nos hemos quedado ahí.

Es decir, que con saber que YO (EMISOR) te estoy enviando a TI (RECEPTOR) un MENSAJE (el CONTENIDO de este libro) a través de un MEDIO (el LIBRO) con un CÓDIGO (el ESPAÑOL o el idioma al que esté traducida esta obra) ya es suficiente para suponer que nos estamos COMUNICANDO.

? ¿NO crees que es mucho suponer?

Para ver que sí, que es demasiado suponer vamos a ser un poquito más ambiciosos y nos vamos a hacer alguna pregunta más profunda.

Por ejemplo:

> **¿Cuál es el OBJETIVO de la comunicación?**
> **Es decir, ¿PARA QUÉ una persona se comunica con otra?**
> **¿Quién tiene la RESPONSABILIDAD de la comunicación?**
> **¿Qué determina que una comunicación sea EXITOSA?**
> **¿Y EFICAZ?**
> **¿Y EFICIENTE?**

Demasiadas preguntas para las que aún no tenemos respuestas, pero que vamos a intentar responder.

Para ello, en primer lugar, quiero explicarte que la COMUNICACIÓN es un proceso de TRANSFERENCIA DE CONOCIMIENTO de una PERSONA a otra PERSONA.

? ¿De una a una?

Sí, de una a una. Aunque un mismo mensaje se transmita de forma masiva a millones de PERSONAS, cada uno que lo reciba lo va a interpretar de una manera distinta, por lo que son actos de COMUNICACIÓN distintos.

? ¿CONOCIMIENTO? ¿La COMUNICACIÓN NO consiste en transmitir INFORMACIÓN?

Pues no, la COMUNICACIÓN consiste en transmitir CONOCIMIENTO, que no es más que información filtrada, interpretada y útil.

Te voy a poner un ejemplo:

Cuando yo era pequeñito, en el colegio me sentaba en mi pupitre y el profesor dictaba una serie de apuntes que yo escuchaba y copiaba en mi cuaderno.

El profesor transmitía una información que yo recibía, pero...

¿Me transmitía algún conocimiento?

¿Me decía cómo aplicar esa información, como interpretarla, como filtrarla y, lo más importante, cómo conseguir hacerla útil para mí, que me sirviera para algo?

En el examen, el profesor me pedía que le devolviera la información, es decir, sin la ayuda de unos apuntes amarillentos (como tenía él) tenía que ser capaz de replicar literalmente la información que me había dado anteriormente.

En resumen, yo tenía que actuar como una grabadora de voz, recibir un mensaje, retenerlo y devolverlo. Cuanto más parecido (o igual) devolviera el mensaje (información) que yo había recibido, mayor era mi éxito.

Al día siguiente del examen, como mi capacidad de memorizar cosas es limitada, mi cerebro desechaba la "cinta" que ya no iba a usar y olvidaba la información almacenada porque debía procesar otra (u otras) para superar otros exámenes de otras materias.

¿Y dónde estaba el conocimiento?

Pues no había demasiado, por lo menos en ese momento, otra cosa es que, con el paso del tiempo, uno aprendiera a interpretar la información que recibía y la haya aplicado a su vida encontrando algo de utilidad.

Si no has hecho esto, lo más probable es que esa información se haya desechado y olvidado.

Y mi pregunta es:

¿Eso era COMUNICACIÓN?

La COMUNICACIÓN es un proceso de TRANSFERENCIA del CONOCIMIENTO que se produce en cuatro fases que deben ser totalmente planificadas, estructuradas y ejecutadas, y que vamos a desarrollar en profundidad. Estas 4 fases son:

> 1 LO QUE QUIERO DECIR
> 2 LO QUE DIGO
> 3 LO QUE ESCUCHA (O RECIBE)
> 4 LO QUE ENTIENDE

Y si yo soy el COMUNICADOR, mi objetivo principal es que:

"LO QUE MI RECEPTOR ENTIENDA SEA IGUAL A LO QUE QUIERO DECIRLE"

Es decir que adquiera el CONOCIMIENTO que quiero TRANSMITIRLE.
Es decir que

" 1 LO QUE QUIERO DECIR = 4 LO QUE ENTIENDE

Que al final del acto de comunicación, en la MENTE de mi receptor esté lo que en mi MENTE yo he imaginado que iba a estar en su MENTE.

? ¿Está claro o te he liado demasiado?

Voy a intentar explicártelo mejor poniéndote el ejemplo de este **LIBRO**, te voy a intentar explicar cómo me planteo yo la escritura de este libro desde el punto de vista de la **COMUNICACIÓN**:

Partimos de la base que yo poseo un **CONOCIMIENTO**, que mucho, poco o regular necesita ser **FILTRADO**, porque yo **CONOZCO** muchas cosas que no tengo que contarlas en este libro, porque no te interesan, no te aportan valor.
Lo primero que tengo que tener claro a la hora de escribir este libro es:

¿Qué te quiero contar?
Es decir, ¿Qué conocimiento quiero transmitirte?
¿Qué me gustaría que aprendieras?

Una vez que tenga eso claro debo encontrar la manera de hacerlo, y como lo voy a hacer a través de un medio escrito, debo encontrar la manera de transmitirte con **PALABRAS ESCRITAS** todo ese **CONOCIMIENTO**. No tengo otro recurso en el que apoyarme (bueno, puedo poner alguna ilustración).

Lo que debo tener claro es que no me vas a ver, por lo que no puedo mover las manos, mirarte a los ojos, gesticular, subir el tono de voz, vocalizar, interpretar, verbalizar...No es lo mismo leer un libro, que ver una película o una obra de teatro, por ejemplo.

Tampoco voy a tener tu feed-back. No puedo saber si me estoy haciendo entender, no puedo mirarte a la cara y ver si tienes dudas. No puedes hacerme preguntas, por lo que no te voy a poder solucionar lo que te vaya surgiendo. Esto hace que tenga que hacer un esfuerzo por intentar explicarme de la manera más clara que me sea posible para que te surjan las menores dudas posibles.

Una vez que haya escrito el libro tienes que recibir el mensaje, es decir, tienes que leerlo. En primer lugar debo asegurarme que lo puedes leer, que está en tu idioma, que está escrito de una manera atractiva para que sigas leyéndolo, es decir, debo asegurarme que **ESCUCHES** lo que **DIGO**.

Por último, debo asegurarme que entiendas lo que has leído, para ello te pondré muchos ejemplos para que vayas entendiendo lo que quiero decir. También intentaré que el nivel sea el adecuado para un nivel medio de lector, que no sea demasiado técnico, de tal manera que solo me entienda una minoría, pero que tenga el suficiente contenido y desarrollo para que sea útil y atractivo y nadie pueda pensar que no le aporta valor.

Y, por último, para que la información que te transmito se convierta en **CONO-CIMIENTO**, debo asegurarme que hagas algo con toda esa información, por eso este libro tiene muchos ejercicios, para que apliques la información, te sirva, te sea útil, la pongas en práctica y obtengas **CONOCIMIENTO**.

Fíjate que el objetivo de este **LIBRO** es generar **CONOCIMIENTO** en ti, que te ayude a desarrollar la **COMPETENCIA** del **LIDERAZGO** y las **COMPETENCIAS** que yo entiendo que son necesarias para desarrollar ese **LIDERAZGO**. Ese objetivo hace que el planteamiento del libro sea distinto a un libro informativo del tipo **"365 tips de LIDERAZGO para que seas mejor que Steve Jobs en un año"**

¿Entiendes cómo me planteo yo la escritura de este LIBRO como un acto de COMUNICACIÓN?

Confío en que hayas respondido SI, porque te tengo que hacer otra pregunta,

¿Cómo evalúo yo si he tenido éxito en la escritura de este libro?

Yo no te voy a hacer ningún examen para que me devuelvas la información tal cual te la doy, como hacían mis profesores, mi éxito va a depender si he conseguido **TRANSMITIRTE** el **CONOCIMIENTO** que **QUIERO TRANSMITIRTE**, y de eso no estaré seguro...

"Hasta que no me llames, me escribas un mail, reseñes el libro, hagas algún comentario dando tu opinión, y pueda saber si he conseguido el objetivo o no"

Te voy a hacer otra pregunta: De todas las **PERSONAS** que lean este libro y que sí, que lo aprovechen como yo deseo que se aproveche,

¿Cuántas piensas que harán eso que te dicho (lo de aportar Feed-Back)?

Muy poquitas, por lo que no me puedo arriesgar a no conseguir mi objetivo, antes de que este libro esté en tus manos, antes de que vea la luz, antes de que vaya a la editorial para edición, maquetación, impresión y distribución, pasará por las manos de una serie de "lectores de prueba", es decir, haré una selección de **PERSONAS** de diversas edades, educación, nivel sociocultural, preparación técnica...a los que luego entrevistaré para ver si, con las respuestas que ellos me den, he conseguido mi objetivo o no.

En base al feed-back que yo reciba, realizaré los ajustes correspondientes.

(En realidad, ese proceso ya se ha hecho y los lectores de prueba han provocado que haya habido 7 REESCRITURAS, desde que la obra se terminó y entregó a los lectores, hasta el momento de entregarla para su edición)

¿Y por qué hago todo eso?

Porque mi objetivo al escribir este libro no es "Demostrar que sé de algo" es

"Conseguir que TÚ aprendas algo que considero que te puede ser útil y lo apliques a tu vida", es decir "Que adquieras el CONOCIMIENTO que quiero que adquieras".

Si lo haces, habré conseguido mi **OBJETIVO**, pero si no lo haces **NO** habré tenido una **COMUNICACIÓN** eficiente contigo.

¿Me estoy haciendo entender o te estoy confundiendo más? ☺

Espero que poco a poco vayan encajando las piezas porque aquí te voy a hacer la pregunta más polémica que les hago a todos mis alumnos:

? **En la COMUNICACIÓN, ¿De quién es la responsabilidad de que sea exitosa? ¿Del emisor? ¿Del receptor? ¿Compartida al 50%, más del emisor que del receptor, al contrario?**

Aquí viene la polémica porque una objeción que me suelen hacer mis alumnos es...Hombre, es que...

? **¿Y si no quiere escucharme?**

Y yo te voy a hacer una pregunta:

Si no lees mi libro, si lo abandonas, si no te interesa, si no te convence, si no lo entiendes o si no aprendes...

 ¿De quién es la RESPONSABILIDAD, tuya o mía?

La RESPONSABILIDAD (y no la CULPA, aquí no hay CULPABLES de nada) de la COMUNICACIÓN (y esta es mi postura) es SIEMPRE del EMISOR, de la persona que QUIERE COMUNICAR. SI la persona que tiene enfrente no quiere escucharle, deberá apañárselas para que lo haga:

- Lo primero preguntándose por qué no lo quiere escuchar, y una vez que tenga la respuesta, buscar una solución:
- Encontrando un momento mejor
- Encontrando una manera mejor, más atractiva
- Despertando su interés
- Haciéndole ver la importancia de que le escuche.
- ...

Y aquí nuevamente tú me dices:

 ¡Pero es que, según tú lo planteas, es muchísimo trabajo!

Pues claro, y vuelvo a decirte lo que te llevo diciendo desde el comienzo del libro, no vas a ser desarrollar tu LIDERAZGO leyendo *"Los 3 sitios en los que debes veranear si quieres ser Steve Jobs"*.

Debes trabajar muchísimo para CONOCER a las PERSONAS, y debes trabajar muchísimo para COMUNICARTE con ellos, con TODOS y cada uno de ellos.

Te pongo el ejemplo del Marketing y la Publicidad:

¿Piensas que no dedican muchísimo esfuerzo a conocer a sus CLIENTES? ¿Piensas que no dedican muchísimo esfuerzo a preparar su mensaje para que LO QUE QUIEREN DECIR sea igual a lo QUE SU CLIENTE ENTIENDE"
¿Tú CREES que si sus CLIENTES no reciben los mensajes, no hacen caso a los anuncios de prensa, radio, tv...los profesionales de marketing y publicidad PIENSAN que la "CULPA" es del CLIENTE que no les hace caso?

Yo creo que no, probablemente pensarán que lo están haciendo mal y que no están consiguiendo su objetivo, **¿no crees?**

En el capítulo anterior te dije que debías tratar a todas tus PERSONAS como si fueran tu mejor CLIENTE, ¿RECUERDAS?

Pues a tu mejor CLIENTE nunca le "CULPARÍAS" porque no te compra, sino que analizarías qué estás haciendo mal para que no te compre.

Pues esto es lo que debes hacer si quieres desarrollar la COMPETENCIA de la COMUNICACIÓN, empezar a analizar qué estás haciendo mal para que tu COMUNICACIÓN no sea EFECTIVA, y para eso vamos a analizar el proceso de comunicación con más profundidad, para que entiendas mejor todos los aspectos que debes tener en cuenta en cada una de las fases.

 ¿Te parece bien?

17 Todo lo que debes tener en cuenta para no estropear tu COMUNICACIÓN

Ya hemos visto que COMUNICAR no es tan fácil como pensabas, pero no te preocupes, como todo en esta vida es cuestión de entender el PROCESO de la COMUNICACIÓN, saber todo lo que debes tener en cuenta y luego practicar, practicar, y practicar…CONSCIENTEMENTE hasta que llegue un momento en que poseas las COMPETENCIA INCONSCIENTE. ¿Recuerdas?

Muy bien, recuerda entonces que el proceso era:

> **1 LO QUE QUIERO DECIR**
> **2 LO QUE DIGO**
> **3 LO QUE ESCUCHA (O RECIBE)**
> **4 LO QUE ENTIENDE**

Y si yo soy el COMUNICADOR, mi objetivo principal es que:

 "LO QUE MI RECEPTOR ENTIENDA SEA IGUAL A LO QUE QUIERO DECIRLE"

Parece lógico que lo primero que a determinar es "QUÉ QUIERO DECIR", ¿NO?

Pues no, ☺ lo vamos a hacer al revés, tenemos que empezar al final, tu orientación al CLIENTE debe ser total, por lo que vamos a empezar por ellos, es decir determinando cual es paso cuatro:

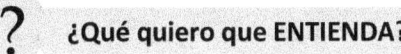 **¿Qué quiero que ENTIENDA?**

Y para determinar qué quiero que entiendan me tengo que hacer otra pregunta:

 ¿Cuál es el OBJETIVO de esta COMUNICACIÓN?
¿Para qué hago este acto de COMUNICACIÓN?
¿Qué es lo que pretendo conseguir?

Y no vale decir: Pues COMUNICAR.

Por ejemplo, el LIBRO, ¿Para qué lo escribo? NO vale decir: Para que lo lean, para que aprendan, para que sean LÍDERES...NO

Hay que profundizar más, igual que Fonsi tenía una VISIÓN de su "Despacito", yo tengo que tener una VISIÓN de este libro y tú tienes que tener una VISIÓN de cada acto de COMUNICACIÓN.

> **¿Para qué escribo yo este LIBRO?**
> *Para que mis lectores se den cuenta que el LIDERAZGO no es un CONOCIMIENTO teórico que se aprenda leyendo un libro, sino que es una forma de vida que hay que trabajar todos los días.*
> *Para que SIENTAN que:*
> *"LIDERAR ES VIVIR PARA SERVIR"*

Ese es mi objetivo ÚLTIMO y lo que yo persigo escribiendo este libro, todo lo demás serán pasos intermedios en mi camino, pero ese PARA QUÉ debe ser la luz que guíe la escritura de este libro, su diseño, planificación y ejecución.

Eso es lo primero que debes plantearte en todos los actos de COMUNICACIÓN consciente que hagas. Y digo CONSCIENTE porque cuando lo hagas un millón de veces (o alguna menos ☺) de manera CONSCIENTE, ya lo harás de manera INCONS-CIENTE y habrás desarrollado la COMPETENCIA.

Esto lo debes hacer cuando tengas reuniones, entrevistas, comités, mails, con-versaciones por teléfono, charlas, conferencias, capacitaciones...Si lo primero que haces es preguntarte:

> **¿PARA QUÉ? ¿CUÁL ES EL OBJETIVO DE ESTE ACTO DE COMUNICACIÓN?**

Tus posibilidades de conseguir el objetivo, de hacerlo bien, serán mucho más altas.

Una vez que hemos definido el OBJETIVO, ahora lo que quiero definir es el punto cuatro, es decir:

> **Para conseguir mi objetivo, ¿Qué quiero que la PERSONA entienda?**

Volveremos al libro pero, para que veas la diferencia entre el objetivo y el punto cuatro, te voy a poner un ejemplo:

Imagina que debes tener una reunión de seguimiento de objetivos con un colaborador tuyo. Analizando la información, tu colaborador no ha conseguido el objetivo que se pactó con él, ni cuantitativo ni cualitativo, es decir, no ha hecho su trabajo con la calidad que se esperaba de él y además no ha llegado a las cifras de negocio esperadas.

Lo primero que haces es definir el **OBJETIVO** de la reunión:

¿Para qué hacemos esta reunión?
Para explicar la situación actual, analizar las causas y buscar las soluciones adecuadas para que, en el siguiente seguimiento, el colaborar cumpla con sus objetivos.

La siguiente pregunta que debes responder es:

¿Qué quiero que la PERSONA entienda?
Que tiene potencial y recursos para poder llegar al objetivo, que la compañía confía en él y que quiere ayudarle con los medios que necesite para que, en el siguiente seguimiento, pueda cumplir con sus objetivos.

En base a esto, comenzaremos a construir la manera de desarrollar mi acto de **COMUNICACIÓN**, pero estas dos premisas van a determinar **TODO**, el estilo, el contenido, las reacciones que puedo esperar del **colaborador, el tono…**

Si en vez de responder eso a la pregunta ¿Qué quiero que la **PERSONA** entienda? La respuesta hubiera sido:

Que en esta empresa no se concibe que un empleado no llegue al objetivo y que es la única y última oportunidad que se le va a dar para corregir la situación.

¿Pensarías que la reunión, es decir, nuestro acto de **COMUNICACIÓN**, se tendría que diseñar de una manera distinta?

La respuesta es **SI**, la respuesta al **"PARA QUÉ"** es fundamental para comenzar a diseñar nuestra reunión, nuestro acto de **COMUNICACIÓN**.

Muy bien, volvamos al LIBRO, hemos dicho que el objetivo de este LIBRO es que:

> *"Para que mis lectores se den cuenta que el LIDERAZGO no es un CONOCIMIENTO teórico que se aprenda leyendo un libro, sino que es una forma de VIDA que hay que trabajar todos los días"*

Ahora tengo que definir qué es lo que yo quiero que ENTIENDAS al leer el libro, y es lo siguiente:

> *"El LIDERAZGO es un estilo de vida orientado al SERVICIO, que no se aprende desde un punto de vista teórico, sino conociendo a las PERSONAS para GUIARLAS hacia un OBJETIVO común, y que, gracias a la COMUNICACIÓN, consigue TRANSFORMAR a estas PERSONAS para que den lo mejor de sí mismas"*

Al finalizar el LIBRO veremos si, más o menos, he conseguido que ENTIENDAS eso, ¿Te parece?

Pero antes de que todo eso pase, es más, antes de continuar, vamos a hacer un ejercicio, que hace mucho tiempo que solo trabajo yo ☺.

Ejercicio 12

¿Preparado? ¡Excelente!

Vamos a comenzar a trabajar en tu **COMUNICACIÓN**, y lo vamos a hacer analizando y trabajando **CONSCIENTEMENTE** acciones de **COMUNICACIÓN** que realizas habitualmente.

Me gustaría que intentaras pensar en cinco actos de comunicación que vas a hacer esta semana y que, normalmente, haces de una manera no planificada.

Para que las cosas sean distintas quiero que las planifiques un poquito. Así que vas a apuntar:

- Cinco actos de **COMUNICACIÓN** que vas a hacer en los próximos días con cinco personas distintas.
- Pueden ser por distintos medios y canales. Pueden ser presenciales, por teléfono, por e-mail, por Redes Sociales...como quieras.
- Pero apunta, cinco actos de **COMUNICACIÓN** que vayas a hacer.

¿Ya los tienes?

- Bien, ahora quiero que apuntes la persona o personas con la/s que te vas a interactuar en cada acto.
- Lo siguiente que debes escribir es el **OBJETIVO**, el **PARA QUÉ**.

¿Cuál es el objetivo de ese acto de COMUNICACIÓN?

- Y por último, escribe lo que quieres que esa **PERSONA** con la que te vas a comunicar quieres que **ENTIENDA**.

¿Ya lo has hecho?

Muy bien, pues continuamos

18 Estructura tus IDEAS y conviértelas en PALABRAS

Seguimos adelante en el desarrollo de tu COMUNICACIÓN.
En el capítulo anterior hemos visto dos cosas fundamentales. En primer lugar PARA QUÉ vas a realizar un acto de COMUNICACIÓN,

¿Cuál es el OBJETIVO que te planteas con el mismo?

Ese objetivo es fundamental, porque es lo que vas a determinar si has tenido éxito en tu COMUNICACIÓN.

Fíjate que si ese primer paso se hace mal o no se hace...

? **¿Por qué nos va a sorprender luego que no hayan salido las cosas como queríamos, si ni siquiera habíamos definido cómo queríamos que salieran?**

Y en segundo lugar decíamos que teníamos que comenzar a diseñar nuestra estructura de la COMUNICACIÓN por el final por:

¿Qué quiero que la persona ENTIENDA?

Y esto lo vamos a definir teniendo en cuenta tres FACTORES:

1 OBJETIVO

El cual debe estar alineado con la pregunta anterior.
Por ejemplo:

Nuestro colaborador no ha cumplido el presupuesto porque consideramos que no se implica lo suficiente en su trabajo. Organizamos una reunión y establecemos que el **OBJETIVO** de la misma sea:

"Conseguir una mayor implicación"

No vamos a poder lograr ese **OBJETIVO** si la respuesta a la pregunta a

"¿Qué quiero que la persona ENTIENDA?"
Es: *"Has hecho las cosas mal"*

La respuesta a esta pregunta debería ser algo así como:

"Es necesario que te impliques más para que tu rendimiento sea mayor"

2 MOTIVACIONES

Recuerda que las MOTIVACIONES son las fuerzas que hacen que las PERSONAS hagan las cosas.

Si queremos que nuestros CLIENTES (ya hemos dicho que, a partir de ahora, todos van a ser nuestros mejores CLIENTES) nos ayuden a conseguir nuestros objetivos, tenemos que "tocar" sus MOTIVACIONES.

En el caso anterior, si nuestro **CLIENTE** se mueve por **DINERO**, debemos conseguir que la respuesta a:

"¿Qué quiero que la persona ENTIENDA?"

Sea algo así como:

"Es necesario que te impliques más para que tu rendimiento sea mayor y obtengas un BONUS superior al de este año"

Si su **MOTIVACIÓN** es **RECONOCIMIENTO**:

"Es necesario que te impliques más para que tu rendimiento sea mayor y estés entre los candidatos para promocionar"

Si lo que quiere es **TRANQUILIDAD**:

"Es necesario que te impliques más para que tu rendimiento sea mayor, ya que tú eres la base del equipo de trabajo"

Siempre adaptando lo que queremos que **ENTIENDA** a **REALIDAD**, ya que si apelamos a una **MOTIVACIÓN** que la **PERSONA** no tiene, no se conseguirá el **OBJETIVO**.

Por ejemplo, si la respuesta a la pregunta:

"¿Qué quiero que la persona ENTIENDA?"

Fuera algo así como:

"Es necesario que te impliques más para que tu rendimiento sea mayor y estés entre los candidatos con potencial para promocionar"

Si esta **PERSONA** no tuviera esa **MOTIVACIÓN**, es decir, no tuviera el más mínimo interés en promocionar, sino que lo que desea fuera quedarse como está, sin complicaciones, no conseguiríamos nuestro **OBJETIVO**, que recuerda que era:

"Conseguir una mayor implicación"

3 ESTILO DE COMUNICACIÓN

Que no es más que nuestra manera de decir las cosas.

 Ah bueno, entonces, si puedo decir lo que quiera "a mi manera" no hay tanto que trabajar, ¿no?

Pues amigo mío, aún no lo sabemos, ya que creo que aún no sabes cuál es tu estilo de COMUNICACIÓN. Más adelante veremos que este estilo puede ser AGRESIVO, PASIVO y ASERTIVO, de los cuales siempre te recomendaré el último, pero no adelantemos acontecimientos, que más adelante dedicaremos el espacio suficiente para que comiences a desarrollar esa COMPETENCIA.

Bueno, después de esta introducción al capítulo, vamos a continuar con la preparación de nuestra COMUNICACIÓN. Hasta ahora ya conoces:

‼ El OBJETIVO de la COMUNICACIÓN. Es decir, ¿PARA QUÉ? Lo que quieres que "La otra PERSONA entienda"

Y recuerda que el proceso era:

> **1 LO QUE QUIERO DECIR**
> **2 LO QUE DIGO**
> **3 LO QUE ESCUCHA (O RECIBE)**
> **4   LO QUE ENTIENDE**

Ahora **SÍ**, tienes que decidir

LO QUE QUIERES DECIR

Y no me vale que me digas:

 "Yo sé siempre lo que quiero decir, lo tengo en mi cabeza"

Perfecto, si lo tienes tan claro, no te va resultar difícil entonces coger un papel y escribir:

> **El Objetivo es XXXXX**
> **Quiero que la otra PERSONA entienda XXXXX**
> **Por lo tanto quiero decirle XXXXX**

Y aquí debes hacer una lista de todas las cosas que quieres decirle,

 ¿Para qué? Para decírselas, mi amigo.
¿No te ha pasado nunca que querías decir algo a alguien y al final no se lo has dicho? ¿O que querías decirle varias cosas y se te han olvidado la mitad?

Muy bien, una vez que escribas LO QUE QUIERO DECIRLE, debes escribir:

¿CÓMO SE LO VOY A DECIR?

Y aquí me contestas:

 !!Pues cómo se lo voy a decir, diciéndoselo!!

No es tan fácil, para que contestes a ¿Cómo se lo vas a decir? Debes tener en cuenta:

1 ESTRUCTURA

¿Cómo va a ser la ESTRUCTURA de mi mensaje?

Es decir, ¿haré una exposición de los hechos, luego le pediré algo y acabaré dándole una palmadita en la espalda? ¿O le diré que esto no puede seguir así?

 ¿Y para decir algo hay que decidir la estructura?

¿Tú qué crees? ¿Piensas que yo al escribir el libro he decidido la estructura? ¿O me he puesto a escribir lo que salga hasta que llegue un momento que no tenga más que contarte y ponga: FIN

¿Piensas que una obra de teatro tiene una estructura? ¿Y una película? ¿Y una canción? ¿Y una carta? ¿Y un mail? Entonces, ¿por qué no una conversación?

A nuestro cerebro le gustan mucho las estructuras, las secuencias, lo que tiene orden, y tú en tu cabeza sabes lo que le quieres contar a la personita que tienes en frente (y si lo has escrito, mucho más), pero esa persona no lo sabe, entonces, cuanto más estructures el mensaje y le ayudes a que lo entienda, más controlaras LO QUE ENTIENDE.

2 MEDIOS Y CANALES

Además de la estructura, debes decidir qué medio y qué canal vas a utilizar. Vamos a enumerar distintos medios y canales que puedes utilizar para cada uno de los medios. Por poner unos cuantos ejemplos:

> **CANAL PRESENCIAL**
>
> **Reunión Periódica**
> **Reunión Extraordinaria**
> **Reunión Informal (Un café)**
> **Reunión de grupo**
> **Comité mensual**
> **Comida de empresa**
> **Capacitaciones...**

CANAL ESCRITO
Mail
Carta
Artículo en Intranet
WhatsApp
Post-It
Un libro como este
Curso on-line...

VOZ EN REMOTO
Teléfono
Mensaje de voz por WhatsApp...

Hay muchísimos medios y canales que puedes utilizar para realizar tu COMU-NICACIÓN, y es importante que comprendas que no hay ninguno ideal, todos tienen sus pros y contras, y unos son mejores para unas cosas u otras. Unos te permiten tener más control pero requieren más tiempo, otros son masivos y te permiten llegar a más gente pero tienes que elaborar más los mensajes para dejar menos cosas en "manos de la suerte".

Más adelante veremos cómo elaborar un PLAN DE COMUNICACIÓN, es decir, estructurar y estandarizar los medios y canales a utilizar para cada tipo de COMU-NICACIÓN y te daremos herramientas para que te resulte muy sencillo hacerlo.

3 MENSAJE

Tienes claro qué le quieres decir, pero

 ¿Qué mensaje vas a utilizar para decirle lo que quieres decirle?

Nuevamente no puedes ver cada uno de los elementos de una manera aislada, sino como un conjunto de factores a tener en cuenta que están relacionados entre sí, por eso cuando hablemos de COMUNICACIÓN y de cómo realizar un plan escucharás una expresión que se llama MIX DE COMUNICACIÓN y que es la mejor combinación de factores para cada acto de COMUNICACIÓN.

La elección del mensaje está muy relacionada con el medio y el canal elegidos, ya que, por ejemplo, hay que tener en cuenta si con el medio y canal elegidos:

¿Vas a tener feed-back visual? No es lo mismo estar cara a cara que en remoto

¿Vas a tener feed-back verbal? No es lo mismo que la otra persona pueda hablar, a que no pueda hablar

¿Vas a dirigirte a una persona o a varias? No es lo mismo una conversación individual que un mail masivo

Cuanto más directa y personal es la comunicación, más fácil es controlar, ver y entender la reacción que la otra persona tiene a la COMUNICACIÓN e ir adaptándola a dichas reacciones, a dicha interacción.

Sin embargo, cuanto más masivo se vuelve el canal, menos margen tienes para maniobrar e ir adaptando la COMUNICACIÓN según la interacción que produzca en tus CLIENTES.

Te pongo un ejemplo:

Un anuncio de televisión es un acto de **COMUNICACIÓN** en el que una **PERSONA** (o grupo de **PERSONAS**, o una compañía, o una marca) quiere **COMUNICAR** algo masivamente.

¿Estás de acuerdo?

Espero que hayas dicho que **SÍ**. ☺

¿Piensas que los creadores del anuncio han tenido en cuenta el OBJETIVO?
Es decir, ¿Han analizado PARA QUÉ hacen ese anuncio?
¿Y piensas que han tenido en cuenta "Qué quieren que su CLIENTE entienda"?

Creo que **SÍ**, ¿Verdad?

¿Piensas que han tenido en cuenta también "Qué quieren decirle" a su CLIENTE?

Bien, creo que de momento todo son síes. Parece lógico que hayan dedicado muchísimo esfuerzo a encontrar la manera de decirle a su **CLIENTE** lo que quieren decirle, para que entienda lo que quieren que entienda, para conseguir el **OBJETIVO** que se han planteado, ¿verdad?

Entonces,

 ¿Por qué escribes un mail "como te sale" y lo mandas sin pensar?

4   TIEMPO

Otra cosa que debes tener en cuenta al preparar tu acto de COMUNICACIÓN es el TIEMPO, y cuando hablamos del TIEMPO te tienes que hacer varias preguntas:

- ¿Cuándo es mejor momento para hacer esta COMUNICACIÓN?
- ¿De cuánto TIEMPO dispongo?
- ¿Cuándo necesito que se haya cumplido mi OBJETIVO?

Nuevamente parece que todo lo que digo es totalmente lógico, ¿Verdad?

Bien, veamos con otro ejemplo que lo lógico no es lo que luego hacemos:

"Supón que quieres tener una pequeña reunión urgente con un colaborador, para pedirle una cosa que ha surgido de repente y no puedes encajar ese tema en ninguna de las reuniones que tienes programadas.

Para ver cuando es el mejor momento para contarle lo que quieres contarle, deberías tener en cuenta tu agenda y la suya, ¿Verdad?

Pero la realidad es que piensas en la tuya, en la suya...no hace falta, es urgente y va a ser algo rápido.

Te acercas a su puesto de trabajo donde está concentrado haciendo...lo que esté haciendo, y le preguntas:

¿Perdona, tienes cinco minutos para contarte una cosita?

Claro, lo normal es que te diga que SÍ, aunque realmente está de trabajo hasta las orejas. Va contigo a una sala y tenéis una reunión de 5 minutos donde le has contado algo y le has pedido otro algo.

¿Qué es lo que ha pasado realmente?

Vamos a trabajar un poquito la EMPATÍA.

Has interrumpido a tu CLIENTE, que estaba haciendo sus tareas, su mente estaba concentrada en el desarrollo de las mismas, dentro de una rutina intelectual o física o de ambas.

Le has hecho dejar una tarea a medias (que no sabes si es importante), no has respetado su trabajo, ni su tiempo. Además, su mente sigue en la tarea que ha dejado a medias, no es tan fácil desconectar y, para no quitarle mucho tiempo, probablemente le estarás dando demasiada información muy rápidamente.

Como quieres terminar pronto, no te habrás asegurado que haya entendido correctamente lo que querías decirle, como mucho le has preguntado: ¿Está claro? Te ha contestado que **SI** y se ha ido a continuar con sus tareas, ha vuelvo a conectar su mente con lo que estaba haciendo y...

¿Piensas que hay alguna posibilidad de que no cumpla con lo que le has pedido?

Pero si esto ocurriera, que no cumpla con lo que has pedido (puede ser que incluso ni lo recuerde)

¿De quién es la "CULPA"? Suya, ¿Verdad? ☺
¿No podría ser que no hubieras preparado la COMUNICACIÓN lo suficiente?
¿Piensas que has trabajado para que se cumpla el OBJETIVO, el PARA QUÉ de la COMUNICACIÓN y has trabajado los factores para que LO QUE QUIERES DECIR sea igual a LO QUE ENTIENDE?

Ahora, comparémoslo con el ejemplo del anuncio de publicidad:

¿Crees que los publicistas lanzan los anuncios al mercado en el momento más adecuado? ¿Piensas que estudian concienzudamente cuando es el mejor día del año para hacerlo?

Fíjate que los anuncios de perfumes o turrón suelen ser a partir de noviembre y, normalmente, desaparecen después de Reyes.

¿Lo emiten en las horas más adecuadas?

Lo suelen emitir cuando las personas que "Compran regalos" están frente al televisor. No los ponen a las 5 de la madrugada.

¿Adaptan su mensaje al tiempo que tienen?

Suelen hacer un comercial de televisión en 20 segundos, ¿verdad?

Si no compras su perfume, que es lo que quiere el publicista, (o si no aumenta las ventas un 1% gracias a la publicidad, que puede ser su objetivo)

¿Crees que le echan la culpa a su CLIENTE por no hacer caso a su anuncio?

En definitiva, estamos acostumbrados a actuar sin preparar nuestras acciones de COMUNICACIÓN, a soltar lo que salga o a escribir lo que sea, y luego nos sorprendemos y/o enfadamos cuando no conseguimos nuestro objetivo de COMUNICACIÓN (el cual ni hemos definido). Mi querido amigo:

> ❜❜ **"Deberíamos cuidar y trabajar un poquito más (o mucho más) nuestra COMUNICACIÓN"**

Por eso, antes de "decir" las cosas tienes que tener en cuenta muchos factores. Recordemos los que hemos visto hasta ahora (Sí, vamos a seguir viendo más ☺):

> **Objetivo (PARA QUÉ)**
> **A quién va dirigido (QUIEN ES MI CLIENTE)**
> **Qué quiero que entienda (MI CLIENTE)**
> **Cuáles son sus motivaciones.**
> **Qué quiero decirle.**
> **Cómo quiero decírselo.**
> Estructura
> Medio
> Canal
> Tiempo

Pero no te asustes que ya verás cómo no te supone tanto esfuerzo como crees, solo hay que empezar a practicar, por lo que vamos a hacer un Ejercicio.

Ejercicio 13

En el Ejercicio anterior (el doce) pensaste:

- Cinco actos de **COMUNICACIÓN** que ibas a hacer en los próximos días con cinco personas distintas.
- Apuntaste la persona o personas con la/s que te vas a interactuar en cada acto.
- Definiste el **OBJETIVO**, el **PARA QUÉ**.
  ¿Cuál es el **OBJETIVO** de ese acto de **COMUNICACIÓN**?
- Y por último, escribiste lo que querías que esa **PERSONA** con la que te ibas a comunicar **ENTENDIERA**.

Muy bien, pues en este ejercicio vamos a prepararlo un poquito más, para eso:

- ¿Sabes cuáles son las **MOTIVACIONES** de esa **PERSONA**? Si las sabes, escríbelas, si no las sabes, intenta pensar en ellas, como ya hicimos en ejercicios anteriores.
- Ahora define:

> **¿Qué quiero decirle?**
> **Escribe todo lo que quieras decirle (Recuerda que debe ir en consonancia con el OBJETIVO, lo que quieres que ENTIENDA y sus MOTIVACIONES)**

- Muy bien, ahora define

> **¿CÓMO quieres decírselo?**
> **Escribe como va a ser la ESTRUCTURA de la conversación**
> **El MEDIO y el CANAL que vas a utilizar.**
> **El TIEMPO. ¿CUÁNDO? (Día, hora) ¿CUÁNTO va a durar? ¿POR QUÉ has elegido ese día, hora y duración?**

Excelente, si has definido todo eso...

!! Continuemos adelante !!

19 ¡Vamos a soltarlo!

Llevamos un montón trabajando en lo que vas a decir, pero aún no has dicho nada. No te preocupes que ya lo vas a soltar, porque al fin vamos a trabajar en la segunda fase:

LO QUE DICES

Y en este punto tienes un objetivo principal, y es

Que LO QUE DICES sea igual a LO QUE QUIERES DECIR

Y aquí quiero que volvamos a la frase de la gran Èlia Guardiola, que recuerda que era:

❞ **"No es lo que dices, es cómo haces SENTIR con lo que dices"**

¿Por qué te digo esto? Porque si tú consigues hacer SENTIR a las PERSONAS como tú quieres hacerles SENTIR, eso es ARTE.

Si te das cuenta, todo el trabajo que hemos hecho hasta ahora es TÉCNICA,

**Objetivo (PARA QUÉ)
A quién va dirigido (QUIEN ES MI CLIENTE)
Qué quiero que entienda (MI CLIENTE)
Cuáles son sus motivaciones.
Qué quiero decirle.
Cómo quiero decírselo.
Estructura
Medio
Canal
Tiempo**

Pero si aquí ponemos un punto más que sea:

 ¿Cómo quiero hacerle SENTIR?

Revolucionamos nuestro proceso de COMUNICACIÓN, lo ponemos patas arriba y lo incluimos en nuestro proceso, de tal manera que si hacemos nuestro proceso así:

> **1 LO QUE QUIERO DECIR Y QUE SIENTA**
> **2 LO QUE DIGO**
> **3 LO QUE ESCUCHA (O RECIBE)**
> **4 LO QUE ENTIENDE Y SIENTE**

Eso es ARTE, como el cine, la pintura, la escritura, la escultura, la arquitectura, la música, la publicidad...como todas las expresiones de ARTE del mundo.

Y aquí tú me dices:

 "Eso no es ARTE, eso es un milagro"

Y yo te digo, que no es tan difícil, que lo llevas haciendo toda la vida:

-   Amenazando para que SIENTAN miedo
-   Prometiendo para que SIENTAN ilusión
-   Aplaudiendo para que SIENTAN orgullo
-   Felicitando para que SIENTAN reconocimiento
-   Reprimiendo para que SIENTAN arrepentimiento

Llevas haciendo cosas toda la vida para hacer SENTIR a las PERSONAS de una determinada manera, pues a partir de ahora, trabájalo de manera CONSCIENTE para que luego, al adquirir la COMPENTENCIA, lo hagas de manera INCONSCIENTE.

Te voy a poner un ejemplo de lo que es HACER SENTIR CONSCIENTEMENTE:

*En el cine, las buenas películas cuentan historias, las obras de **ARTE** nos hacen sentir. Durante el proceso de escritura de este libro, bastante después de haber escrito este capítulo, tuve la suerte de que me invitaran al preestreno de "**Dunquerque**" la última película de Christopher Nolan. Este hecho hizo que decidiera incluir este ejemplo, precisamente en esta parte del libro, ahora veras **PORQUÉ**.*

*Sin querer hacer un spoiler de la película, solo quiero decirte que me pareció una obra de arte, ¿**Por qué**? Por lo que me hizo **SENTIR**. Es una película sin apenas diálogo, con una historia muy concentrada en el tiempo y, más allá de la historia, utilizó unos efectos sonoros y musicales que te hacen **SENTIR**: stress, tensión, agobio, claustrofobia, ansiedad, miedo...*

*Yo soy consciente de que todos los recursos que Nolan utilizó en su película estaban destinados a hacer **SENTIR** al espectador de la manera que él quiere hacerle sentir.*

Y doy fe que lo consiguió.

Por eso te digo que, en este punto, es donde hay más ARTE de todo el proceso de COMUNICACIÓN.

Todo lo que hemos visto anteriormente y todo lo que veremos después es TÉCNICA, imprescindible para tener toda la información necesaria para poder CREAR, para poder hacer ARTE, para poder hacer SENTIR a tu CLIENTE lo que quieres hacerle SENTIR con tu MENSAJE con:

LO QUE DICES

Es ARTE, ARTE con mayúsculas, ARTE en estado puro, y nunca dijeron que ibas a necesitar ser artista para poder COMUNICARTE, solo te dijeron que debías ser:

 "Un EMISOR que le diera a un RECEPTOR un MENSAJE a través de un MEDIO/CANAL apoyándose en un CÓDIGO"

Aquí está es el paso CLAVE. Es lo que te va a hacer diferente, lo va a hacer que tus "CLIENTES" te sigan allá donde vayas, lo que va a hacer que las PERSONAS digan:

¡Qué CARISMA tiene!
¡Si es que da gusto oírle!
¡Si es que engancha!
¡Si es que transmite!
¡Si es que llega!
¡Si es que me quedaría escuchándole toda la vida!

Esto es lo que va a diferenciar lo CORRECTO de lo EXTRAORDINARIO.

En definitiva, es el momento clave, es donde hay que dar la cara, donde hay que hablar, o escribir, o actuar o...donde tienes que poner el MENSAJE a disposición de tu CLIENTE.

Porque LO QUE DICES no es más que eso, tu MENSAJE.

Y después de este momento de euforia que me ha poseído ☺, muy necesario para que entiendas la importancia de lo que vamos a ver a continuación, vamos a continuar trabajando para que:

**LO QUE DIGAS sea IGUAL a LO QUE QUIERAS DECIR
y te ayude a conseguir que
SIENTA lo que QUIERES que SIENTA**

Y para eso vamos a trabajar tu MENSAJE, para cargarlo del CONTENIDO y la EMOCIONALIDAD necesaria.

Y para eso vamos a ver cómo trabajar en diferentes CANALES y MEDIOS.

Vamos a ver cómo puedes trabajar mejor tu mensaje dependiendo del CANAL:

PRESENCIAL

Vas a tener que utilizar toda tu habilidad de COMUNICACIÓN VERBAL Y NO VERBAL.

Es decir, si lo que quieres es COMUNICAR hablando cara a cara, vas a tener que aprender y trabajar mucho tu expresión verbal, tu oratoria, tu interpretación, tu modulación de voz, tu dicción.

Además debes trabajar mucho tu comunicación NO VERBAL: como utilizar tus manos, tus ojos, tu cuerpo, todos los recursos que tienes para reforzar tu mensaje y que lo hagan más fuerte, mucho más potente, mucho más emocional.

NO te puedes conformar con ser SOLO un MEDIO para transmitir el MENSAJE.

NO eres como un teléfono, un ordenador, una dirección de correo electrónico, ERES una PERSONA, ERES TÚ y debes ser el VALOR AÑADIDO al MENSAJE, lo que lo llene de CONTENIDO, de INTENCIÓN, de EMOCIONALIDAD, TÚ debes SER el que haga SENTIR a tu CLIENTE lo que quieres que SIENTA.

Y es que debes ser tú el que manejes la situación y sus SENTIMIENTOS, como el amigo Nolan maneja los de sus espectadores, pero con una diferencia, el amigo Nolan solo tiene en cuenta lo que él quiere hacer SENTIR a su CLIENTE.

Pero recuerda que tú partes desde el otro punto de vista. Lo que tú quieres hacer SENTIR a tu cliente debe estar condicionado por las motivaciones que tu CLIENTE tiene.

- Si tú CLIENTE se mueve por ILUSIÓN debes utilizar todos tus recursos para ILUSIONARLE.
- Si tu CLIENTE se mueve por SEGURIDAD, debes utilizar todos tus recursos físicos para transmitírsela.
- Si tu CLIENTE siente MIEDO y necesita que le calmes, deberás encargarte de transmitirle esa PAZ que necesita.

TÚ eres el encargado de darle a tu MENSAJE el TONO EMOCIONAL que tu CLIENTE NECESITA.

VOZ EN REMOTO

Si tus mensajes van a ser telefónicos, tu tratamiento de la VOZ debe ser mucho más fuerte y eficiente aún. NO vas a tener un cuerpo para apoyarte, solo vas a tener tu voz, con la cual vas a tener que sonreír, vas a tener que demostrar seriedad, preocupación, transmitir PAZ, ilusión, fuerza...todas las emociones que consideres que tu CLIENTE necesita.

ESCRITO

 ¿Qué pasa, que también me tengo que hacer escritor?

Pues sí mi querido amigo, cuanto mejor escribas mejor te va a ir. Cuanto más sepas plasmar en papel LO QUE QUIERES DECIR y seas capaz de hacer SENTIR a tu CLIENTE como quieres hacerle SENTIR, mejor será tu COMUNICACIÓN.

Por todo esto debes desarrollar tus HABILIDADES de escritura, para TRANSMITIR con tus letras.

En definitiva, vas a tener que aprender a ser ACTOR, LOCUTOR y ESCRITOR.

 ¿Qué te parece?

Nuevamente me remito al comienzo del libro y cómo te dije que no ibas a desarrollar tu LIDERAZGO leyendo *"14 cosas que tenía Steve Jobs en su cuarto de baño"* y que el LIDERAZGO no era una sola COMPETENCIA, sino un ESTILO DE VIDA.

Además, te dije que aquí no lo ibas a aprender todo, sino que te iba a servir para que exploraras tu LIDERAZGO y comenzaras a trabajar en el mismo de manera CONSCIENTE.

Y como no te voy a enseñar en este libro a ser actor, ni locutor, ni escritor porque, igual que pienso que es imposible que desarrolles tu LIDERAZGO *leyendo "4 postres de la abuela que no pueden faltar en tu dieta de LÍDER"*, también es imposible que aprendas a ser actor, locutor o escritor leyendo (por lo menos leyéndome a mi ☺) , por lo que solo te voy a decir algo que debes saber, y es que, si quieres desarrollar la COMPETENCIA de las COMUNICACIÓN, tienes que aprender a:

!! **"Convertir tus pensamientos en algo tangible que las PERSONAS reciban y SIENTAN"**

Y amigo mío, al fin y al cabo, eso es el ARTE, por lo que vas a tener que ser ARTISTA, y te lo dice un niño al que dijeron que se dejase de tonterías de arte, que no tenía talento para eso y que encima, no le iba a dar de comer.

Y que más de 30 años después de nacer, si quería mejorar sus HABILIDADES de COMUNICACIÓN para un día llegar a adquirir la COMPETENCIA tuvo que aprender a:

> **Escribir**
> **Dibujar**
> **Hablar en Público**
> **Cantar**
> **Interpretar**
> **Actuar**

En definitiva, tuve que desarrollar mi ARTE (mucha o poca, pero más que antes de trabajarla) para que me ayudara a poner a disposición de todos mis CLIENTES el mucho o poco CONOCIMIENTO que poseía para que, efectivamente, ellos también puedan adquirir algo de ese CONOCIMIENTO, y no solo recibieran palabras sin sentido que no significaban nada.

Si tú comienzas a hacerlo, además de hacer que tus CLIENTES SIENTAN lo que quieres que SIENTAN, te será más fácil llevar a cabo el siguiente paso en el proceso de COMUNICACIÓN, el cual veremos en el próximo capítulo, después de que hagamos un nuevo Ejercicio. ☺

Ejercicio 14

En los Ejercicios anteriores (doce y trece) pensaste:

- Cinco actos de **COMUNICACIÓN** que ibas a hacer en los próximos días con cinco personas distintas.
- Apuntaste la persona o personas con la/s que te vas a interactuar en cada acto.
- Definiste el **OBJETIVO**, el **PARA QUÉ**.
  ¿Cuál es el **OBJETIVO** de ese acto de **COMUNICACIÓN**?
- Escribiste lo que querías que esa **PERSONA** con la que te ibas a comunicar **ENTENDIERA**.
- Apuntaste las **MOTIVACIONES** de esa **PERSONA**.
- Definiste: ¿Qué quieres decirle? En consonancia con el **OBJETIVO**, lo que quieres que **ENTIENDA** y sus **MOTIVACIONES.**
- Y también definiste: ¿**CÓMO** quieres decírselo?
  ESTRUCTURA de la conversación
  El **MEDIO** y el **CANAL** que vas a utilizar.
  El **TIEMPO**. ¿**CUÁNDO**? (Día, hora) ¿**CUÁNTO** va a durar?
  ¿**POR QUÉ** has elegido ese día, hora y duración?

Muy bien, habías llegado hasta aquí,

¿Recuerdas?

Vamos a ir un paso más adelante con lo que hemos visto, ahora te voy a pedir que escribas:

> **Lo que quieres que la otra persona SIENTA en la conversación.**
> **Recuerda que debe ir en consonancia con el OBJETIVO, lo que quieres que ENTIENDA y sus MOTIVACIONES.**
>
> **Escribe el MENSAJE que le vas a transmitir para que SIENTA lo que tú quieres.**

Una vez que tengas claro ese **MENSAJE**, debes comenzar a trabajar en **CÓMO** transmitirlo, así que quiero que escribas:

¿Qué RECURSOS vas a utilizar?
Mirada, manos, postura, voz, escritura...lo que tú creas que te pueda ayudar para reforzar el MENSAJE, con el OBJETIVO de que SIENTA lo que quieras que SIENTA.

Perfecto, me gustaría que te dieras cuenta todo lo que estás trabajando en estos actos de **COMUNICACIÓN CONSCIENTE**...

!! ENHORABUENA !!

Así que, para ir paso a paso y, si te parece bien...

¡Sigamos adelante¡

20 Haz que te quieran escuchar y asegúrate que lo han hecho

No me negarás que esto cada vez se pone más interesante, ¿Verdad?

Fíjate que antes te limitabas a hablar y que pasara lo que tuviera que pasar y ahora...Pero esto no ha acabado, seguimos dando pasos en la correcta dirección hasta que consigamos cerrar el círculo, ya verás.

Lo siguiente que quiero que veamos es el paso tres de nuestro proceso de comunicación MODIFICADO:

> **1 LO QUE QUIERO DECIR Y QUE SIENTA**
> **2 LO QUE DIGO**
> **3 LO QUE ESCUCHA (O RECIBE)**
> **4 LO QUE ENTIENDE Y SIENTE**

Es decir, vas a prestar atención a LO QUE ESCUCHA tu CLIENTE, y cuando me refiero a ESCUCHAR, también me refiero a VER, LEER, TOCAR...es decir lo que tu CLIENTE RECIBE de lo que tú EMITES.

Hasta ahora has hecho todo el esfuerzo para:

> Definir un **OBJETIVO.**
> Entender sus **MOTIVACIONES.**
> Definir qué quieres que tu **CLIENTE** entienda y sienta.
> Has comenzado a trabajar para preparar tu **MENSAJE.**
> Y has puesto todo tu **ARTE** a disposición del **MENSAJE** para conseguir que tu **CLIENTE SIENTA** lo que tú quieres que **SIENTA** con lo que has dicho (o emitido).

Entonces, ya va siendo hora de que el CLIENTE ponga algo de su parte, ¿Verdad?

 ¿A que has contestado que SÍ?

Pues NO, mi querido amigo, te vuelves a equivocar ☺. Aquí también tienes que hacer tú todo el trabajo. Recuerda que te dije que TODA la RESPONSABILIDAD de la COMUNICACIÓN recaía sobre ti, sobre quien quiere COMUNICAR.

? ¿Y si no me escucha?

Pues sigues trabajando y haciendo las cosas mejor hasta que consigas que te escuche, porque si no te escucha es que hay algo que está fallando y no has tenido en cuenta.

Te voy a poner un ejemplo que pasa todos los días en cualquier parte del mundo:

*Te pones delante del ordenador a escribir un mail a tus colaboradores. Vamos a suponer que has tenido en cuenta todos los factores a tener en cuenta que hemos visto hasta ahora y has escrito **"el mejor mail de tu vida".***

*Antes de irte a casa haces click en **Enviar** y te vas.*

En ese mail, pedías que antes de 5 días todos tus colaboradores te enviaran una documentación, y cuál es tu sorpresa que llega el día indicado, y un 20% de tus colaboradores no lo han hecho.

Por supuesto tu respuesta natural es enfadarte y pedir explicaciones a esas personas, pero te dicen que no tienen ni idea de qué mail les estás hablando:

¡Qué vergüenza!
¡Que te digan que no saben de qué mail hablas!

Por supuesto que enviaste el mail, si no lo hubieras enviado, el 80% no lo hubiera hecho bien.

Y yo te pregunto:
- ¿El mail era el mejor medio para desarrollar esa COMUNICACIÓN?
- ¿Te aseguraste que todos habían RECIBIDO el mail?
- ¿Te aseguraste que todos lo ABRIERON?
- ¿Te aseguraste que todos lo LEYERON?
- ¿Podrías haber evitado esto simplemente pidiendo confirmación antes del día siguiente a las 12, que te dijeran solo que lo habían recibido?
- ¿Y si hubieras enviado un recordatorio a los dos días contándoselo de nuevo y recordándoles que faltaban 3 días?

¿No es demasiado suponer que, por el hecho de enviar un mail, las personas lo van a RECIBIR, lo van a ABRIR y lo van a LEER (en el capítulo siguiente abordaremos el hecho de que lo hayan o no ENTENDIDO)?

Te voy a poner otro ejemplo:

Hace unos 5 años estaba viviendo en Colombia y la directora comercial de mi empresa, **NASH**, me propuso hacer una campaña de mailing en Navidad, felicitando las fiestas a nuestros clientes, prospectos, empresas potenciales...a toda la BBDD que teníamos y que entendíamos que nos interesaba reunirnos con ellos posteriormente.

(Todo legal respetando la Ley de Protección de Datos, nada de Spam ☺)

Con la excusa del mailing, les pediríamos que tuviéramos una entrevista al comenzar el año para ayudarles a planificar el nuevo ejercicio, y explicarles todo lo que podíamos hacer por ellos en lo relativo al desarrollo y consultoría de **PERSONAS**.

Hasta aquí todo perfecto: el departamento creativo diseñó un mail muy bonito, muy persuasivo, felicitando las fiestas, aprovechando para ponernos a su disposición y pidiendo una cita, con los datos de contacto y demás.

Como te digo, la idea me parecía buenísima, para el desarrollo de nuestra Marca (de hecho hacemos muchas acciones de este tipo).

Lo que me sorprendió fue que la directora comercial de **NASH** estaba convencida de que, al día siguiente de enviar el mailing, iba a recibir una avalancha de llamadas para concretar entrevistas.

Cuando yo me di cuenta de esto, tuve una reunión con ella para darle mi punto de vista y le dije lo siguiente:

"Estimada, la acción comercial me parece muy buena, pero como una acción de posicionamiento mental de Marca"

Y le dije una frase que no se creyó:

*"Pero me gustaría que tuvieras una expectativas un poco más realistas, porque No te va a llamar **NADIE**"*

Como te digo, ella no me creyó demasiado, así que dejamos que el tiempo pasara. Llegó el día en cuestión, se envió el mail a unos 10.000 contactos y...**No llamó NADIE**

La directora comercial estaba herida en su orgullo, por lo que tuvimos una nueva reunión para analizar que había pasado.

- En esta reunión le transmití claramente que: *"**NOSOTROS** queremos **COMUNICAR** y tenemos que hacer **TODO** el **ESFUERZO**"*
- Y ella me dijo con desesperación: *"**Hombre, no te voy a decir que nos llamen los 10.000, pero que no llame NADIE**"*
- A lo que yo le pregunté: *¿**Piensas que la acción de Mailing ha sido un fracaso?**
- Y me respondió: ***Pues obvio (ella dice mucho esa expresión)***
- Y le pregunté: *¿**Por qué?**
- A lo que dijo: ***Pues porque no ha llamado NADIE***

- *Y yo le dije:* **ES QUE NO TE VAN A LLAMAR, NO ES SU OBLIGACIÓN, ES LA TUYA**
- *Y me dijo:* **¡Pero no voy a llamar a 10.000 personas, el esfuerzo es muchísimo!**

Y efectivamente, así era, no era lógico que llamáramos a 10.000 personas, pero le propuse que analizáramos qué había pasado con el mailing, y así nos dedicamos a analizar las estadísticas que la herramienta de envío de mails nos proporcionaba. Esta herramienta nos dijo que, de los 10.000 mails:

- *Unos 800 rebotaron porque el mail no era correcto (ya no existía, estaba erróneo...)*
- *Unos 1.000 fueron a SPAM*
- *Unos 3.000 se borraron antes de abrir.*
- *Unos 4.500 se abrieron y se borraron instantáneamente.*
- *Unos 700 se abrieron y se leyeron.*

Es decir, de 10.000 envíos, solo el 7% se leyó.

- *La directora comercial al ver este dato se disgustó enormemente y yo le dije:* **¿Por qué te disgustas?**
- *Y me contestó:* **Porque yo creía que a todo el mundo le iba a interesar lo que le enviábamos, les iba a gustar, iban a ver la necesidad y nos iban a llamar.**
- *Pero nuevamente le dije:* **Tranquila, lo primero que hay que ser es realista. Te dije que no te iban a llamar, pero eso no quiere decir que la acción sea mala. Vamos a ver cómo podemos sacarle provecho.**

Y definimos que íbamos a hacer lo siguiente:

- *De la lista de los 10.000, cogimos los que no nos habían enviado a la basura automáticamente, es decir los 700.*
- *Nuestro planteamiento fue:* **Han recibido nuestro mail y lo han leído...!Vamos a llamarles!**
- *Y eso hicimos, les llamamos y, con la excusa del mail, nos intentamos reunir con ellos.*

De los 700 prospectos tuvimos como unas 100 entrevistas y de esas 100 entrevistas tuvimos unos 15 clientes que ayudaron mucho a conseguir los objetivos que nos habíamos planteado en el nuevo ejercicio.

 ¿Y qué te quiero decir con esto?

Muchas cosas:

- Tus CLIENTES (las PERSONAS) no están obligados a escucharte
- No hay medios buenos ni malos, todos tienen sus pros y contras y debes saberlos para no tener EXPECTATIVAS IRREALES. No puedes pretender que un mailing tenga el mismo porcentaje de éxito que una llamada telefónica, ni que una llamada telefónica tenga el mismo porcentaje de éxito que una entrevista personal.
- Cada medio vale para lo que vale y debes encontrar el equilibrio entre COSTE / EFICACIA.
- Si la gente no te oye...SIEMPRE ES RESPONSABILIDAD TUYA.

Te voy a poner otro ejemplo:

Haces una reunión después de almorzar, en una sala con poca luz, con temperatura cálida, pones una presentación de PowerPoint y empiezas a hablar sobre algún tema denso de una manera monótona, sin mucha emocionalidad.

¿Qué es lo más probable que pase?

Que la gente se duerma, se aburra, le cueste seguirte, desconecte, y lo peor es que, si lo hacen...

¡Te vas a enfadar!

En el ejemplo que veíamos en el capítulo anterior, sacabas a tu colaborador de su puesto de trabajo, para contarle una cosa, rápidamente, en cinco minutos.

¿Es la mejor manera de hacerlo?

Otro ejemplo más:

*A mí me encanta el **CINE**; ir al cine me apasiona. Sin embargo, si cambio la **SALA DE CINE** por **MI CASA** hay un problema: Hace que no consigo ver una película entera en casa unos 10 años, porque me duermo, sea del género que sea, aunque me apasione, pero es que no lo puedo evitar, me tumbo en el sofá o en la cama a ver la película y...!A dormir!*

¿Eso quiere decir que la película sea mala?

No, eso quiere decir que no es medio adecuado para mí.

El último ejemplo del capítulo, para que no me digas que solo te suelto rollos teóricos ☺

Yo he escrito este libro (Porque ya está escrito, esto te lo estoy diciendo en una de las reescrituras del mismo), y haré todo lo que pueda desde el punto de vista del marketing, publicidad, promoción y distribución para que puedas tenerlo entre tus manos y delante de tus ojos, pero...

¿Cómo me aseguro que lo leas?
¿Qué hago para que no comiences a leerlo y lo dejes a las 10 páginas?
¿Cómo me aseguro que lo termines?

*Porque ir al **CINE** y terminar la película es relativamente fácil, "casi" todo el mundo se queda a ver la película, le guste más o menos pero,*

¿Cuántas personas empiezan un libro y no lo terminan?

*Eso es algo de lo que yo tengo que ser **CONSCIENTE** a la hora de elegir este medio (**UN LIBRO**) para **CONTARTE** lo que **QUIERO CONTARTE** y para **HACERTE SENTIR** lo que **QUIERO QUE SIENTAS**, y si no lo tengo claro fracasaré.*
Y lo único que puedo hacer, con todos "los pros y contras" que tiene este medio por el que estamos unidos tú y yo, es intentar que te enganches a la historia, contártela de tal manera que quieras terminar el libro y si, encima, al terminar consigo que te hayas quedado satisfecho, con una sonrisa, con muchas cosas que pensar, con necesidad de comprarte un cuaderno y de ponerte a trabajar y que tengas la sensación de que quieres más,

¿Habré triunfado?
¿A que has dicho que si?

Jajajaja, pues **NO**, no habré triunfado, pero habré conseguido **NO** fracasar en este punto, **SOLO** habré conseguido que

LO QUE DIGO sea IGUAL A LO QUE LEES

Si consigo eso, aún me queda otro paso ☺ ¿Me he hecho entender, aunque para ello solo disponga de unas letras en un libro?

Espero que hayas dicho que SI, porque vamos a continuar en el proceso de COMUNICACIÓN, pero antes...hagamos otro Ejercicio.

Bueno, ya te has dado cuenta que estás trabajando tu **COMUNICACIÓN** pasito a pasito (suave suavecito) desde el Ejercicio doce para ir incorporando poco a poco elementos que debes tener en cuenta, y así no te satures (porque reconozco que son muchos factores).

Si recuerdas, hasta ahora te he pedido que escribas:

- Cinco actos de **COMUNICACIÓN** que ibas a hacer en los próximos días con cinco personas distintas.
- Apuntaste la persona o personas con la/s que te vas a interactuar en cada acto.
- Definiste el **OBJETIVO**, el **PARA QUÉ**.
  ¿Cuál es el objetivo de ese acto de **COMUNICACIÓN**?
- Escribiste lo que querías que esa **PERSONA** con la que te ibas a comunicar **ENTENDIERA**.
- Apuntaste las **MOTIVACIONES** de esa **PERSONA**.
- Definiste: ¿Qué quieres decirle? En consonancia con el **OBJETIVO**, lo que quieres que **ENTIENDA** y sus **MOTIVACIONES**
- Y también definiste: ¿**CÓMO** quieres decírselo?
  La **ESTRUCTURA** de la conversación
  El **MEDIO** y el **CANAL** que vas a utilizar.
  El **TIEMPO**. ¿**CUÁNDO**? (Día, hora) ¿**CUÁNTO** va a durar?
  ¿**POR QUÉ** has elegido ese día, hora y duración?
- Escribiste lo que querías que la otra persona **SINTIERA** en la conversación. Recuerda que debía ir en consonancia con el **OBJETIVO**, lo que querías que **ENTENDIERA** y sus **MOTIVACIONES**.
- Escribiste el **MENSAJE** que le ibas a transmitir para que **SINTIERA** lo que tú querías.
- Enumeraste los recursos que ibas a utilizar: Mirada, manos, postura, voz, escritura…lo que tú creías que te podía ayudar para reforzar el **MENSAJE**, con el **OBJETIVO** de que **SINTIERA** lo que querías que **SINTIERA**.

¡Genial!

Ahora quiero que trabajes en que esa **PERSONA** reciba tu **MENSAJE**, y te asegures de ello al **100%**, por lo que vas a revisar algo que ya has definido anteriormente, analiza si lo que habías establecido es lo mejor para ese **OBJETIVO**, si es así...**PERFECTO**, y si no es así, haz los cambios y ajustes que consideres **CONVE-NIENTES** (y vas a incluir otra cosita)

¿CÓMO quieres decírselo?
Escribe cómo va a ser la ESTRUCTURA de la conversación
El MEDIO y el CANAL que vas a utilizar.
¿DÓNDE va a ser?¿Dónde vas a estar TÚ?¿Y la OTRA persona? (Es muy importante que sepas dónde vas a estar tú y la otra PERSONA)
El TIEMPO. ¿CUÁNDO? (Día, hora) ¿CUÁNTO va a durar? ¿POR QUÉ has elegido ese día, hora y duración?

Y con todo eso que ya hemos definido...

¡Continuamos!

21 Como ENTIENDA y SIENTA lo que quieres...eso es MAGIA

Ya estamos casi llegando al final del proceso de COMUNICACIÓN, ya casi estamos "Cerrando el Círculo".

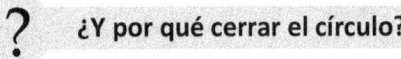 **¿Y por qué cerrar el círculo?**

Porque una vez que has definido tu objetivo, es decir PARA QUÉ has desarrollado tu acto de COMUNICACIÓN, y una vez que has analizado tus MOTIVACIONES, te has puesto a trabajar en el proceso de COMUNICACIÓN, que recuerda que era:

> **1 LO QUE QUIERO DECIR Y QUE SIENTAN**
> **2 LO QUE DIGO**
> **3 LO QUE ESCUCHA (O RECIBE)**
> **4 LO QUE ENTIENDE Y SIENTE**

Es decir, te has esforzado en:
- Definir qué quieres que tu CLIENTE entienda y sienta.
- Has preparado tu MENSAJE teniendo en cuenta todo lo que hemos visto.
- Te has asegurado que ESCUCHE, LEA, VEA...RECIBA ese mensaje de la manera que tú querías.

Te queda el último paso:

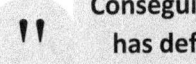 **Conseguir que ENTIENDA y SIENTA lo que en el primer punto has definido que QUERÍAS DECIR y que SINTIERA.**
Mi amigo, si consigues esto, habrás COMUNICADO.

Pero para que lo consigas, vamos a hacer unas cuantas cositas. Lo primero, hablar un poquito más de este último punto, que me voy a enrollar un poco, te lo anticipo. ☺

Cuando éramos pequeños y nos contaban la teoría de la comunicación no nos decían nada de ENTENDER ni SENTIR.

Se suponía que la única barrera para ENTENDER el mensaje era el CÓDIGO, es decir, si tú me hablas en español y yo conozco el idioma español voy a entender lo que quieres decir. Y si además, puedo leer, y leo una carta, un libro o un mail en español, se supone que voy a entender lo que quieres decir pero...

No es tan fácil como nos quieren hacer ver, porque si así fuera, todas las personas que hablaran el mismo código se entenderían, y amigo mío, millones de personas todos los días se HABLAN, se ESCUCHAN pero no se ENTIENDEN.

Y es que, es muy difícil hacernos entender. Pensamos que el proceso de comprensión y entendimiento es automático pero, ¡Qué va!

Todo lo contrario. Normalmente, cuando hablamos no nos entienden, y cuando escuchamos no entendemos lo que quieren que entendamos, y además no entendemos todos lo mismo.

Te lo voy a intentar explicar con nuestros ejemplos:

En el ejemplo del mail,

¿NO es común que varias personas lean el mismo mail e interpreten o entiendan cosas distintas?
Y ya, si hablamos de sentimientos, ¿No puede ser que una persona se alegre, otra llore, otra ría…es decir SIENTAN cosas distintas leyendo el mismo mail?
¿Por qué pasa esto?

En primer lugar, por la manera de decir las cosas; hemos dicho que cuando COMUNICAS en un canal presencial, mirando cara a cara a una persona, tu MENSAJE se puede ver reforzado por tu comunicación verbal y tu comunicación no verbal, por toda la INTENCIÓN que le quieras poner a la manera de decir tu MENSAJE.

Y en base a toda esa INFORMACIÓN, verbal y visual que transmites, la PERSONA que tienes en frente recibe tu mensaje, lo procesa y te da un feed-back visual (una retroalimentación), es decir, tú eres capaz de ver su respuesta y de analizar si la PERSONA está ENTENDIENDO y SINTIENDO lo que tú quieres que ENTIENDA y SIENTA.

(Pregúntaselo a los entrevistadores y reclutadores, que se fijan en todo lo que haces y dices, y te hacen preguntas "difíciles" para ver cómo respondes, no solo con palabras)

Sin embargo, cuando leemos un mail, un libro, una carta, un artículo de periódico, no leemos letras, palabras y ya, nuestro cerebro las PROCESA para darle un SIGNIFICADO, para entender lo que esas PALABRAS quieren decir, para decidir qué hacer con esa INFORMACIÓN, para ver si es útil o no, para ver si la aplicamos y la convertimos en CONOCIMIENTO, la archivamos, o directamente la desechamos, la tiramos y la olvidamos.

Nuestro funcionamiento cerebral, a la hora de procesar la información que nos llega, no tiene nada que ver con el proceso teórico de COMUNICACIÓN que nos contaban cuando éramos pequeños.

Y es que las PERSONAS procesamos e interpretamos toda la información que recibimos del mundo a través de nuestros sentidos. Y los actos de COMUNICACIÓN que conscientemente quieren tener con nosotros son una de las muchísimas maneras a través de las cuales recibimos información.

Y no es cierto que TODAS las personas percibimos la realidad de una manera similar. El significado que cada uno de nosotros le demos a la misma información va a ser distinto, único y va a depender de muchísimos factores, entre los que están:

> **Nuestro punto de vista**
> **Nuestra ideología**
> **Nuestro nivel cultural**
> **Nuestra formación**
> **Nuestra edad**
> **Nuestras vivencias**
> **Nuestro estado emocional**
> **Nuestro estado físico...**

Si a la misma persona le das a leer un texto en distintas etapas de su vida, le dará interpretaciones distintas, en función del cristal con que lo mire, de sus circunstancias en cada momento.

> **Yo, por ejemplo, leo cosas que escribí hace unos años y hay veces que me sorprendo, no solo porque la manera de decir las cosas es distintas, sino porque, en muchas cosas, no pienso igual que hace unos años, TODO HA CAMBIADO, comenzando por MÍ MISMO**

Lo que te quiero decir es que, cuando dos PERSONAS se intentan COMUNICAR, o mejor dicho, cuando una PERSONA se intenta COMUNICAR con otra, lo suele hacer desde su punto de vista de la vida, y el receptor lo está recibiendo (nunca mejor dicho) desde el suyo, lo que hace que sea muy difícil que se ENTIENDAN.

Volvamos a la publicidad:

Si vemos hoy, en el año 2017, publicidad de los años 30, 40, 50...del siglo pasado, incluso publicidad de hace 5 o 10 años, probablemente sonriamos y digamos que esa publicidad ahora no tendría sentido.

¿Por qué?

Porque la vida ha cambiado, la sociedad ha cambiado, las personas han cambiado, los hábitos de consumo han cambiado. Puedes ver anuncios de los años 60 con médicos recomendando fumar ciertos cigarrillos, niños bebiendo vino para abrir el apetito o cerveza. Licores que se recomendaban para, con una copita, conducir menos nervioso, y por supuesto una inmensa mayoría de anuncios con contenido machista.

Incluso si ves anuncios publicitarios de una misma marca para distintos países y culturas, seguramente sean muy distintos.

¿Por qué?

Porque aún en una misma época, los **CLIENTES** son distintos, viven realidades distintas, tienen culturas distintas, motivaciones distintas y van a comprar un mismo artículo por razones distintas.

Te voy a hablar de mi experiencia personal:

He vivido más de 5 años en Colombia, un país donde se habla español, mi lengua materna. Sin embargo, la manera de utilizarlo es muy distinta que en España, las expresiones son muy distintas.

Al principio me costaba mucho entender lo que querían decir, y también me costaba mucho hacerme entender, encontrar la manera de que mis palabras significaran para ellos lo que significaban para mí.

Pero una vez que conseguí familiarizarme con las palabras a utilizar para expresar lo que quería decir, no creas que todo se solucionó, vino otra fase en la que tuve que aprender...la manera de decir las cosas, "el tonito" como dicen en Colombia, es decir, la ironía, el hablar entre líneas, el decir las cosas con segundas.

Cuando hablamos o decimos las cosas con segundas, puede que nos entiendan o puede que no, o puede que entiendan otra cosa distinta a la que estamos diciendo o queriendo decir.

Si lo hacemos cara a cara, podemos obtener retroalimentación en el instante y darnos cuenta si la persona nos está entendiendo o no, pero si lo hacemos en remoto (teléfono, mail, carta...)

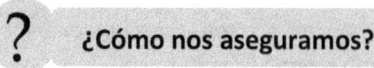 **¿Cómo nos aseguramos?**

Cuanto MENOS CONTROL tengamos sobre la reacción de nuestro interlocutor, MÁS PLANO debe ser nuestro mensaje para que haya menos posibilidades de que nuestro mensaje se interprete.

Y tú me puedes decir, hombre, es que hay que cosas que no se interpretan, son blancas o negras. ¿Seguro?

Te voy a poner otro ejemplo:

Creo que estarás de acuerdo conmigo que la redacción que se hace de las leyes se intenta hacer para que abarquen todos los supuestos posibles y que dejen lugar a las menores dudas e interpretaciones posibles,

¿Cierto?

Que una ley se revisa por muchísimas personas, grupos de interés, presión, políticos, precisamente para eso para que "Quede muy clarito", entonces:

¿Por qué todo el mundo interpreta las leyes como les conviene?

Porque todas las personas vemos la realidad desde nuestro prisma, desde nuestro cristal, desde nuestro color, desde nuestro vaso medio lleno o medio vacío, desde nuestra manera de entender y ver las cosas.

Si esto no fuera así no haría falta jueces, mediadores...las cosas serían blancas o negras, ¿No? Pero como eso no es así, es necesario que alguien decida e interprete las leyes.

Cuando COMUNIQUES tienes que tener en cuenta todos los factores que hemos visto ahora en nuestro proceso y orientarlo todo a una cosa:

> **❚❚ Que tu CLIENTE ENTIENDA y SIENTA lo que has decidido que QUIERES que ENTIENDA y SIENTA**

Y además, te tienes que asegurar que así ha sido, te tienes que asegurar que han ENTENDIDO y SENTIDO lo que querías que ENTENDIERAN y SINTIERAN.

Y no vale preguntarle: ¿Lo habéis entendido? Y que te digan: SI ¿Alguna duda? Y que te digan: NO. Te tienes que asegurar de verdad, si quieres cerrar el círculo.

> **Claro, ¿Y qué más? ¿No es demasiado trabajo?**

Más trabajo es no cerrar el círculo y tener que comenzar de nuevo todo el proceso de COMUNICACIÓN, o no hacerlo bien y no haber COMUNICADO.

185

Mira, cuando un "PROFESIONAL" (Lo pongo entre comillas porque tú también lo tienes que ser) de la COMUNICACIÓN desarrolla su acto de COMUNICACIÓN.

 ¿Se asegura que sus CLIENTES han ENTENDIDO y SENTIDO lo que quería que ENTENDIERAN y SINTIERAN?

- ¿Piensas que un director de cine no pregunta a sus espectadores, lee las críticas, las opiniones...?
- ¿Y un cantante?
- ¿Y un publicista?
- ¿Y un político? (Estos están viendo continuamente las encuestas para ver las variaciones de apoyos en función de lo que dicen y cómo lo dicen)
- ¿Y un actor?
- ¿Y un escritor?

Te voy a contar cómo me he asegurado yo que mis lectores ENTIENDAN Y SIENTAN lo que he decidido que ENTIENDAN y SIENTAN

Anteriormente te dije que este libro ya está escrito y esta es una de sus reescrituras,

¿Recuerdas?

Muy bien, pues esta reescritura se está haciendo después de que la obra se haya escrito, reescrito (varias veces) y se haya enviado a una serie de lectores de prueba. **(ESO TAMBIEN TE LO HE DICHO)**

Estos lectores de prueba están elegidos teniendo en cuenta distintas edades, situaciones geográficas, distintas culturas, distintos países, niveles socioculturales, áreas de trabajo profesional...es decir, he buscado un espectro de potenciales **CLIENTES** *lo más amplio posible.*

Estos lectores de prueba han recibido una "versión beta" (1.0) de este libro, es decir "no definitiva" sino "abierta a mejoras".

Ellos han leído la obra, me han dado su retroalimentación en base a una serie de preguntas que les he hecho, y con esa información se han hecho una serie de ajustes para preparar una versión 2.0 (LAS DISTINTAS VERSIONES QUE SURGEN DE LAS APORTACIONES DE LOS LECTORES DE PRUEBA, VAN CONFIGURANDO LAS VERSIONES 1., ESTA QUE ESCRIBO ES LA 1.7)

¿Qué es una versión 2.0?

Es una versión semi-definitiva, que se envía a la editorial para que se revise, se haga una corrección ortográfica, se edite, se maquete...y, después de muchos ajustes más, salga un libro.

¿Eso me va a garantizar que ahora que tienes el LIBRO en tus manos, vayas a ENTENDER y SENTIR lo que decidí que quería que ENTENDIERAS y SINTIERAS?

*Para nada, pero tendré muchas más posibilidades que si no lo hubiera hecho, si hubiera confiado simplemente en que como sé escribir y tú sabes leer, ibas a recibir mi mensaje a través de este **CANAL** con el **CÓDIGO** (español) elegido.*

¿Ves la diferencia?

Lo que quiero hacerte ENTENDER y SENTIR es tu obligación en PENSAR en tu CLIENTE, en TRABAJAR hasta el infinito POR y PARA esa PERSONA.

Por eso, vuelvo nuevamente a reafirmarme en lo que te vengo diciendo desde el principio del libro.

> **" Tu LIDERAZGO va a depender de tu ACTITUD de SERVICIO**

Tu capacidad para poder COMUNICARTE va a depender de la habilidad o competencia que tengas para tener EMPATÍA, para que no veas la realidad desde tu punto de vista, sino desde el punto de vista de la persona que tienes en frente, de la persona a la que quieres COMUNICAR, de tu cliente.

> **" ¿Para qué? Para que consigas que ENTIENDA y SIENTA lo que quieres que ENTIENDA y SIENTA.**

Si no lo haces así, te seguirás preguntando...

> **¿Pero cómo no lo ve como yo? Si es obvio, no hay lugar a las interpretaciones, es así, como lo veo yo, y punto.**

Lo voy a reforzar con el ejemplo de la publicidad.

Cuando alguien hace un anuncio de publicidad, ¿En quién piensa? ¿En él o en su CLIENTE? ¿Con que ojos intenta ver el mundo, con los suyos o con los de su CLIENTE?

Cuando doy charlas, cursos, talleres...cuando hablo de COMUNICACIÓN, casi siempre le hago una pregunta a mis alumnos, a mis espectadores, a las personas que me leen (a mis CLIENTES, que he dicho que todos eran CLIENTES), que te la voy a hacer a ti también, por supuesto.

 ¿Qué profesionales DEBERÍAN ser los mejores COMUNICADORES del MUNDO?

Aquí comienza el debate, y mis CLIENTES dicen:
- Los publicistas
- Los vendedores
- Los actores
- Los políticos...

Y yo siempre les digo que los mejores COMUNICADORES del mundo deberían ser (no quiere decir que todos lo sean) los PROFESORES, porque deben tener una EMPATÍA total, y una orientación a su CLIENTE absoluta, porque no deben COMUNICAR lo que saben para DEMOSTRAR que saben, sino para conseguir que sus alumnos APRENDAN.

Es decir deben enseñar desde el punto de vista del alumno, no del suyo.

Y aquí sé que estás pensando en una clase, un profesor enseñando en una pizarra y muchos alumnos (seguramente universitarios) tomando notas, y estarás pensando, bueno, los alumnos también tienen responsabilidad, que se preocupen un poquito por aprender, ¿No?

Si has pensado eso, me alegro enormemente, porque me acabas de dar otro argumento para convencerte de que la responsabilidad de la COMUNICACIÓN siempre es del que quiere COMUNICAR.

Pero antes de continuar te quiero hacer una pregunta:

? De TODOS los PROFESORES que has tenido en TODOS los años de vida hasta hoy, en todos los ámbitos, ¿Cuál no olvidarás NUNCA? ¿Por qué? ¿Cuál es la DIFERENCIA entre ese profesor que recuerdas y los cientos (SI, en tu vida has tenido más de cien profesores, seguro, de unas u otras cosas) que no recuerdas?

Efectivamente, ese PROFESOR que nunca olvidarás te hizo SENTIR de una manera (buena o mala) que los otros no consiguieron hacerte SENTIR.

Nuevamente entonces vuelvo a la frase de la gran Élia Guardiola:

" **"NO es lo que HACES, es lo que haces SENTIR con lo que HACES"**

188

Continúo contándote la conversación que tengo con mis CLIENTES sobre los mejores COMUNICADORES. Una vez que les he explicado que para mí deben ser los PROFESORES, les pregunto...

 ¿Y dentro de los profesores, cuáles deben ser los mejores COMUNICADORES?

Y aquí no tienen dudas, todos suelen decir lo mismo: !! Los profesores de Universidad !!

Y yo les pregunto: ¿Por qué?

Y me contestan: Porque son los que más deben saber, investigar, prepararse, los que descubren cosas nuevas, que hacen que el mundo avance.

Y yo les digo: Pueeees...va a ser que no, serán grandes eminencias científicas, intelectuales y humanistas, pero no son los mejores COMUNICADORES.

Porque los profesores de universidad son personas adultas intentando enseñar algo a personas adultas, tienen vidas bastante parecidas (salvando la diferencia de edad, cultural, de vivencias...bueno, a lo mejor no son tan parecidas ☺).

Pero sí que son mucho más parecidas que la de los que tienen que ser los mejores comunicadores del mundo mundial

‼ "LOS PROFESORES DE NIÑOS PEQUEÑITOS, CUANTO MÁS PEQUEÑITOS MEJOR"

Cuando tú ves a un profesor de niños de dos, tres años, ves a una persona que ha estudiado un mínimo de 20 años de su vida, que tiene varios (o muchos) años de experiencia y que su tarea es enseñar a los niños a...por ejemplo: DISTINGUIR COLORES.

Es decir, esa persona NO ha estudiado, se ha formado y ha practicado tanto tiempo para enseñar a los niños TODO LO QUE SABE.

Esa persona ha trabajado y estudiado tanto tiempo para conocer la mejor manera de enseñar a un niño a que desarrolle sus habilidades cognitivas, a distinguir colores, formas, tamaños...

Esa persona se tira al suelo para jugar con el niño, esa persona simula que no sabe hacer las cosas para que el niño le enseñe a él, así le motiva para que el propio niño aprenda haciendo y enseñando.

Y tú me puedes decir:

 "Pero eso no es enseñar, eso es jugar"

A lo mejor deberíamos comenzar todos a aprender jugando, y romper el PARA-DIGMA de nuestra generación que nos dice que el estudio es sufrimiento, esfuerzo, aburrimiento, sacrificio. Porque si miras en el diccionario, divertido es lo contrario de aburrido, no de serio. Se puede hacer un trabajo muy serio y muy divertido,

 ¿No crees?

Mi querido amigo, un profe de niños pequeñitos planifica la programación académica de todo el año.

Define cual va a ser el recorrido cognitivo que va a desarrollar con su alumno, diseña actividades experienciales para que su CLIENTE ENTIENDA lo que él QUIERE que ENTIENDA, y SIENTA lo que QUIERE que SIENTA.

Y lo hace todo sin esperar un gran reconocimiento, ni un gran sueldo, ni premios, solo quiere conseguir la satisfacción de su CLIENTE, del niño, porque la mayoría de los mayores pensarán que ese profe solo va al colegio a "jugar con los niños".

Ese profe que va a jugar PREPARA todas sus acciones de COMUNICACIÓN con una METODOLOGÍA, igual que yo te estoy diciendo que debes aplicar una METO-DOLOGÍA para preparar TUS acciones de COMUNICACIÓN, y no mide el ESFUERZO que hace, solo quiere conseguir su OBJETIVO.

Y no solo el PROFE, todas las PERSONAS que se dedican PROFESIONALMENTE a COMUNICAR cuidan hasta el más mínimo detalle:
- Profesores
- Publicistas
- Actores
- Directores de cine
- Músicos
- Escritores
- Periodistas...

Pero claro, tú no te dedicas profesionalmente a COMUNICAR, tú te dedicas a otra cosa. Pues mi querido amigo, te lo digo nuevamente y te lo voy a repetir hasta que termine el libro (y a lo mejor después, me apareceré en tus sueños para recordártelo):

❗❗ Si quieres LIDERAR PERSONAS debes ser un PROFESIONAL DE LA COMUNICACIÓN

Y para ser un PROFESIONAL de la COMUNICACIÓN, además de dominar la técnica, debes ser un PROFESIONAL DE LA EMPATÍA.

Y para ser un PROFESIONAL DE LA EMPATÍA debes tener una orientación total hacia tu CLIENTE.

Y si quieres tener una orientación total hacia tu CLIENTE debes tener una actitud de SERVICIO.

Y si tienes una actitud de SERVICIO y lo conviertes en tu manera de VIVIR, serás el LÍDER que quieres ser, aunque no hayas leído: "Las 3 marcas de jeans que compraba Steve Jobs"

Y ahora, para cerrar el círculo, vamos a terminar POR FIN el Ejercicio de COMUNICACIÓN en el que estamos trabajando. ☺

 ¿Te parece bien?

Ejercicio 16

Vamos a terminar el Ejercicio el que comenzamos a hacer en el Ejercicio doce
Si recuerdas, hasta ahora te he pedido que escribieras:

- Cinco actos de **COMUNICACIÓN** que ibas a hacer en los próximos días con cinco personas distintas.
- La persona o personas con la/s que te vas a interactuar en cada acto.
- El **OBJETIVO**, el **PARA QUÉ**.
- Lo que querías que esa **PERSONA** con la que te ibas a comunicar **ENTENDIERA**.
- Las **MOTIVACIONES** de esa **PERSONA**.
- ¿Qué quieres decirle? En consonancia con el **OBJETIVO**, lo que quieres que **ENTIENDA** y sus **MOTIVACIONES**
- ¿**CÓMO** quieres decírselo?
  Cómo va a ser la **ESTRUCTURA** de la conversación
  El **MEDIO** y el **CANAL** que vas a utilizar.
  El **TIEMPO**. ¿**CUÁNDO**? (Día, hora) ¿**CUÁNTO** va a durar?
  ¿**POR QUÉ** has elegido ese día, hora y duración?
- ¿Que querías que la otra persona **SINTIERA** en la conversación? Debía ir en consonancia con el **OBJETIVO**, lo que querías que **ENTENDIERA** y sus **MOTIVACIONES**.
- El **MENSAJE** que le ibas a transmitir para que **SINTIERA** lo que tú querías.
- Los recursos que ibas a utilizar: Mirada, manos, postura, voz, escritura...lo que tú creías que te podía ayudar para reforzar el **MENSAJE**, con el **OBJETIVO** de que **SINTIERA** lo que querías que **SINTIERA**.

Muy bien, pues ahora quiero que tengas esas conversaciones, las cinco y que, al terminarlas, le hagas a cada una de esas **PERSONAS** dos preguntas:

¿Qué has ENTENDIDO de esta conversación?
¿Qué has SENTIDO en esta conversación?

Sé que es difícil hacer estas preguntas pero, si quieres mejorar, debes hacérselas para obtener su retroalimentación.

Y, por supuesto, debes apuntar las respuestas que te den a las dos preguntas:
Una vez que tengas esas respuestas compáralas con lo que habías apuntado en:

- Lo que querías que esa **PERSONA** con la que te ibas a comunicar **ENTENDIERA**.

¿Coinciden ambas respuestas?

Si la respuesta es **SI**, quiero que escribas:

¿Cuál crees que ha sido la CLAVE del ÉXITO?

Y si la respuesta es **NO**, quiero que escribas

¿En qué crees que hay que seguir trabajando?

Ahora quiero que recuerdes
- El **OBJETIVO**, el **PARA QUÉ**.

¿Cuál es el objetivo de ese acto de COMUNICACIÓN?

Quiero que reflexiones si se ha cumplido el **OBJETIVO** o no y escribas **POR QUÉ** (**POR QUÉ** se ha cumplido o **POR QUÉ** no se ha cumplido)

Y por último, me gustaría que hicieras una lista con todas las ideas, reflexiones, pensamientos...todo lo que te apetezca escribir en esa hoja, que esté relacionado con todo lo que has vivido, aprendido, experimentado...desde que comenzamos a hacer el **Ejercicio 12** y comenzamos nuestro trabajo para desarrollar tu **COMUNICACIÓN**.

Si has llegado hasta aquí quiero darte la enhorabuena, porque el trabajo que has hecho en el desarrollo de tu **COMUNICACIÓN** ha sido súper intenso, y has trabajado más en tu **COMUNICACIÓN** de lo que la mayoría de las **PERSONAS** hacen en toda su vida.

Por eso, tomate el tiempo que necesites para reflexionar, escribir y dejar constancia de todo lo que quieras (recuerda que todo esto es para ti, solo para ti), y cuando hayas terminado y estés preparado...

¿Continuamos?

22 Lo que NO COMUNICAS, NO EXISTE

Mi querido amigo, estamos muy cerca ya de terminar este tercer bloque, para pasar a desarrollar nuestro modelo de LIDERAZGO, así que solo te pido un poco más de paciencia antes de pasar a la acción, como el Maestro Miyagui le pedía a Daniel en la película Karate Kid.

Ya hemos terminado el recorrido del proceso de la COMUNICACIÓN. Pero no te equivoques, la COMUNICACIÓN no es un FIN en sí mismo, sino un MEDIO para conseguir tu OBJETIVO, para que las PERSONAS te ayuden, ¿Cómo? Lo veremos después, en el MODELO.

Si te das cuenta, hasta ahora hemos trabajado en tres bloques:

> **TÚ**
> **Que tienes toda la RESPONSABILIDAD**
> **PERSONAS**
> **Que van a ser la base de tu LIDERAZGO**
> **COMUNICACIÓN**
> **Que es la HERRAMIENTA para unir a los dos anteriores**

En este bloque hemos aprendido COMO COMUNICAR, pero en el modelo de LIDERAZGO trabajaremos intensamente QUÉ es lo que tenemos que COMUNICAR.

Antes de todo eso quiero que tengas clara una cosa:

> ** "Las PERSONAS no son adivinas"**

No pretendas que las PERSONAS adivinen lo que tienes en tu mente, eso es IMPOSIBLE.

A lo mejor alguna vez has sentido que una persona te estaba leyendo el pensamiento, pero te aseguro que no es lo más común del mundo, aunque tendemos a pensar que sí, que en un momento determinado una persona debería estar pensando lo mismo que tú e incluso debería saber qué estabas pensando.

Por tanto, como las PERSONAS no son adivinas, quiero que tengas en cuenta otra frase y no te la quites NUNCA de la cabeza.

> ** "Lo que no COMUNICAS no existe"**

Así que quítate de la cabeza expresiones como:

- Debería saberlo
- Eso no hace falta de decirlo
- Eso se supone que lo tiene que tener claro.

Tus PERSONAS NO DEBEN SABER nada que no les hayas COMUNICADO

¡OJO!

He dicho que NO les hayas COMUNICADO, no que NO les hayas DICHO.

Recuerda que para COMUNICAR te tienes que asegurar que han ESCUCHADO, ENTENDIDO y SENTIDO lo que tú QUERÍAS que ESCUCHARAN, ENTENDIERAN y SINTIERAN. Así que no des por supuesto que, por el hecho de haber dicho las cosas, tus PERSONAS están obligadas a escucharte y entenderte (y sentir lo que querías que sintieran).

No des por hecho que, por mandar un mail, tus PERSONAS lo van a RECIBIR, lo van a ABRIR, lo van a LEER, lo van a ENTENDER y van a SENTIR lo que tú querías que sintieran en el momento que lo escribiste.

(Si crees que no tengo razón piensa cómo te SIENTES cuando mandas un WhatsApp, aparece el doble check azul y no te contestan...!La cantidad de cosas que das por hechas! ☺)

Recuerda que te he dicho que en la COMUNICACIÓN la responsabilidad SIEM-PRE es del emisor, de quien quiere comunicar, él tiene la responsabilidad de que las PERSONAS entiendan y sientan lo que quiere que entiendan y sientan.

Y para asegurarte, debes ASEGURARTE que has cumplido el objetivo y has CO-MUNICADO. Los medios para hacerlo los veremos en el MODELO DE LIDERAZGO, pero ya te anticipo que te va a costar hacerlo.

? ¿Por qué te va a costar?

Porque comprobarlo es algo que a las PERSONAS no nos gusta hacer, porque nos podemos dar cuenta de que NO hemos conseguido nuestro OBJETIVO, y preferimos pensar que ya hemos hecho nuestro trabajo, que es decir las cosas, y que la OTRA PERSONA debe hacer el suyo.

Porque para nosotros el éxito es contar las cosas, nos han enseñado eso: a soltar el rollo, a dar un discurso, una charla, a hablar, a ganar una discusión. Siempre nos han enseñado que el ÉXITO de la COMUNICACIÓN está en nuestro lado, y eso es totalmente ERRÓNEO.

Nos han enseñado a argumentar, a razonar, a persuadir, a convencer, a manipular, a vender...nos han enseñado que nuestro ÉXITO depende única y exclusivamente de que lo hagamos bien técnicamente. De que no nos puedan rebatir, no nos pongan objeciones, que ganemos dialécticamente la discusión, el debate, la tertulia. Nos han enseñado a ser vehementes, duros, emocionales, a gritar si hace falta...

? **¿Para qué? Para GANAR**

Y ese es el mayor error de toda nuestra existencia:

!! "COMUNICAR no es GANAR, COMUNICAR es COMPARTIR: INFORMACIÓN, CONOCIMIENTO Y SENTIMIENTOS"

El objetivo no es ganar una discusión, es llegar a un acuerdo. No es saber más que el otro, es enseñarle. No es mostrarle que no sabe, es hacer que sepa. No es vender, es hacer que quiera comprar. No es ganarle en la argumentación de una idea, es conseguir que se CREA tu idea.

!! "El éxito de la COMUNICACIÓN siempre está en el otro lado, en la otra PERSONA, en nuestro CLIENTE y va a depender de si hemos conseguido nuestro OBJETIVO: Que ENTIENDA y SIENTA lo que queremos que ENTIENDA y SIENTA"

En nuestro lado solo está el trabajo, la técnica, la magia, el arte y el fracaso, porque recuerda:

!! COMUNICAR no es un FIN, sino un MEDIO

Por eso, una vez más te recuerdo que el LIDERAZGO debe ser un estilo de vida de SERVICIO y lo tenemos que tener en cuenta cada vez que COMUNIQUEMOS algo...SIEMPRE al SERVICIO de nuestro CLIENTE.

 **¿Lo vamos teniendo claro? Bien**

Pero esto no va a quedar aquí, ya tenemos la herramienta y ahora debemos aprender CÓMO utilizarla, por lo que, además de ir adquiriendo una mejor COMPETENCIA de COMUNICACIÓN, tendremos que utilizarla para desarrollar un PLAN DE COMUNICACIÓN, en el que tendremos en cuenta factores como:

> **QUÉ** comunicar
> **CÓMO** hacerlo
> **A QUIÉN**
> **QUIÉN** va a hacer la **COMUNICACIÓN**
> **CUÁNDO**...

Pero tranquilo, eso lo haremos cuando veamos el MODELO DE LIDERAZGO, el cual nos servirá para unir todas las piezas que estamos construyendo.

Porque estamos preparando el escenario óptimo con las piezas que tenemos, al igual que en el cubo de Rubik:

¿Sabes lo que es un cubo de Rubik?
¿Has conseguido terminarlo alguna vez?
¿Conoces la técnica para hacerlo?

Si has contestado **SÍ** a todas estas preguntas no te voy a contar nada que no sepas, pero si solo has contestado que **SÍ** a la primera, te voy a contar algo que...yo cuando me enteré me desilusioné.

¿Por qué me desilusioné?

Yo soy un tipo "romántico", no me refiero a romanticismo amoroso (aunque también lo soy), sino en el sentido de que creo en el arte, en la creatividad, en la inspiración...Pero cada vez me doy más cuenta que lo que importa es la técnica.

De eso me di cuenta cuando aprendí a hacer el cubo de Rubik. Sin intención de darte aquí una lección de cómo montarlo, solo quiero decirte que es técnica, que todo consiste en dos partes:

Primero - Colocar las piezas en una situación de partida. Los centros y las esquinas y ciertas piezas clave y...

Segundo - Una vez que están en esa posición, repetir un algoritmo de movimientos.

Una vez que sabes esto, solo es cuestión de práctica, nada más. Si no me crees puedes descargarte cualquier tutorial de YouTube, con un poco de paciencia y entrenamiento, serás capaz de hacerlo con unas cuantas horas de práctica y estudio.

Irás pasando de:

Poder
Saber
Ser hábil
Tener la competencia

Lo mismo pasa con escribir un libro. Detrás del lado "romántico" de estar creando algo, realmente lo importante es la técnica. Te puedo asegurar que el proceso de escritura de este libro me está resultando mucho más sencillo que el de mi primer libro **Cambia para Cambiar el Mundo ®**.

Y si has leído dicho libro, sabrás que lo mismo pasa cuando corres maratones, el primero te supone un esfuerzo sobrehumano y luego, si eres capaz de seguir haciéndolo y ser constante, te resulta más sencillo (aunque tengas cuarenta años y te incluyan en la categoría de Veteranos B ☹)

¿Por qué te estoy pegando este rollo ahora?

Porque estoy seguro que, viendo todas las cosas que te digo que debes tener en cuenta para COMUNICAR, te puede parecer bastante "difícil y trabajoso".

Entiendo que te puedas sentir así, pero te aseguro que si te convences de que puedes comenzar a obtener resultados, comenzar a utilizar todas estas herramientas y las pones en práctica, puedes ir adquiriendo poco a poco la COMPETENCIA, porque solo es TÉCNICA.

> ❝❞ **Luego tu ARTE te servirá para pasar de CORRECTO a EXTRAORDINARIO**

Al igual que hay libros, películas, canciones, actuaciones, artistas, conductores...CORRECTOS y otros que son...EXTRAORDINARIOS

Quiero que pienses en la primera vez que condujiste un coche, o montaste en bici, o aprendiste a nadar:

> **?** **¿Sabías hacerlo? ¿No tuviste MIEDO? ¿NO pensaste que NO ibas a poder?**

Y hoy montas en bici, nadas y conduces, sin pensarlo, INCOSCIENTEMENTE, tienes la COMPETENCIA.

Pues esto es exactamente igual, y antes de comenzar a trabajar en nuestro modelo de LIDERAZGO vamos a ver un pequeño capítulo, en el que vamos a reflexionar sobre algo que se ha puesto muy de moda en los últimos tiempos:

La ASERTIVIDAD

23 La ASERTIVIDAD

V amos a utilizar el último capítulo de este tercer bloque para hablar de la ASERTIVIDAD.

 ¿Y qué es la ASERTIVIDAD?

Si buscas en cualquier diccionario, te dirá que es una manera de COMUNICAR intermedia entre la AGRESIVIDAD y la PASIVIDAD, una manera de comunicar que permite no agredir ni ser agredido.

Se suele poner el ejemplo de que alguien tiene un comportamiento que te está molestando y tú tienes tres posibilidades:

> **Tener una actitud PASIVA**
> **Tener una actitud AGRESIVA**
> **Tener una actitud ASERTIVA**
> **¿Y qué tiene de peculiar cada una de las ACTITUDES?**

Veámoslo con un ejemplo:

*Vas al cine y a tu lado hay dos **PERSONAS** que no dejan de hablar y te están molestando para ver la película. Puedes tener:*

- *Una actitud **PASIVA** y no hacer nada y no ver la película a gusto.*
- *Una actitud **AGRESIVA**, encararte con esas **PERSONAS** y montar una discusión.*
- *Una actitud **ASERTIVA**, decirles que te están molestando y pedirles amablemente que dejen de hacer ruido.*

Como te digo, está muy de moda ahora, decir que tenemos que hablar de una manera ASERTIVA.

 ¿Y por qué digo que está de MODA?

Porque nuevamente NO es tan fácil. Igual que te digo que no desarrollarás tu LIDERAZGO leyendo: *"Los 5 libros que leyó Steve Jobs mientras diseñaba el i-Pad"*

Te digo que:

"No aprenderás a SER ASERTIVO leyendo sobre CÓMO SER ASERTIVO"

Nuevamente, nos intentan convencer de que obteniendo la INFORMACIÓN de CÓMO SER ASERTIVO, vamos a adquirir la COMPETENCIA, y no amigo mío.

Porque tu estilo de COMUNICACIÓN depende de muchísimos factores, y además, no siempre tienes el mismo estilo de COMUNICACIÓN, y no es tan fácil como decir:

 "Vaya, toda la vida siendo AGRESIVO, y debía ser ASERTIVO, ¡Menos mal que lo he leído en este artículo!... Mañana todo va a cambiar, voy a ser ASERTIVO"

Te voy a decir una cosa, si te paras a pensarlo, a nadie nos gusta ser AGRESIVO o PASIVO, pero lo somos.

No nos gusta ser PASIVOS aunque lo seamos, porque cuando eres PASIVO, lo que estás haciendo es renunciar a tus derechos, te estás faltando al respeto a ti mismo, no te estás haciendo valer y te puede generar frustración, pero...

¿Por qué te pasa eso? ¿Por qué actúas así? ¿Por qué ante ciertas situaciones reaccionas "pasando"?

Lo mismo pasa si reaccionas con AGRESIVIDAD, la clave no es que yo te diga que si reaccionas con agresividad está mal y que debes cambiar, la clave está en descubrir por qué, antes ciertas situaciones, reaccionas con AGRESIVIDAD.

Y yo te puedo decir que si eres AGRESIVO lo que consigues es que la otra persona se sienta MAL, se encienda, se agite...pero da igual lo que yo te diga porque cuando tú reaccionas con AGRESIVIDAD no está funcionando la parte de tu cerebro que crees, tu cerebro RACIONAL, sino tu cerebro REPTIL.

¿Mi cerebro REPTIL?

Sí, tu cerebro REPTIL, una de las partes de tu cerebro. Pero, para no desviarme mucho del tema, si quieres profundizar más sobre el comportamiento cerebral del ser humano te remito a la primera parte de Cambia para Cambiar el Mundo® donde lo explico en profundidad, aquí solo te diré que:

Una situación que nos hace reaccionar PASIVA o AGRESIVAMENTE es una situación que para nosotros significa una AMENAZA, y el ser humano, cuando percibe una AMENAZA reacciona atacando o huyendo.

Y eso es lo que haces cuando te sientes AMENAZADO, eres AGRESIVO (atacas) o PASIVO (huyes) de manera automática.

Además, estoy seguro que, cuando esto te pasa, un tiempo después cuando estás calmado te preguntas:

 ¿Por qué actué así?!Yo quería haber conservado la calma y me salió la furia!

O al revés,

 ¡Yo quería decirle algo, pero me paralicé!

Entonces, quiero que veas la ASERTIVIDAD como la posibilidad que tenemos para relacionarte con tu CLIENTE y cómo utilizar esta manera de comunicarte para hacerle SENTIR como quieras que se SIENTA.

Por eso lo vamos a tratar desde dos puntos de vista:

El TUYO y el de tu CLIENTE

Lo que vamos a hacer no es más que trabajar la INTELIGENCIA EMOCIONAL en tu COMUNICACIÓN.

Hemos trabajado en todo este bloque en tu proceso de COMUNICACIÓN, en cómo trabajar para conseguir que tu CLIENTE entienda y sienta lo que quieres que entienda y sienta.

Excelente, vamos a empezar desde su punto de vista y nos vamos a centrar en lo que SIENTA.

Hemos dicho que para intentar controlar lo que haces SENTIR a tu CLIENTE debes conocer sus MOTIVACIONES, para comprender qué es lo que le ilusiona y le mueve, lo que le da miedo y le paraliza...

Además de conocer sus MOTIVACIONES, debes tener en cuenta que, si en un momento dado de la conversación se siente AMENAZADO puede responder con PASIVIDAD o AGRESIVIDAD, es decir, HUYENDO o ATACANDO.

Y que responda con AGRESIVIDAD no quiere decir que te vaya a pegar un puñetazo (esperemos), te vaya a gritar o vaya a perder el control, y tampoco que, en el caso de que responda con PASIVIDAD, se vaya a ir de la reunión o te vaya a mandar a &%$/.

No hace falta llegar hasta estos límites para que la COMUNICACIÓN se rompa, porque con el simple hecho de que se sienta AMENAZADO su cerebro racional se va a desactivar y se va activar su cerebro reptil.

Si responde con AGRESIVIDAD, a lo mejor no lo manifiesta, pero en su interior estará con la sangre hirviendo, con el ritmo cardiaco acelerado, deseando llamarte de todo, gritarte, frustrado y no te estará prestando atención a NADA de lo que estés diciéndole.

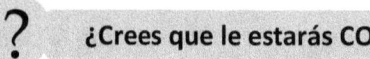 **¿Crees que le estarás COMUNICANDO algo?**

Voy a contestar a la objeción que tienes en tu cabeza:

¡PERO ESO NO ES MI CULPA!

Mi querido amigo, nadie habla de CULPABLES, pero recuerda que la RESPON-SABILIDAD de la COMUNICACIÓN es de quien quiere COMUNICAR, y si esa PER-SONA consigue que su CLIENTE se SIENTA AMENAZADO y responda HUYENDO o ATACANDO...A eso me REFIERO con que tienes que conseguir que

SE SIENTA COMO TÚ QUIERAS QUE SE SIENTA

Y te aseguro que si quieres COMUNICAR

NUNCA puedes pretender que una PERSONA se sienta AMENAZADA

Y te puedo asegurar que cuando dices "No te estoy amenazando, pero..." es una AMENAZA que va a hacer que la otra PERSONA se SIENTA MAL, y eso es lo ÚLTIMO que persigue la ASERTIVIDAD.

Si estás pensando que eso no te ha pasado nunca, quiero que le des la vuelta y pienses al revés, en alguna situación que alguien te ha dicho algo que ha hecho que te hirviera la sangre, pero te has tenido que morder la lengua.

¿Qué SENTÍAS?
¿Crees que la PERSONA se pudo COMUNICAR contigo?
¿Crees que esa PERSONA sabía cómo te estaba haciendo SENTIR y que en el fondo querías agarrarle del pecho y $"%)&?
No, ¿Verdad?

Pues a ti también te ha pasado con alguien (o con muchos).

En el otro extremo está la PERSONA que adopta una posición PASIVA, es decir que no se altera, pero que "pasa", y que encima te pone una sonrisa y te dice que sí a todo.

Si en la situación anterior te ha pasado que no te has dado cuenta que te querían ahogar, mucho menos cuenta te has dado cuando han pasado de ti.

Al fin y al cabo, el que empieza a respirar fuerte y le comienza a salir humo de las orejas, en el fondo quiere que te des un poquito de cuenta de lo que SIENTE con su comunicación no verbal.

Pero el que pasa...pasa y no te enteras. Y puedes estar horas contándole cosas, que él te va a decir que sí a todo, no te va a protestar por nada, pero no te va a hacer ni caso, y lo peor es que vas a pensar que sí que te lo va a hacer

 No, a mí no me ha pasado eso... ¿Seguro que no?

Vamos a darle la vuelta,

 ¿Nunca te ha pasado, como "Sujeto Pasivo", que alguien (tu jefe, tu espos@, tu padre, tu madre, tu herman@...) te decía algo y le has dicho que SI a todo, solamente con la intención de que se callara de una vez y te dejara en paz?

Pues eso, si las PERSONAS se sienten AGREDIDAS no te van a hacer NI CASO. Y aquí es cuando tú me dices:

 Pero... ¿Por qué se van a SENTIR agredidas si yo no hablo de manera AGRESIVA?

Ay amigo, aquí es cuando te vas a dar cuenta que la ASERTIVIDAD, nuevamente, es una COMPETENCIA, no un conocimiento TEÓRICO, y requiere una trabajo CONSCIENTE de DESARROLLO, unido a todo lo que hemos visto anteriormente de HACER SENTIR y para eso, nuevamente, hay que poner el FOCO en la PERSONA, en tu CLIENTE.

En primer lugar porque YO no me SIENTO agredido por lo mismo que TÚ, ni por lo mismo que cualquier otra PERSONA. Es decir, que todas las PERSONAS nos sentimos agredidas por cosas muy distintas...

 ¿Y de qué va a depender?

Pues de nuestras MOTIVACIONES y de nuestras CIRCUNSTANCIAS.

¿Nunca te ha pasado que estabas viendo una conversación entre dos personas y, de repente, a una se le ha ido la cabeza? Ha pasado algo que ha hecho que, de repente digas: *"Se le ha ido la pinza"*

¿Qué es lo que ha pasado? Que se ha sentido AGREDIDA por algo que la otra persona le ha dicho y ha reaccionado de la manera que reacciona cuando se siente agredida.

En resumen, no todas las PERSONAS reaccionamos igual cuando nos sentimos agredidas y no todas las PERSONAS nos sentimos agredidas por las mismas cosas.

 ¿Qué complicados somos los seres humanos, verdad?

Y en segundo lugar porque:

> **"No es COMO lo dices, sino COMO me haces SENTIR con lo que dices"**

Porque tú puedes decir las cosas de una manera muy suave, muy dulce y puedes hacer SENTIR muy mal a la otra PERSONA con lo que estás diciendo. Puedes AMENAZAR con palabras dulces y una sonrisa en la cara, y hacer sentir MUY MAL y muy AMENAZADO a la otra PERSONA.

> **"El CÓMO solo es una parte, igual que el QUÉ, lo importante es tener claro el OBJETIVO:**
> **¿QUÉ quiero que ENTIENDA y SIENTA?**
> **Para conseguir que "Entienda y sienta lo que quiero que entienda y sienta"**

Esto tan lioso, espero aclararlo con un nuevo ejemplo:

Tú puedes hablar con un colaborador porque no ha cumplido los objetivos y decirle, de manera muy suave, sin levantar la voz y con un tono muy **ASERTIVO**:

"XXXXXX Esta reunión es para analizar tus resultados. Como puedes ver, nos planteamos un objetivo de X y no hemos llegado al mismo. Quiero que entiendas que es importante que esto cambie, porque de lo contrario, la empresa no puede seguir garantizando tu estabilidad. Por eso quiero que cuentes conmigo para ayudarte a conseguirlo la próxima vez"

Amigo mío, con este tono tan **ASERTIVO** has amenazado a tu **CLIENTE**, y le has hecho **SENTIR MAL, MUY MAL**:

Le has **MANIPULADO** y has **JUGADO** con él. Le has mostrado las puertas del **INFIERNO** y, justo antes de dejarle caer, te has ofrecido para **SALVARLE**, si se somete a ti como última opción. Le has **HUNDIDO** para **LLENARTE** de **PODER**.

¿NO LO VES?

Lo único que te ha faltado es decirle que no le estabas amenazando, pero si quieres lo incluimos:

"XXXXXX Esta reunión es para analizar tus resultados. Como puedes ver, nos planteamos un objetivo de X y no hemos llegado al mismo. Quiero que entiendas que es importante que esto cambie, porque de lo contrario, la empresa no puede seguir garantizando tu estabilidad. No quiero que te tomes esto como una amenaza, y por eso quiero que cuentes conmigo para ayudarte a conseguirlo la próxima vez"

¿LO VES AHORA?

Por mucho que te digan que la ASERTIVIDAD quiere decir que pidas las cosas de manera NEUTRA, ni AGRESIVA ni PASIVA, no olvides que LA ASERTIVIDAD no es más que una PARTE de una HERRAMIENTA...

 ¿Cómo?

Si, la ASERTIVIDAD es una parte, el ESTILO de una herramienta, la COMUNICACIÓN que debe servir para

> ❝❝ **"HACER SENTIR A LAS PERSONAS COMO QUEREMOS QUE SE SIENTAN"**

Y en nuestro MODELO DE LIDERAZGO veremos que lo que pretendemos es todo lo contrario a lo del ejemplo:
- NADA de manipular
- NADA de angustiar para luego salvar
- NADA de poner el FOCO en nuestras dotes de MESÍAS salvadores.

El protagonista es nuestro CLIENTE, la PERSONA y SIEMPRE debemos hacerle SENTIR bien.

Y aunque lo veremos con más detalle en el modelo, cuando hablemos de "Cómo dar y recibir Feed-Back (o Retroalimentación)"

Quiero que pienses si hay alguna diferencia en la manera de decir las cosas antes y la siguiente:

"XXXXXX Esta reunión es para analizar tus resultados. Como puedes ver, nos planteamos un objetivo de X y no hemos llegado al mismo. Quiero que entiendas que es importante que esto cambie, y por eso me gustaría que analizáramos juntos las causas de este incumplimiento, para diseñar un plan que nos haga cumplir el objetivo la próxima vez."

Pues eso es lo que vamos a hacer a partir de ahora, coger todas las PIEZAS que hemos visto y encajarlas para construir ese puzle que es nuestro

MODELO DE LIDERAZGO INSPIRADOR

Pero para terminar este módulo de COMUNICACIÓN, ¿Hacemos un último ejercicio?

Ejercicio 17

Como te he dicho, vamos a hacer un pequeño ejercicio para entender por qué unas veces te **COMUNICAS** de manera **ASERTIVA** y por qué otras veces **NO**.

Para eso, te voy a dar tres casos y quiero que, en cada uno de los casos, escribas dos **PERSONAS** con los que te pasa lo siguiente:

- Quiero que **PIENSES** dos **PERSONAS** con las que, cuando hablas, hacen que te "Sientas Amenazado" y hagan que reacciones con cierta (o mucha) **AGRESIVIDAD**.

    Busca, que seguro que las hay, no eres esa "balsa de aceite" que crees. ☺

    Muy bien, ahora quiero que escribas

¿Por qué reaccionas así?

- Ahora quiero que **PIENSES** en otras dos **PERSONAS** con las que, cuando hablas, te pasa lo contrario, hacen que te "Sientas Amenazado" pero tu reacción es de **PASIVIDAD**, es decir, pasas del tema, intentas huir.

    Nuevamente, escribe,

¿Por qué reaccionas así?

- Y por último, quiero que **PIENSES** en dos **PERSONAS** con las que nunca pasa, todo fluye, nunca te pase eso, nunca te sientes "Amenazado".

    Y nuevamente contesta,

¿Por qué todo fluye?

- Y ahora, quiero que contestes a esta pregunta:

¿Por qué las tres situaciones son distintas? ¿Qué pasa en cada una de las situaciones que no pasa en las otras?

Muy bien, ahora vamos a hacer el ejercicio desde el otro punto de vista, ahora eres tú el que hace **SENTIR** a los demás, así que:

- Quiero que **PIENSES** dos **PERSONAS** a las que sabes (o crees) que les haces **SENTIR** "Amenazados" y les haces reaccionar con **AGRESIVIDAD**

¿Por qué reaccionan así?

- Excelente, ahora **PIENSA** en dos **PERSONAS** que sabes (o crees) que les haces **SENTIR** "Amenazadas" y reaccionan con **PASIVIDAD**, cuando esto pasa, te rehúyen

¿Por qué ocurre esto en este caso?

- Y nuevamente, otras dos **PERSONAS** con las que todo fluye y sabes (o crees) que **NUNCA** haces **SENTIR** "Amenazadas".
    Otra vez,

¿Por qué todo fluye?

- Y la última pregunta del ejercicio, nuevamente:

¿Por qué las tres situaciones son distintas?¿Qué pasa en cada una de las situaciones que no pasa en las otras?

EXCELENTE, ya has terminado todos los Ejercicios y capítulos de **COMUNICA-CIÓN**, así que, vamos a ver nuestro modelo de

LIDERAZGO INSPIRADOR

BLOQUE 4
LIDERAZGO INSPIRADOR

24 ¿Por qué unas PERSONAS crecen con unas PERSONAS y fracasan con otras?

Pues vamos a comenzar a desarrollar nuestro modelo de LIDERAZGO, el cual te va a ayudar a estructurar y aplicar todo lo que hemos visto ahora.

Si recuerdas, hemos dicho que el LIDERAZGO debe ser una manera de vivir, una vida de SERVICIO a los demás.

Lo bueno de ese LIDERAZGO es que, cuanto más lo desarrolles, cuanto más lo trabajes...podrás SERVIR a más PERSONAS, porque tendrás más PERSONAS que te ayuden para conseguir tu OBJETIVO, tu VISIÓN.

Y esa VISIÓN no será otra cosa que la manera en la que tú sabes que les vas a SERVIR, que les vas a ser ÚTIL, que les vas a AYUDAR, que les vas a APORTAR VALOR, tu VISIÓN será eso que ahora se llama PROPUESTA DE VALOR hacia los demás, hacia EL MUNDO.

> ❗❗ **"Cuanto mayor sea tu PROPUESTA DE VALOR, más grande será tu LIDERAZGO"**

Cuanto más VALGAS, cuanto más SIRVAS, cuanto más ÚTIL seas, cuanto más AYUDES, cuanto más APORTES...

> **?** **¿Ves que siempre es lo mismo?**

Este modelo de LIDERAZGO se basa en la idea de que si tu PROPUESTA DE VALOR es buena, tienes que hacerla llegar a cuantas más personas mejor.

El MUNDO necesita tu VALOR, el MUNDO necesita que le SIRVAS, que lo CAMBIES, que lo MEJORES, y para SERVIR al MUNDO vas a necesitar PERSONAS que te ayuden, y debes conseguir que te QUIERAN ayudar,

> **?** **¿Cómo?**

SIRVIÉNDOLES a ellos también, siendo ÚTIL a las PERSONAS que te van a ayudar a SERVIR a los demás, APORTÁNDOLES VALOR, INSPIRÁNDOLES, haciéndoles CRECER.

Si no les aportas VALOR, NADIE te va a SEGUIR ni a AYUDAR, ¿Por qué tendrían que hacerlo? Nadie está obligado a seguirte o ayudarte, solamente lo harán porque quieran.

¿Y el dinero?*¡Ah, sí, el dinero, es verdad!*

Si les ofreces DINERO para que trabajen para ti lo harán, pero como te sigan SOLO por dinero, nunca te darán lo mejor de ellos mismos (a no ser que todos los que te rodees SOLO se MUEVAN por dinero). Incluso si consigues eso, que todas las personas que tengas a tu lado, SOLO se muevan por dinero, llegará un día en que alguien les dé más dinero, y te abandonarán.

Por eso vamos a comenzar nuestro modelo poniendo todo nuestro FOCO en las PERSONAS que te van a ayudar a conseguir tu OBJETIVO, y para comenzar te voy a hacer una pregunta y te voy a contar una historia.

> ### ¿Por qué unas PERSONAS CRECEN con unas PERSONAS y FRACASAN con otras?

Seguro que has visto a muchas PERSONAS a las que les ha pasado esto: que en una época de su vida se han juntado con personas que les han hecho CRECER, y otras épocas se han juntado con otras PERSONAS que no les han aportado NADA.

> ### ¿Por qué su comportamiento es tan distinto con unas PERSONAS u otras?
> ### ¿Por qué con unas se implican, dan lo mejor de sí mismos, se esfuerzan, crecen...y con otras no?

Seguro que incluso te ha pasado a ti, piensa en ello. (Al finalizar este capítulo haremos un ejercicio para ayudarte a pensarlo)

Para intentar responderte a esas preguntas, te voy a contar la historia que he dicho que te contaría:

Hace unos once años (en el momento de escribir este libro estamos en 2017) yo era director de una sucursal bancaria.

Dentro de mi empresa, tenía "cierta fama" de que sabía "manejar bien" a las PERSONAS que tenía a mi cargo.

Realmente para mí no suponía ningún esfuerzo, ni lo hacía conscientemente, era mi manera de SER y ACTUAR, siempre ha sido lo que más me ha apasionado de mi trabajo, tratar con PERSONAS, tanto con CLIENTES externos como internos.

(Por eso llamo CLIENTES a todas las PERSONAS con las que me rodeo, porque siempre he tratado a todos como si lo fueran, nunca he tratado a nadie como mi

subordinado, empleado, colaborador o todas las palabras que se te ocurran para llamar a las **PERSONAS** que te ayudan a **SERVIR** a tu **CLIENTE EXTERNO**)

Esta fama hacía que la empresa me "facilitara retos continuos" (o dicho claramente, me colocara todos los marrones ☺). Pero no me importaba, al revés, lo agradecía, ya que cuanto más grande era el desafío que me plantearan en este sentido, más me esforzaba por sacarlo adelante y más grande era mi satisfacción.

Como te decía, corría el año 2006 y recibí una llamada de mi gestor de Recursos Humanos que me propuso una cosa que, en parte, es el motivo de que yo te esté hoy contando lo que te estoy contando con estas palabras...te voy a explicar por qué.

Esta orientación a mi **CLIENTE** se resumía en una frase que yo decía mucho por aquellos tiempos y que era:

"Si le das a cada persona TODO lo que necesita, te lo devolverá multiplicado por 1000"

Pero simplemente era mi manera de entender la vida, no tenía más que contarte, no sabía cómo lo hacía, nunca me había parado a entender **PORQUÉ** era así.

Fue a partir de este caso, cuando decidí analizar todo lo que había pasado y comenzar un proceso de investigación que, muchos **AÑOS, EMPRESAS, CLIENTES** y **EXPERIENCIAS** después, terminó definido en lo que hoy llamamos **LIDERAZGO INSPIRADOR**.

No me enrollo más: El Gestor de Recursos Humanos me dijo que habían tenido un problema con un chico que llevaba poco más de un año en la empresa; había pasado por varias oficinas donde no le había ido demasiado bien, incluso había tenido algún "roce" dialéctico con alguno de sus responsables. Entonces me dijeron que estaban pensando en desvincularle de la empresa (echarle para su casa) pero que antes querían hablar conmigo para plantearme la posibilidad de enviarlo a mi oficina como "última oportunidad".

Es decir, me colocaban otro marrón. ☺

Con lo mucho o poco que me conoces a través de mis palabras (espero que mucho porque intento ser lo más trasparente posible), espero que hayas pensado que acepté el reto inmediatamente, porque eso fue lo que hice, le contesté:

¡Por supuesto, envíamelo cuanto antes!

Y así fue, el chico vino a nuestra oficina y lo primero que hicimos fue tener una entrevista muy distendida en la que, entre otras cosas, le pregunté por los problemas que supuestamente había tenido.

Al principio, al chico le costó abrirse porque no sabía "de qué iba yo", era normal que se protegiera, pero no me costó demasiado ganarme su confianza para que me contara todo lo que quería saber.

No hizo falta investigar mucho para darme cuenta que, realmente, lo único que le pasaba es que no había tenido alguien que le guiara, alguien que confiara en él, alguien que le mostrara qué debía hacer, cómo actuar en cada situación y lo más importante...por qué hacerlo de una manera u otra.

Alguien que le dejara arriesgarse, alguien que le dejar equivocarse, alguien que, cuando lo hiciera, no estuviera ahí para reprenderle, sino para ayudarle a buscar una solución y a analizar qué había pasado, por qué, y qué debía hacer para que no le volviera a pasar.

Alguien que le enseñara a "montar en bici":
- Explicándole cómo se hacía.
- Dejándole que experimentara y se equivocara.
- Ayudándole a levantarse y diciéndole como mejorar.
- Dejándole volar a medida que iba desarrollando su **COMPENTENCIA**.

En definitiva, alguien que le enseñara, alguien que hiciera que se enamorara de lo que hacía, alguien que entendiera sus **MOTIVACIONES**, alguien que le diera **TODO** lo que necesitaba...alguien que le hiciera **SER FELIZ**, haciendo lo que hacía.

En esa conversación le dije que entendía lo que le había pasado, que no había que buscar ningún culpable, que las cosas habían sido de una manera hasta ahora.

Y a la vez le dije que no se preocupara, que las cosas iban a ser distintas a partir de ahora, que **SIEMPRE** iba a estar a su disposición para **TODO** lo que necesitara, que me exprimiera lo **MÁXIMO** que pudiera y que no tuviera miedo a **ARRIESGARSE** y **EQUIVOCARSE**.

Le dejé bien claro que estaba a su **SERVICIO**, que **YO** estaba allí para ayudarle a **ÉL** y que debía aprovecharlo. Que iba a estar **SIEMPRE** pendiente de lo que necesitara, pero que no siempre lo iba a adivinar, por lo que le pedí que no se callara nada, que me dijera todo lo que me tuviera que decir **SIEMPRE**, sin ningún **MIEDO**.

Por último le aseguré que, si **CONFIABA** en nuestro **EQUIPO** y en nuestra manera de hacer las cosas; iba a trabajar mejor, se lo iba a pasar mejor, iba a ser más feliz, iba a aprender más y, por consiguiente, iba a conseguir mejores resultados, iba a tener mejores valoraciones, evaluaciones, iba a crecer más en la empresa e iba a ganar más dinero, gracias al componente variable de su retribución. Solo le dije una cosa muy importante, que el **EQUIPO** estaba por encima de cada individuo, y que todos aportábamos al resultado del **EQUIPO**. Para eso le dejé muy claro cuál era la **VISIÓN** del **EQUIPO**, y le pedí que **APOSTARA** por la **VISIÓN**, por el **EQUIPO**, en vez de por él, que se pusiera al **SERVICIO** de **TODOS**, como **TODOS** estábamos al **SERVICIO** de los demás, del **EQUIPO**, de los **COMPAÑEROS**, de los **CLIENTES**, y que todo lo que él aportara, nuevamente, se le devolvería multiplicado por 1.000.

¿Qué hizo él?

*Afortunadamente compró mi discurso, creyó en mi idea, en mi **VISIÓN** y las cosas empezaron a mejorar.*

Ese chico "problemático", once años después, sigue en la misma organización desarrollando su exitosa carrera, lo cual me hace sentir tremendamente orgulloso.

*Además, es un gran amigo mío que siempre ha estado a mi lado en mi vida, en los momentos buenos y malos, personal y profesionalmente y puedo decir, orgulloso, que **ME HA AYUDADO MUCHÍSIMO MÁS A MI QUE YO A ÉL**.*

Por eso, dentro de nuestro modelo de **LIDERAZGO INSPIRADOR** a la frase:

> ❚❚ **"Si le das a cada persona TODO lo que necesita, te lo devolverá multiplicado por 1000"**

Le hemos llamado **IMPACTO**. Y antes de explicarte todos los componentes que tiene el **IMPACTO** en nuestras **PERSONAS**, vamos a hacer el ejercicio que te prometí:

Ejercicio 18

Muy bien, en este ejercicio quiero que mires atrás en tu vida. Tengas la edad que tengas, estoy seguro que has tenido alguna **PERSONA** que te ha hecho **CRECER**, ya sea en la vida, en los estudios, en el trabajo...en todos ellos juntos.

Seguro que existe una (o más de una) **PERSONA** que ha impactado **POSITIVA-MENTE** en tu vida, que fue un catalizador para ti, que hizo que tu rendimiento se disparara.

¿Cierto?

Muy bien, ahora quiero que pienses en otra **PERSONA** que ha significado para ti lo contrario, que sido un lastre en tu vida, en tus estudios, en tu trabajo, en tu carrera...Una persona que, no solo no te hizo crecer, sino que te frenó.

¿Ya tienes esa PERSONA en tu cabeza?

Muy bien, ahora quiero que, en una hoja, hagas dos columnas, y escribas en la parte superior de cada una de ellas el nombre de esas personas, en la columna izquierda el de la persona que fue un lastre para ti, y en el de la derecha, el nombre de la persona que te **IMPACTÓ**, que hizo **CRECER**.

Una vez que has escrito sus nombres, quiero que contestes a estas preguntas, en ambas columnas, para cada persona:

¿Cómo fue tu relación con esa PERSONA?
¿Qué sentías cuando estabas con esa PERSONA?
¿Confiabas en esa PERSONA?
¿Cómo te hacía SENTIR (es distinto cómo te sentías tú a cómo te hacía sentir)?
¿Qué hacía para hacerte SENTIR así?
¿Qué decía para hacerte SENTIR así?
¿Qué crees que significabas para esa persona?
¿Qué le agradeces?
¿Qué le hace distinto al resto (para bien o para mal)?
¿Le admiras? ¿Por qué?

Muy bien, cuando hayas contestado a estas preguntas...**Continuamos**

25 IMPACTO

Nuestro modelo de LIDERAZGO INSPIRADOR se basa en que tienes que IMPAC-TAR en las PERSONAS, para que te ayuden a conseguir tu VISIÓN, y la herramienta que vas a utilizar es la COMUNICACIÓN.

Por eso, si te das cuenta, es lo que hemos hecho en todo el libro, hasta ahora hemos trabajado en esos tres pilares:

> **En TI**
> **En las PERSONAS**
> **Y en la COMUNICACIÓN**

La VISIÓN recuerda que es la manera en que vas a ser ÚTIL, en que vas a SERVIR al MUNDO, tu PROPUESTA DE VALOR, CÓMO VAS A CAMBIAR EL MUNDO. Y, aunque tú debes ser el encargado de encontrar tu manera, antes de terminar el libro intentaré ayudarte un poquito en esa tarea.

En el ejercicio anterior has recordado cómo ha habido alguna PERSONA en tu vida que ha IMPACTADO, que te ha hecho CRECER.

Ese es tu objetivo como LÍDER:

> ❚❚ **"IMPACTAR en las PERSONAS que tienes a tu alrededor para que te ayuden en la lucha por conseguir tu OBJETIVO"**

Porque una cosa debes tener clara:

> ❚❚ **"Los ÉXITOS se OLVIDAN y los FRACASOS se SUPERAN, pero: Las PERSONAS en las que consigues dejar HUELLA, permanecerán a tu lado para SIEMPRE"**

Por eso, para que consigas dejar huella, para que llegues a ser ese LÍDER que IMPACTA en las PERSONAS vamos a trabajar cuatro aspectos fundamentales:

1 GUIAR

Si quieres IMPACTAR en una PERSONA, debes ser un referente, debes ser su GUÍA, debes ayudarle a ir por el camino correcto.

Eso no quiere decir que debas hacer el camino por él, sino que debes mostrarle por dónde debe ir y dejarle que vaya.

Cuando eres GUÍA, debes tener PACIENCIA, ya que la persona te cuestionará muchas veces y se intentará salir del camino. Si esto ocurre, debes dejarle que lo haga, que se equivoque y, cuando esto ocurra, NO debes decirle:

"TE LO DIJE"

Cuando utilizas estas expresiones, no estás haciendo SENTIR BIEN a las PERSONAS, todo lo contrario, estás reforzándote a TI MISMO y a tu AUTORIDAD, en vez de REFORZAR a tu CLIENTE y su AUTOESTIMA. Una expresión de ese tipo lo que hace es AMENAZAR, le estás diciendo:

"Yo soy el que sabe y te estoy guiando, estoy haciendo un esfuerzo por enseñarte, el cual no valoras. No me has hecho caso y estas han sido las consecuencias. Como NO cambies tu comportamiento, (aquí viene la amenaza) y me hagas caso, te volverá a suceder"

Debes dejar a las PERSONAS que tomen sus propias DECISIONES, cometan sus propios ERRORES, y APRENDAN de ellos, en eso consiste el aprendizaje.

Fíjate que si el aprendizaje no fuera así, ningún niño se caería al aprender a caminar, o al aprender a montar en bicicleta, porque

❗❗ "NO se caen porque NO te hagan caso, se caen PORQUE SE TIENEN QUE CAER"

Si no fuera sí, hubiera bastado con que se cayera el PRIMER NIÑO, luego podría haber escrito un libro que dijera:

"Cómo aprender a andar sin caerse", que podrías subtitular: "Hazme caso, y NUNCA te caerás"

Y así el resto de niños no se caerían pero no es tan fácil, ¿Verdad? Pues no, porque, ¿Cómo aprendemos?

EXPERIMENTANDO y, aunque sabemos el camino, debemos hacerlo, equivocarnos, tropezar, caer y, es en ese momento, cuando esté en el suelo, cuando debes, en tu labor de guía, ofrecerle una mano que le levante y le diga:

> "Te has caído, no pasa nada, es parte del APRENDIZAJE, vamos a ver por qué ha sido, y aprender para intentar no volvernos a caer"

En tu labor de GUÍA debes aprender cómo de larga debe ser la cuerda que te ate con esa PERSONA. Y debes saber cómo, poco a poco, ir soltando cuerda.

Es decir, eres GUÍA, al principio tu cuerda es corta, estás pendiente porque sabes que se va a caer, y estás ahí para levantarle.

Poco a poco, a medida que ves que va desarrollando las HABILIDADES, debes ir soltando cuerda, para que tome sus propias decisiones con mayor independencia, a la vez que le debes ir dando también mayor responsabilidad, es decir, que tome más decisiones y que, cuando se caiga, aprenda a levantarse solo.

Eso no quiere decir que no le hagas caso, al revés, le miras, ves que se ha caído pero ya no le levantas, le motivas para que se levante solo, aunque sabe que vas a estar ahí para ayudarle si estás seguro que no puede hacerlo.

Por último, llegará un momento en que tirarás la cuerda porque ya no la necesitáis y ya no te seguirá, será COMPETENTE, probablemente más que TÚ. Te limitarás a mostrarle el camino, tu VISIÓN, le dirás hacia donde vais, iréis juntos y puede incluso que un día sea él (o ella) quien te enriquezca a ti, te ayude a mejorar tu VISIÓN e incluso, sea quien te muestre nuevos caminos, ¿Verdad?

Esa será tu labor como GUÍA.

2 DESARROLLAR

Eres el encargado de DESARROLLARLE personal y profesionalmente, es decir, debes saber qué conocimientos debe adquirir, qué experiencias debe tener y debes proporcionarle todas las herramientas necesarias para que lo haga, para que se DESARROLLE.

> "Debes AYUDARLE a DISEÑAR su PLAN de DESARROLLO PROFESIONAL"

Te pongo un ejemplo: Si lo que quiere es APRENDER a conducir, deberás facilitarle una formación teórica, una formación práctica y deberás acompañarle en su plan de estudios para ver si lo está haciendo todo según lo que HABÉIS planificado.

Ahora está muy de moda decir que:

 "Cada uno es responsable de su AUTOFORMACIÓN"

Pues mi querido amigo, aquí te voy a decir algo que es muy importante:

"Si quieres desarrollar tu LIDERAZGO, destierra esa frase para las PERSONAS que quieras que te ayuden, pero APLICATELA A TI MISMO"
(Como la que vimos antes de "MOTIVADO se viene de casa", porque tú eres RESPONSABLE de TU MOTIVACIÓN y la de tus PERSONAS)

Intenta capacitarte cada vez más y mejor para poder LIDERAR mejor a esa/s PERSONAS, para poder SERVIR cada vez MÁS y MEJOR, a las PERSONAS, al MUNDO, a tu VISIÓN.

Igual que un BUEN PROFESOR estudia, se forma, trabaja, experimenta y desarrolla nuevas programaciones, metodologías...para conseguir que sus alumnos aprendan mejor, haz tú lo mismo con tus PERSONAS.

 ¡Pero es muchísimo esfuerzo!

Bueno, si no te gusta siempre puedes volver a leer:

"Las 5 marcas de copos de avena que tomaba Steve Jobs para desayunar"

No lo pienses así, es una gran INVERSIÓN que estás haciendo en ti mismo. Esa PERSONA utilizará posteriormente todo lo que aprenda para ayudarte a conseguir tu VISIÓN, para CRECER, para LIDERAR, GUIAR y DESARROLLAR otras PERSONAS, para continuar con tu camino cuando tú no estés, porque recuerda que lo importante NO eres TÚ, es la VISIÓN, el MOVIMIENTO, el OBJETIVO. Y aquí debes ser capaz de ser HUMILDE y dejar tu EGO a un ladito y no creerte "el rey del mambo". Tú estás para GUIAR el BARCO durante el tiempo que te toque y hacer todo lo posible para que otros lo hagan cuando tú no estés (Y si pueden hacerlo mejor que tú, muchísimo mejor)

Recuerda que SOLO NO LO PUEDES HACER, pero cuantas más manos, mentes, cuerpos...PERSONAS FORMADAS, DESARROLLADAS y EMPODERADAS...tengas a tu lado, mucho más fácil será conseguir el PROPÓSITO.

Piensa en el ejercicio del capítulo anterior, estoy seguro que la persona que te IMPACTÓ positivamente te ayudó a desarrollarte y te enseñó muchas de las cosas que sabes, que aplicas hoy en día, que forman parte de tu personalidad, de tu persona, de tu SER.

Pues haz lo mismo, sé GENEROSO en tu esfuerzo y dale todas las HERRAMIEN-TAS que necesite para que se convierta en la mejor persona que pueda llegar a ser y en el mejor profesional que pueda llegar a ser.

 ¿Mejor PERSONA?

Sí, has oído bien, DESARROLLAR no tiene que ver solo con saber, con hacer, o con saber hacer, tiene que ver sobre todo con SER.

Nuevamente te remito al ejercicio anterior, y te pregunto:

 ¿A que esa PERSONA que te IMPACTÓ te ayudó a SER mejor PERSONA?

3 POTENCIAR

Se habla mucho de que hay que las PERSONAS tenemos que hacer un análisis DAFO, para ver nuestras DEBILIDADES e intentar mejorarlas.

Yo no creo demasiado en esa teoría porque, como te he dicho antes, no somos súper héroes, nadie es PERFECTO ni puede hacer todo BIEN, por lo que, con tus PERSONAS céntrate en descubrir su POTENCIAL para ayudarles a DESARROLLARLO y que CREZCAN de manera EXPONENCIAL. Ayúdales a descubrir eso en que son ÚNICOS, que seguramente no será en lo que tú eres (Esto es muy importante, no busques lo que tú tienes, o lo que te gustaría tener, descubre eso que les hace ÚNICOS), para lanzarlos hasta el INFINITO.

Ayúdales a que sean conscientes del POTENCIAL que tienen y ayúdales a aprovechar ese POTENCIAL en su propio beneficio. Es lo que la gente llama:

❞ CREER EN ALGUIEN

Seguro que has escuchado alguna vez una frase parecida a esta:

*"Yo me encontraba perdido, no sabía muy bien qué hacer con mi vida, no tenía fe en mí mismo, pero esa **PERSONA** vio algo en mí que nadie había visto y me lo mostró, me hizo ver en lo que era bueno y me ayudó a desarrollarlo. **CREYÓ** en mí y me hizo **CREER** en mi"*

 ¿Y esto no es lo mismo que DESARROLLAR?

No, cuando hablo de DESARROLLAR lo que te quiero decir es que tienes que asegurarte de poner a su disposición todo lo que necesita saber. (Tampoco tienes que ser tú el que se lo enseñe, no tienes que saber TODO de TODO, pero búscalo para dárselo)

Cuanto hablo de POTENCIAR te digo que debes conseguir que saque fuera y que maximice eso ÚNICO que tiene en su interior, ese ARTE, ese TALENTO, eso que el MUNDO está esperando que le REGALE, que esa PERSONA NO SABE QUE TIENE, que NADIE lo ha visto y TÚ, lo ves y se lo muestras.

Quiero que pienses en la cantidad de PERSONAS que hay en el mundo que han hecho grandes cosas y que no lo hubieran hecho si no hubiera habido un LÍDER que hubiera descubierto ese talento oculto, ese DON, ese REGALO.

> **"** **¿Recuerdas cuando te dije que con TALENTO no bastaba, que hay mucho TALENTO desaprovechado en el MUNDO? Tienes que DESCUBRIR el TALENTO y ASEGURARTE que lo APROVECHE**

4 TRANSFORMAR

Y lo último que tienes que hacer es asegurarte de TRANSFORMAR a esa PERSONA.

? ¿Transformar?

Sí, eres el CATALIZADOR para que todo suceda y te tienes que encargar de que suceda.

Muchas veces no es fácil, y esa PERSONA no te lo pondrá fácil, pero no te puedes rendir.

El que se rinde es el que dice:
- Es que NO me ESCUCHA.
- Es que tiene un carácter muy DIFICIL.
- Es que tiene un gran TALENTO pero no lo APROVECHA.

Si quieres desarrollar tu LIDERAZGO, si quieres IMPACTAR, tienes que coger a esa PERSONA que no escucha y hacer todo lo POSIBLE y lo IMPOSIBLE por COMUNICARTE con él.

Tienes que coger a esa PERSONA que tiene el carácter difícil y ENTENDER:
- ¿Por qué es AGRESIVO? (¿recuerdas cuando hablábamos de ASERTIVIDAD?)
- ¿Por qué se cierra?
- ¿Por qué se siente amenazado?

- ¿Cuáles son sus MOTIVACIONES?

Y una vez que lo ENTIENDAS, tienes que CONSEGUIR:

- Llegar a ellas, a esas MOTIVACIONES,
- Que no te vea como una AMENAZA, sino como alguien que le quiere AYUDAR.
- Que CONFÍE en ti,
- Que se deje GUIAR,
- Que quiera ESFORZARSE por desarrollarse según el plan que le has establecido,
- Que comience a creer en sí mismo,
- Que CREZCA, como PROFESIONAL y como PERSONA

Para eso debes seguir los siguientes pasos:

- Debes tener clara la VISIÓN a la que quieres llegar con él, es decir, debes saber de dónde partes y dónde quieres llegar.
- Para eso necesitarás descubrir su POTENCIAL, para saber hasta dónde puede llegar, y una vez lo sepas, le ayudarás a diseñar un plan de desarrollo para que llegue.
- Y lo más importante, debes conseguir que QUIERA hacerlo, que poco a poco CREA en sí mismo, en lo que ES y en lo que puede llegar a SER.
- Y luego, debes dejar que el proceso de TRANSFORMACIÓN siga su curso.

Si consigues todo esto, te aseguro que esa PERSONA:

> **"Estará a tu lado para SIEMPRE"**

Antes de continuar quiero ponerte un ejemplo muy cercano en el que yo no tuve nada que ver, pero al que asistí como espectador:

"Cuando yo estudiaba en el instituto era lo que se decía "un buen estudiante". Sacaba buenas notas, a lo mejor alguna vez suspendía alguna asignatura, pero nada grave, siempre la recuperaba antes de terminar el curso. Eso hizo que terminara COU (para los que no sabéis qué es COU, es el último curso que se hacía antes de ir a la universidad) con buenas notas, me presenté a selectividad (la prueba general para obtener la cualificación de acceso a la universidad) y la aprobé, saqué buenas notas y fui a la universidad, como se esperaba de mí. (Palmadita en la espalda para mí, espero que hayas apreciado la ironía que le he puesto a la frase ☺).

Pero este ejemplo no va de mí. Yo tenía un amigo (y lo sigo teniendo) que digamos que pasó sus años de instituto un poco "perdido". No encontraba su motivación, suspendía bastante y entró en un bucle en el que no aprobaba, no le gustaba lo que hacía, no se motivaba, bajaba su autoestima, empeoraba su rendimiento, cada vez le gustaba todo menos, su motivación era menor...y así hasta el infinito.

Esta situación hizo que repitiera varios años de instituto, si lo normal era estar en el instituto 4 años (tres en BUP y uno en COU) creo que él estuvo siete u ocho. Hasta que por fin, alguien le dio un poco de luz.

Este chico iba a clase porque le obligaban a ir a clase, suspendía todas y lo único que hacía era pasar los días en el bar de al lado del instituto. Hasta que un día alguien vio su **POTENCIAL** y le dijo:

"Oye, creo que aquí estás perdiendo el tiempo y encima esta situación te está machacando, cada vez crees menos en ti, tu autoestima está más hundida y te estás metiendo en una dinámica autodestructiva que no va a ningún sitio.

Veo que lo que mejor sabes hacer, lo que más te gusta, lo que te motiva, lo que hace que seas generosísimo en tu esfuerzo, es dibujar.

¿Por qué no dejas el instituto, dejas la posibilidad de ir a la universidad de momento a un lado y haces un módulo de Formación Profesional de Delineación?"

Y así lo hizo, comenzó esta nueva "experiencia" donde poco a poco fue desarrollando ese potencial que vieron en él, tanto que su rendimiento académico cambió radicalmente, comenzó a sacar unas notas excelentes y terminó el módulo en el tiempo que estaba establecido.

Al terminarlo, comenzó a trabajar de delineante y entró en el mundo profesional donde se dio cuenta que quería seguir creciendo y desarrollándose y, ahora sí, entró a la universidad a estudiar Arquitectura Técnica.

¿Y qué pasó?

Pues que terminó la carrera en los tres cursos que le correspondían, con un rendimiento magnífico, a la vez que estaba trabajando.

Él, que desperdiciaba los días, las semanas, los meses y los años en el bar al lado del instituto, que para todos era un vago al que no le gustaba estudiar, y que lo único que quería era estar de fiesta y con chicas.(El muchacho tonto no era ☺)

Una vez que terminó la carrera de Arquitectura Técnica, consiguió un trabajo mejor y comenzó a trabajar como Jefe de Obra, un trabajo adaptado a su nueva cualificación.

Además, como había sido delineante (de formación y de profesión), entendía muy bien a los delineantes que trabajaban con él, por lo que su desempeño profesional era magnífico.

Pero no quiso quedarse ahí y siguió estudiando en la universidad, y terminó la Carrera Superior de Arquitectura, y eso es lo que es en la actualidad, Arquitecto Superior:

Ese chico perdido de instituto que estuvo 7 u 8 años en el bar malgastando su vida, ahora es un gran arquitecto que dirige grandes proyectos de importantes obras con presupuestos de millones de euros a su cargo.

Y yo te pregunto,

> **¿Qué hubiera sido de él si nadie hubiera visto su POTENCIAL?**
> **¿Cuántas PERSONAS hay que siguen en el bar porque no han encontrado un LÍDER que haya CREÍDO en ellos?**
> **¿Qué crees que este chico piensa de la PERSONA que le hizo VER lo que PODÍA llegar a SER?**

Ese es tu desafío como LÍDER, impactar en las PERSONAS, para conseguir:

> **1 GUIARLAS**
> **2 DESARROLLARLAS**
> **3 POTENCIARLAS**
> **4 TRANSFORMARLAS**

Si lo consigues, ten por seguro que esas PERSONAS:

> **"Estarán a tu lado para SIEMPRE"**

Y ahora tú me dices:

> *"Eso es muy bonito, me lo dices así, tal cual, de una manera teórica, como si me dijeras: "Las cuatro cosas que debes hacer en vacaciones para ser como Steve Jobs" pero...*
> *¿Cómo lo hago?"*

No te preocupes, que lo vamos a ver en el siguiente capítulo, que vamos a utilizar todo lo que has aprendido de COMUNICACIÓN.

Pero antes, tenemos que hacer otro ejercicio sobre ti.

Ejercicio 19

Esto se va poniendo interesante, **¿Verdad?**

En el ejercicio anterior pensaste en una **PERSONA** que había **IMPACTADO** positivamente en tu vida (vamos a pensar ahora solo en la buena, que es la que nos importa).

Quiero que sigas **PENSANDO** en esa **PERSONA** y en cómo **IMPACTÓ** en ti. Y para ello quiero que hagas una lista de cómo esa **PERSONA** consiguió:

> **GUIARTE**
> **DESARROLLARTE**
> **POTENCIARTE**
> **TRANSFORMARTE**

Es decir, para cada uno de los puntos, quiero que contestes a estas preguntas:

> **¿Consiguió Guiarte/Desarrollarte...)**
> **¿Por qué?**
> **¿Cómo lo consiguió?**
> **¿Qué cambio provocó ti en este aspecto?**

Por último quiero que pienses en como eras tú al comienzo del proceso y como eras al final y quiero que contestes a:

> **¿Te cambió como profesional y como persona?**
> **¿En qué sentido?**
> **¿Cómo sería tu vida ahora si no te hubieras encontrado con esa PERSONA?**

Muy bien, cuando hayas contestado a todas esas preguntas y estés preparado...

¿CONTINUAMOS?

26 Pero, ¿Cómo consigo IMPACTAR?

Si recuerdas, en los primeros capítulos hicimos un ejercicio con todas las COMPETENCIAS que un LÍDER debía tener.

Al verlas, podías tener la sensación de que ser un LÍDER es algo imposible, solo al alcance de unos pocos superhéroes. En ese mismo capítulo te dije que los superhéroes no existen y que es mucho más SIMPLE de lo que creemos, aunque recuerda que:

> **"Nunca serás un LÍDER leyendo sobre cómo ser un gran LÍDER"**

Por eso estamos viendo desde entonces qué es lo que tienes que hacer para serlo, y cómo comenzar a TRABAJAR EN TI MISMO para poder llegar a serlo.

Algo que tienes que tener claro es que NECESITAS rodearte de PERSONAS, y APOYARTE en esas PERSONAS para ser ese gran LÍDER que quieres SER.

Olvídate de ti, tú eres lo MENOS importante, va a haber dos cosas que están muy por encima:

> **La VISIÓN y las PERSONAS**

En el capítulo anterior vimos cómo debías IMPACTAR en las PERSONAS en la que te apoyes y cómo, cuanto más impactes, más fácil será para ti que consigas tu VISIÓN porque recuerda que:

> **"Si le das a cada persona TODO lo que necesita, te lo devolverá multiplicado por 1000"**

Recuerda que cuando hablábamos de PERSONAS, decíamos que tenías que aprender a CONFIAR en ellas, en su POTENCIAL, en lo que pueden llegar a HACER y en lo que pueden llegar a SER; y a ACEPTAR a las PERSONAS como SON, a ACEPTAR que:

> **SON como SON, y como quieren SER,**
> **NO SON como TÚ,**
> **ni como quieres que SEAN.**

Esto que parece tan OBVIO es lo más difícil de ACEPTAR, porque todos quieren CAMBIAR a los demás, pero no se plantean que deben ser ellos los que CAMBIEN PRIMERO, para INSPIRAR, PROVOCAR y EXPANDIR el CAMBIO a su alrededor.

> **Para poder CAMBIAR EL MUNDO, tienes que CAMBIAR TÚ PRIMERO. Si NO fuera necesario, ya habrías CAMBIADO EL MUNDO, ¿No crees?**
> **(Así aprovecho y hago un poquito de publicidad de Cambia para Cambiar el Mundo ® que hacía mucho que no decía nada)**

Además, tienes que aprender a VER lo que esas PERSONAS pueden llegar a SER, algo que nadie ve, ni siquiera ellos mismos.

Dicho así parece muy bonito, idílico y que solo pasa en las películas, pero te puedo asegurar que pasa, que es posible; en el capítulo anterior te puse el ejemplo de un amigo mío; cómo alguien le enseñó su potencial, y ahora te voy a poner otro ejemplo de alguien más famoso para que veas como alguien sin futuro, totalmente anónimo se puede llegar a convertir en...

En este ejemplo quiero que veas que el protagonista no es el LÍDER, tampoco es la otra PERSONA, sino que es la VISIÓN que el LÍDER tuvo de lo que la PERSONA podía llegar a SER, y cómo eso provocó que AMBOS lo consiguieran JUNTOS:

Si yo te hablo de Andre Romelle Young probablemente no sepas de quién te estoy hablando, ¿Verdad? Incluso si le nombro por su nombre artístico "Dr.Dre" puede que tampoco sepas quien es, pero

¿Si te digo que fue la PERSONA que el 25 de octubre de 1997 descubrió a Eminem? ¿Te vas situando mejor?

Dr.Dre es un rapero estadounidense nacido en 1965 que había tenido una carrera más o menos aceptable dentro del género del rap en Estados Unidos.

En el año 1997, Dr.Dre tenía más de 30 años, su carrera estaba estancada y no sabía hacia dónde dirigirse.

Por su parte, un joven Marshall Bruce Mathers III, nacido en 1972 había tenido una juventud difícil, abandonando los estudios a los 17 años, trabajando como cocinero e intentando hacerse un nombre en las batallas de "hip hop freestyle". Si no sabes muy bien qué es eso, son unas competiciones donde dos raperos se ponen a improvisar versos el uno contra el otro, seguro que lo has visto alguna vez.

En definitiva, Dr.Dre era un rapero consagrado pero con una carrera estancada y Marshall (Eminem) era un joven de 24 años con potencial pero sin futuro hasta que...

Un becario de la compañía discográfica donde trabajaba Dr.Dre dijo que había visto un muchacho que era muy bueno y le dio una casette a Dr.Dre, quien la escuchó, tuvo una **VISIÓN** de lo que podía llegar a ser, **CREYÓ** en él, le buscó y...hizo todo lo posible por **IMPACTARLE**. *(Fíjate que creyeron en él tanto Dr.Dre como el becario, para demostrar tu LIDERAZGO no debes ser "un pez gordo", si el becario no hubiera dicho nada, el resto no habría pasado)*

¿El resultado?

Pues ya sabes quién es Eminem a día de hoy. Por su parte Dr.Dre es uno de los productores musicales más grandes del mundo con una fortuna estimada de 700 millones de dólares.(Como te digo, antes de descubrir a Eminem estaba cayendo en picado y era muy cuestionado en la industria)

Lo más curioso del tema es que el propio Eminem reconoce que, si Dr. Dre no le hubiera descubierto, no hubiera confiado en él y en su **POTENCIAL**, probablemente estaría muerto, puesto que se encontraba en una época de su vida en la que pensaba muy seriamente la posibilidad de suicidarse.

Si quieres ver la historia completa, los mismos protagonistas lo cuentan en un documental que puedes ver en YouTube, solo tienes que buscar algo así como

"¿Cómo descubrió Dr.Dre a Eminem?

Lo que quiero que veas es que, al ayudar y confiar en ese joven, Dr. Dre lo que hizo fue ayudarse a sí mismo; si no lo hubiera hecho, probablemente tampoco sería la persona que es ahora. Por eso te vuelvo a preguntar,

? **¿Aún no estás convencido de que: "Si le das a cada persona TODO lo que necesita, te lo devolverá multiplicado por 1000"?**

Claro que sí, pero para eso debes VER, CREER, HACER VER y HACER CREER para IMPACTAR:

VER lo que la PERSONA puede llegar a ser
CREER que podéis recorrer el camino juntos
HACER VER lo que puede llegar a SER
HACER CREER que lo puede conseguir
IMPACTAR para que efectivamente recorra el camino, se esfuerce, se sacrifique, crezca y se convierta en lo que VISTE en esa PERSONA.

? ¿Y cómo lo vas a hacer?

Ya lo sabes...con COMUNICACIÓN. Todo lo que hemos visto en el tercer bloque de este libro, lo vamos a aplicar a cuatro pilares básicos que van a soportar nuestra COMUNICACIÓN, para conseguir IMPACTAR en nuestras PERSONAS. Y esos pilares son:

EMPATÍA

Va a ser lo primero y lo último, el principio y el fin, lo va a ser todo.

EMPATÍA, entender más y más, mejor y mejor cada día a nuestras PERSONAS a nuestros CLIENTES.

Debes preocuparte por:
- Entenderle.
- Comprenderle.
- Saber lo que siente.
- Adivinar lo que piensa.
- Conocer lo que le preocupa...

Debes conocer:
- Sus SUEÑOS.
- Sus MIEDOS.
- Sus INCERTIDUMBRE.
- Sus LIMITACIONES.
- Su POTENCIAL.
- Sus METAS.
- Lo que QUIERE.
- Lo que DESEA...

Debes saber:
- Cómo REACCIONA a los estímulos.
- Qué le ENFADA.
- Qué le ILUSIONA.
- Qué le hace FELIZ.
- Qué le hace REÍR.
- Qué le hace SOÑAR.
- Qué le hace VOLAR.
- Qué le hace SUFRIR.
- Qué le hace ESFORZARSE.
- Qué le hace dar lo MEJOR de SÍ mismo.
- Que le PARALIZA y
- Qué le MULTIPLICA,

Debes PREOCUPARTE por conocer LO MÁXIMO posible de esa PERSONA

Porque esa es la manera de llegar a él, de anticiparte a sus NECESIDADES, de darle siempre lo que necesita, en el momento justo.

Cuanta más EMPATÍA tengas mucho más fácil te resultará todo, en serio, piénsalo. En el fondo, todos queremos que nos ENTIENDAN, que nos escuchen y que nos den lo que necesitamos en cada momento.

MOTIVACIÓN

Recuerda que, cuando hablábamos de nuestro trabajo con PERSONAS, decíamos que lo primero que debemos saber es:

Cuáles son sus MOTIVACIONES

Es decir, qué es lo que hace que una PERSONA haga las cosas, se mueva, dé lo mejor de sí mismo.

También decíamos que la MOTIVACIÓN no dura para siempre y que, en contra de lo que algunos dicen que:

 "Motivado se viene de casa"

Yo te digo que:

"Debes tener a tus PERSONAS continuamente MOTIVADAS"

Y para cada una de las PERSONAS que trabajen contigo, debes hacer un gran esfuerzo INDIVIDUAL, porque cada uno de ellos tiene unas MOTIVACIONES distintas, necesitas cosas distintas y, como hemos dicho, es tu obligación saber qué necesitan cada uno en cada momento...y dárselo.

Hay que vender muy bien a cada PERSONA cual es el beneficio que va a obtener en cada situación, en cada momento, pero

"Hay que HACERLE ENTENDER muy bien cuál va a ser SU BENEFICIO, no el tuyo"

Recuerda esta frase y no la olvides NUNCA:

❢❢ **"Las PERSONAS no van a comprar NADA por mil argumentos, lo van a comprar por UN BENEFICIO"**

Y como hemos dicho, BENEFICIO para ellos, no para tí, que seguramente NO VA A COINCIDIR. Si descubres como tu VISIÓN les BENEFICIA (a ellos, no a ti), y eres capaz de hacérselo ver, automáticamente te habrán comprado la idea.

Vamos a verlo con un ejemplo:

¿Recuerdas cuando hablábamos de los padres y los hijos adolescentes?

Si el papá quiere que su hijo estudie vendiéndole que estudiando tendrá una vida estable con trabajo, familia, casa e hipoteca a 30 años,

¿Qué le está vendiendo?

Le está vendiendo ESTABILIDAD

¿Y la estabilidad es un beneficio para el chico de 16 años, o es un beneficio para el papá?

Para el papá, ¿verdad?

Entonces, según este planteamiento, ¿el chico no debería estudiar? Claro que sí debe estudiar, pero hay que venderle su BENEFICIO, y el BENEFICIO va a ser aquello que CUBRA y SATISFAGA su MOTIVACIÓN.

Si al chico le dices que si estudia podrá ir a la universidad, y gracias a eso podrá viajar por toda Europa, estudiar un año en el extranjero, conocer otras culturas, aprender idiomas, abrir su mente, vivir aventuras y ser libre durante su juventud, en los mejores años de su vida...

¿No crees que comprará mejor la IDEA que si le vendemos: casa, coche, trabajo, familia e hipoteca?

Porque:

¿Qué es más probable que le MOTIVE: la RESPONSABILIDAD o la AVENTURA, CRECIMIENTO, DESCUBRIMIENTO, DIVERSIDAD...?

MOTIVAR, MOTIVAR, MOTIVAR...no somos máquinas, somos seres EMOCIO-NALES, y ese manejo de las emociones nos puede llevar a dar lo mejor de nosotros mismos, a crecer y expandirnos, a multiplicar nuestro rendimiento exponencial-mente...o a paralizarnos y no hacer NADA.

No dejes que tus PERSONAS no sepan qué hacer, AYÚDALES a que lo descubran y dales todo lo que necesitan para que:

"Puedan SOÑAR, con los PIES en la tierra y la MENTE en el INFINITO"

VISIÓN

A todos nos gusta SOÑAR, pero nuestra parte racional muchas veces nos hace ser cautos, incluso muchas veces no nos permitimos a nosotros mismos SOÑAR demasiado alto, por si no somos capaces de llegar.

Tú debes saber cuál es la VISIÓN, tener claro hacia dónde hay que ir y cómo llegar allí.

Trasmite esa VISIÓN a todas tus PERSONAS, hazles partícipes de la misma, ayúdales a SOÑAR con tu VISIÓN y demuéstrales que es posible llegar a eso, muéstrales el camino, día a día, para que vean que JUNTOS lo estáis consiguiendo.

En Cambia para Cambiar el Mundo® vimos que, cuando uno hace el CAMINO solo, puede comenzar con una sobredosis de MOTIVACIÓN, pero esa MOTIVACIÓN se va desinflando.

Veíamos el ejemplo de apuntarnos a un gimnasio para ponernos en forma: empezamos llenos de MOTIVACIÓN y vamos todos los días la primera semana, pero cuando ese EXTRA de MOTIVACIÓN desaparece... ¿Qué pasa?

Que dejamos de ir porque la VISIÓN que tenemos empieza a estar demasiado LEJOS para nosotros, demasiado INACCESIBLE. El ESFUERZO SOSTENIDO que debemos hacer para llegar es DEMASIADO GRANDE y la RECOMPENSA la vemos cada vez más PEQUEÑA y cada vez más más LEJOS en el tiempo, nos comienzan a invadir las DUDAS y...nos RENDIMOS.

No debes dejar que tus PERSONAS se rindan, por eso cuando quieran hacerlo, cuando no tengan fuerzas, cuando baje la MOTIVACIÓN, debes estar ahí y mostrarles la VISIÓN, una y otra vez, y otra, y otra, y todas las veces que haga falta.

Y esa VISIÓN,

¿Cómo se la tienes que mostrar?

Vendiéndole su BENEFICIO, una y otra vez, mostrándole que va a conseguir lo que desea.

?

¿Y cómo sabes lo que desea?
¿Cómo sabes que está perdiendo la motivación?
¿Cómo sabes que se quiere rendir?
¿Cómo sabes que no tiene ganas, fuerzas, constancia...?
Con EMPATÍA, amigo mío, con EMPATÍA.

FEED – BACK

Para GUIAR e IMPACTAR, para COMUNICAR de verdad, vas a tener que dar y recibir feed-back continuamente, debes hacer que la RETROALIMENTACIÓN en ambos sentidos sea parte natural de tu día a día.

Fíjate, hemos dicho que debes entender lo que la persona quiere (EMPATÍA). Debes tenerle continuamente MOTIVADO, debes recordarle siempre la VISIÓN, pero eso no vale de nada si no se hace el camino, que realmente es lo más difícil:

> ❞❞ **Y "cómo hacer el camino" no se aprende de otra manera que...HACIÉNDOLO**

Si recuerdas, en el aprendizaje hay que:

> **Poder hacer (CAPACIDAD)**
> **Saber cómo hacer (CONOCIMIENTO)**
> **Saber hacer (HABILIDAD)**
> **Dominar (COMPETENCIA)**

Si esto lo trasladamos a la relación con tu PERSONA, con tu CLIENTE.
- Primero tienes que VER lo que puede LLEGAR A SER. (Por ejemplo: Este chico puede llegar a ser un gran ciclista)
- Después hay que hacerle VER la VISIÓN. "Venderle" la IDEA de que puede llegar a ser un gran ciclista y todas las cosas buenas que le va a traer, los BENEFICIOS que le va a aportar, que deben coincidir con sus MOTIVACIO-NES. (si no coinciden no serán BENEFICIOS para él, aunque sean BUENOS)
- Continuarás enseñándole qué es una bicicleta, cómo se monta y qué hay que hacer para que no se caiga. (Darle el CONOCIMIENTO)
- Posteriormente, comenzarás a trabajar con él su HABILIDAD. Y aquí es donde comienzan las dificultades, porque va a ver que no es tan fácil como creía: se va a caer, se va a hacer daño, le van a surgir dudas, va a SENTIR que no es capaz y se va a querer rendir.
- Para que esto no ocurra, además de conocer sus MOTIVACIONES, entender que es normal que se SIENTA (EMPATÍA) así y recordarle continuamente el OBJETIVO (VISIÓN), debes ACOMPAÑARLE en el camino, en el proceso de CRECIMIENTO y darle continuamente Feed-Back, y eso es algo que debes desarrollar porque:

> ❞❞ **"Nos cuesta dar Feed-Back"**

Una de las cosas que me he dado cuenta en todos mis años de desarrollo profesional es que a las PERSONAS nos cuesta DAR, PEDIR y RECIBIR Feed-Back. Así que:

Vamos a empezar a trabajar cómo DAR retroalimentación (Feed-Back)

Cuando tú trabajas con PERSONAS tienes la obligación de GUIARLES, y dentro de las tareas que debes hacer para GUIARLES está la de darles "FEED-BACK", dar RETROALIMENTACIÓN, pero no con el objetivo de criticar a nadie, hundir o humillar, sino con el objetivo de corregir comportamientos, guiar, ajustar, para que la persona se desarrolle según el plan establecido.

 Pero tú ya estás acostumbrado a dar Feed-Back, ¿cierto?

Vamos a ver si es así. En primer lugar, debemos tener claro SOBRE QUÉ SI debemos dar Feed-Back y SOBRE QUÉ NO debemos dar Feed-Back.

El feed-back NUNCA debe darse sobre la manera de SER de una persona, ya que tú NO ERES NADIE para decirle a una PERSONA nada sobre su manera de SER.

El feed-back debe darse sobre los COMPORTAMIENTOS de una PERSONA, siempre y cuando no se ajusten a lo que ha planificado anteriormente de una manera consensuada.

Veámoslo con un ejemplo:

*Vamos a suponer que eres Jefe de Ventas de una gran empresa y tienes un colaborador, es decir, una **PERSONA** que te va a **AYUDAR** a conseguir tu **VISIÓN**.*

Al comenzar el año establecéis un presupuesto general que debe cumplir al terminar el año. Esto es muy común, ¿verdad?

Puedes hacer varias cosas:

- Informar cada mes el grado de cumplimiento del presupuesto y decirle: **"Hay que vender más"** o **"Estás bien, vas alineado con el presupuesto".**

- Informar al final del año del cumplimiento del presupuesto y decirle: **"Muy bien, has cumplido el presupuesto, el año que viene lo subiremos un 10%"** o **"Muy mal, no has llegado al presupuesto y te vas a quedar sin BONUS".**

O (que es lo que vamos a ver en detalle) podemos hacer una planificación detallada de los hitos que tenemos que conseguir, tanto cuantitativos (número de entrevistas, de clientes, de ventas, facturación, ratios) como de crecimiento personal, es decir habilidades y competencias que tiene que ir desarrollando.

Además, para conseguirlo definiremos actividades concretas para su desarrollo profesional y haremos seguimiento continuo con feed-back.

También aprovecharemos ese feed-back para analizar el plan y veremos cómo lo estamos cumpliendo, haciéndolo de una forma **POSITIVA Y/O CONSTRUCTIVA**, reconociendo las buenas prácticas y los logros, y corrigiendo los **COMPORTAMIENTOS** cuando sea necesario, siempre con el objetivo de **MOTIVAR** para que consiga la **VISIÓN**.

Por ejemplo, si vemos que las entrevistas de ventas no le están dando buen resultado, habrá que analizar:

- ¿Qué fase de la estructura de la entrevista no estamos cumpliendo?
- ¿Por qué? Si existe algún problema, por ejemplo, falta de conocimiento, inseguridad, falta de entrenamiento, tomar las medidas necesarias para que no ocurra.
- Si es por falta de **ACTITUD**, ver qué está fallando, ¿Por qué la **ACTITUD** no es la correcta? ¿Falta **MOTIVACIÓN**?¿Por qué?¿Qué podemos hacer para aumentar su **MOTIVACIÓN**?

Hacer ver que todo es para su crecimiento y con el único objetivo de que cumpla con la **VISIÓN** que hemos establecido.

NUNCA podemos decir cosas del tipo:

"ERES muy agresivo con los CLIENTES"

Ya que de esta manera estás criticando su **SER**. Puedes conseguir tu objetivo mismo diciendo:

"He revisado una entrevista tuya con un **CLIENTE** y tengo la impresión de que tu comportamiento con los clientes puede que no sea el adecuado. Vamos a analizar juntos la estructura que definimos, para determinar si puedes hacer algún ajuste"

¿Ves la diferencia?

Hay que dar Feed-Back positivo, hay que reforzar los buenos comportamientos, y no me valen frases del tipo:

 "Es su obligación hacer las cosas bien"

Me parece muy bien que sea su obligación, pero es tu obligación GUIAR, y no estás guiando si no acompañas a tu CLIENTE, si solo retroalimentas con una entrevista de desarrollo al terminar el año.

Tus PERSONAS deben saber

> **"Qué están HACIENDO bien y qué deben ajustar"**

Y deben saber que, normalmente:

> **Hay muchas más cosas que hacen bien que las que deben ajustar.**

Así que, no seas restrictivo con el feed-back POSITIVO, reconoce cuando tus PERSONAS están haciendo las cosas BIEN.

En primer lugar, aumentarás su MOTIVACIÓN y su IMPLICACIÓN, y además conseguirás otra cosa:

> **Si das refuerzos positivos continuos a tus PERSONAS, cuando haya que ajustar algún comportamiento tendrás mucho más IMPACTO**

Porque están acostumbrados a recibir esos refuerzos positivos y no les gusta fallar.

Sin embargo, si alguien nos está diciendo continuamente los millones de cosas que hacemos mal, llega un momento que, o pasamos, o desconectamos, ¿Recuerdas?

Porque es muy probable que nos sintamos AGREDIDOS por esa PERSONA, que SOLO se dirige a nosotros para CORREGIR lo que hacemos. Por supuesto, una PERSONA así, que nos hace SENTIR AMENAZADOS y AGREDIDOS es bastante IMPROBABLE que nos IMPACTE, que sea un GUÍA para nosotros, que demuestre LIDERAZGO

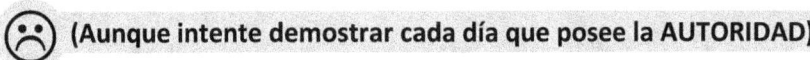 **(Aunque intente demostrar cada día que posee la AUTORIDAD)**

Hay teorías del comportamiento que dicen que la proporción ideal de tipos de Feed-Back para que se maximice su efectividad es 6 a 1, es decir, que exista un Feed-Back CONSTRUCTIVO por cada seis de REFUERZO POSITIVO.

> **¿Piensas que esto es lo que normalmente ocurre?**

Ahora vamos ir un paso más allá, y vamos a poner la pelota en tu tejado; además de dar Feed-Back debes PEDIRLO y ENCAJARLO.

Si quieres desarrollar tu LIDERAZGO debes cuestionarte continuamente, y nada mejor para hacerlo que preguntarle directamente a las PERSONAS que debes GUIAR y necesitas que te AYUDEN:

- ¿Cómo te sientes con tu plan de desarrollo?
- ¿Te encuentras lo suficientemente motivado?
- ¿Qué más puedo hacer para ayudarte?
- ¿Cómo te puedo motivar más?
- ¿Cómo te puedo ayudar en tu formación?
- ¿Qué más necesitas de mí?
- ¿Qué comportamiento que tengo contigo piensas que debería modificar porque no te ayuda o porque te incomoda?

Si quieres mejorar debes tener el valor para preguntar estas y muchísimas más cosas más y, lo más importante, encajar las respuestas.

Es decir, debes preguntar para que te digan la VERDAD, es la única manera de que tus PERSONAS te ayudarán a CRECER.

No hagas preguntas del tipo:

- ¿Tienes algún problema conmigo?
- ¿Estás contento?
- ¿Puedo hacer las cosas mejor?

No hagas preguntas para que te contesten lo que quieres oír, para que te digan lo bueno que eres. Nuevamente:

" "Tú no eres el PROTAGONISTA, eres el RESPONSABLE"

Haz preguntas para que te contesten lo que TIENES que escuchar para CRECER y, por supuesto, crea el CLIMA adecuado de CONFIANZA para que te digan la VERDAD.

Si lo consigues, serás un REFERENTE para esa PERSONA que, además de SENTIRSE guiada, te VERÁ una persona cercana, que se preocupa por él, cuya orientación es su CLIENTE.

Fíjate que esto que te estoy diciendo no suele ocurrir. Normalmente, los supuestos "LÍDERES" son totalmente infalibles, no se equivocan NUNCA y son los COLABORADORES los que meten continuamente la pata, no cumple con su presupuesto, con sus tareas, con sus obligaciones...

Hemos dicho un millón de veces ya (y si hace falta lo digo otro millón) que el LIDERAZGO debe ser un estilo de vida orientado al SERVICIO, a las PERSONAS, al MUNDO, a su VISIÓN.

?

> "Si una empresa cuida a sus clientes, se preocupa por sus necesidades, y les pregunta continuamente qué puede hacer por ellos para darle la solución a esas necesidades...
> ¿Por qué no lo haces TÚ con TUS PERSONAS?"

En serio, deja de leer absurdos artículos de "cómo llegar a ser Steve Jobs" y comienza a COMUNICARTE con las PERSONAS, para GUIARLAS e IMPACTARLAS. ¿Cómo? Recuerda:

!!

> Desarrolla al máximo tu EMPATÍA
> MOTIVA continuamente a cada una de tus PERSONAS
> Muéstrales continuamente la VISIÓN
> Dales y pídeles FEED-BACK

Muéstrate HUMANO, PREOCÚPATE por ellos, DALES lo que necesitan, PÍDELES que te ayuden a SERVIRLES mejor y caminad JUNTOS para conseguir la VISIÓN, y SIEMPRE sé GENEROSO en tu entrega porque

> "Si le das a cada persona TODO lo que necesita, te lo devolverá multiplicado por 1000"

Ejercicio 20

Volvamos al ejemplo que venimos trabajando, esa **PERSONA** que ha **IMPAC-TADO** positivamente en tu vida.

Quiero que **PIENSES** en **CÓMO SE COMUNICABA** contigo y quiero que analices si esta **PERSONA**:

> **¿Demostraba EMPATÍA hacia ti? ¿Por qué? En caso afirmativo, ¿Qué hacía que te gustaría destacar?**

> **¿Se preocupaba por comprender qué era lo que te MOTIVABA y buscaba la manera de MOTIVARTE continuamente? Si lo hacía, haz una lista de las cosas que hacía para conseguirlo.**

> **¿Te mostraba la VISIÓN? Es decir, cuando te querías rendir, perdías la ilusión, te encontrabas sin fuerzas o desmotivado, ¿Te mostraba hacia dónde ibais? ¿Cómo lo hacía?**

> **¿Te daba Feed-Back? ¿Qué tipo de Feed-Back? Escribe algún ejemplo. ¿Te pedía feed-back para que le ayudaras a ayudarte, para que le enseñaras cómo conectar mejor contigo, cómo hacer mejor las cosas?**

Muy bien, ahora quiero que pienses en **TI**, en tu rol de **LÍDER**, y quiero que pienses en alguna **PERSONA** con la que tengas relación y que pienses que la estás **LIDERANDO**. (En cualquier aspecto de la vida, como hemos visto)

> **¿Ya?**

Excelente, ahora quiero que pienses:

Si le hiciéramos esas mismas preguntas a esa **PERSONA**, para que te evaluara como **LÍDER**,

> **¿Qué contestaría?**

Contesta a todas las preguntas poniéndote en su lugar, es decir...

¿Qué crees que contestaría en cada pregunta?

Si las respuestas que has obtenido ahora son distintas de las que has dado tú cuando hablabas de la **PERSONA** que te impactó...

¿Qué crees que debes mejorar en cada uno de los cuatro aspectos?

Muy bien, tomate el tiempo que **NECESITES** y, cuando termines...

CONTINUAMOS

27 ¿Cómo SÉ que HE IMPACTADO? Los 5 PUNTOS de la ACTITUD

En este capítulo vamos a ver cómo hacernos seguimiento, AUTOEVALUARNOS en nuestro MODELO DE LIDERAZGO.

Una de las cosas que debes tener es capacidad de AUTOCRÍTICA para intentar SER mejor y HACER mejor las cosas cada día.

Como te he dicho, ser desarrollar tu LIDERAZGO consiste en adoptar un estilo de vida de SERVICIO, pero tienes que saber si lo estás consiguiendo o no, si lo estás haciendo bien o no y, sobre todo, debes tener claro en qué debes mejorar.

 SIEMPRE va a haber algo que puedes MEJORAR, no lo OLVIDES, la PERFECCIÓN no existe, el CAMBIO y MEJORA CONTÍNUO, SÍ. La "MILLA EXTRA" es la clave

Para eso lo primero que debes convencerte es que tus PERSONAS te están ayudando a ti, A CONSEGUIR JUNTOS VUESTRA VISIÓN.

El objetivo último no es que seas LÍDER, no es TRANSFORMAR a tus PERSONAS, el objetivo último es conseguir y llegar a VUESTRA VISIÓN, a VUESTRO OBJETIVO. Y quiero que veas que ya no he dicho "TU VISIÓN" sino "VUESTRA VISIÓN" porque les tienes que hacer PARTÍCIPES de la misma y, aunque en un principio se la muestres, les tienes que tratar como IGUALES en la consecución de VUESTRO OBJETIVO"

Por lo que el razonamiento es el siguiente:

 "Si HABÉIS conseguido alcanzar VUESTRA VISIÓN gracias a las PERSONAS que te han ayudado y en las que has conseguido IMPACTAR, estarás desarrollando tu LIDERAZGO INSPIRADOR"

Entonces, lo primero que debes analizar es si os estáis acercando a la VISIÓN o no, por lo que debes realizar un plan ESTRATÉGICO con los pasos que debes seguir para conseguirlo, para definir una VISIÓN y llegar a ella.

En este libro no vamos a hablar de cómo realizar tu PLAN, solo estamos hablando de cómo APOYARTE (APALANCARTE) en las PERSONAS para que alcancéis el OBJETIVO.

Pero no te preocupes que, si quieres saber más, te remito a la segunda parte de Cambia para Cambiar el Mundo® donde dedicamos la mitad del libro a la planificación, elaboración, diseño y ejecución del PLAN.

Entonces, como vas a necesitar PERSONAS que te ayuden, vamos a ver cómo analizar si estamos IMPACTANDO en dichas PERSONAS, si estamos consiguiendo llevar a cabo correctamente nuestro modelo de LIDERAZGO INSPIRADOR.

Para ello tenemos que analizar la ACTITUD que tienen nuestras PERSONAS.

Nuevamente quiero que rompas con otra idea que seguro tienes metida en tu ADN, y es la idea de que cada uno es dueño y responsable de su ACTITUD, destierra eso por favor.

Tú eres distinto, estás al SERVICIO de tus PERSONAS, y por lo tanto tú eres el RESPONSABLE de:

CONOCERLES
IMPACTARLES
COMUNICARTE con ellos
Y como no podía ser de otra manera, de su ACTITUD.

? **¿También de su ACTITUD, yo soy RESPONSABLE de todo?**

Si, amigo mío, nuevamente te pido que lo interiorices y lo incluyas en tu ADN. Ese es el precio que debes pagar por querer ser distinto, innovador, disruptivo, por querer trabajar POR y PARA las PERSONAS y desarrollar tu LIDERAZGO.

Muy bien, debo analizar su ACTITUD para ver si es la correcta y

? **¿Qué debo analizar de la ACTITUD de mis PERSONAS?**

Cinco aspectos fundamentales:

PASIÓN

Si has hecho correctamente tu trabajo, conoces a la PERSONA que tienes delante, conoces sus MOTIVACIONES y le has "vendido" correctamente cómo la VISIÓN, vuestro OBJETIVO le va a ayudar a conseguir lo que desea, es decir le has vendido su BENEFICIO (recuerda, el SUYO, no el tuyo).

Si has hecho eso correctamente, no dudes que trabajará y desarrollará su actividad con PASIÓN. Y cuando uno hace las cosas con PASIÓN, ¿Qué pasa?

- Que es generoso en su esfuerzo.
- Su productividad aumenta.
- Su imaginación aumenta.

- Su ilusión aumenta.
- Su creatividad aumenta
- Su fuerza, su empuje, su entrega...

Y además, lo mejor de todo, es que la PASIÓN se contagia, y la gente que IRRADIA PASIÓN es capaz de llenar de PASIÓN a las PERSONAS que las rodean.

Te voy a poner un ejemplo:

*Quiero que imagines que tienes dos supermercados de confianza en los que haces la compra. La calidad es igual, los precios son iguales, todo es igual, pero en uno de ellos los empleados son **CORRECTOS**, hacen su trabajo bien, son amables, serviciales, están atentos a lo que necesitas...no tienes ninguna queja.*

*Ahora quiero que imagines el otro, que tiene todo eso, pero que además sus empleados tienen **PASIÓN** por lo que hacen, además tienen tanta **PASIÓN** que se les nota, porque eso se nota, se nota en la mirada, en los gestos, en la voz, en la manera de dirigirse a ti, la **PASIÓN** es un plus, un extra, un valor añadido.*

¿A cuál de los dos preferirías ir?

*Estoy seguro que al segundo, porque a todos nos encanta rodearnos de personas así, que nos contagien esa **PASIÓN**. Solo el hecho de **SENTIR** esa **PASIÓN** nos va a hacer **SENTIR** bien.*

Pues con tus PERSONAS tú eres el encargado de conseguir que hagan las cosas con PASIÓN.

> **Pero esa ACTITUD no se pide, eso se da**

Tú no puedes pedirle a nadie que tenga y demuestre PASIÓN por lo que hace, tú eres el que debes hacer todo lo posible (todo lo que venimos viendo en este libro) para conseguir que tengan y demuestren PASIÓN.

Y es algo que debe servirte para AUTOEVALUARTE a ti, es decir:

> **"Eres el RESPONSABLE de que tus PERSONAS tengan PASIÓN"**

Si no la tienen, debes analizar qué estás haciendo mal, qué debes corregir, cambiar, mejorar...para conseguir que tus PERSONAS demuestren PASIÓN.

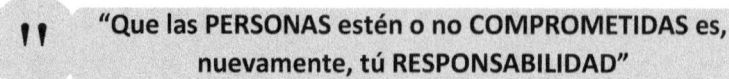

COMPROMISO

Otra palabra que está de moda y que se utiliza mal, el COMPROMISO.

> **"Que las PERSONAS estén o no COMPROMETIDAS es, nuevamente, tú RESPONSABILIDAD"**

Uno de los grandes errores que cometemos es pedir a las PERSONAS que se COMPROMETAN.

Porque el COMPROMISO no se pide, el COMPROMISO se da, se regala, es como el AMOR, tú no puedes pedir ni obligar a nadie a que te quiera, debes trabajar para ser digno de su AMOR, para merecértelo, para que QUIERA QUERERTE.

El COMPROMISO es maravilloso, si tienes PERSONAS comprometidas con la VISIÓN, con el EQUIPO, con el esfuerzo conjunto, todo fluye mucho más fácil y deprisa. Además, como vamos a ver, LOS 5 PUNTOS DE LA ACTITUD van a estar relacionados.

Una persona COMPROMETIDA va a demostrar PASIÓN, y una persona que SIENTE PASIÓN por lo que hace va estar COMPROMETIDA con todo y con todos, para que el resultado sea el que se espera, siendo totalmente generosa en su esfuerzo.

Yo he llegado a escuchar en algunas empresas frases del tipo:

> *"El que no esté COMPROMETIDO ya sabe dónde tiene la puerta, que ahí fuera hay millones de PERSONAS deseando que le den una OPORTUNIDAD para demostrar lo que valen"*

Y realmente no entiendo como alguien puede decir esas cosas, es como si le dijeras a tu pareja:

> *"Si no me quieres ya sabes dónde tienes la puerta, que hay millones de personas deseando ocupar tu lugar para quererme"*

? **¿En serio piensas que es la mejor manera de hacer las cosas?**

Igual que el punto anterior, si SIENTES que las personas no están COMPROMETIDAS tienes que hacer todo lo posible por saber qué es lo que debes mejorar para conseguirlo.

Y digo si SIENTES, porque eres tú quien debe investigar si están comprometidos o no. En el capítulo anterior te dije que debías pedir Feed-Back, y debías hacerlo para que te dijeran lo que debes mejorar, no para que te dijeran lo que quieres escuchar.

Este sería un ejemplo claro, tú no puedes preguntarle a alguien:

 ¿Estás comprometido?

Porque la respuesta va a ser SI (en el caso de que sea NO, el caso ya es extremadamente grave ☺).

Debes investigar para saber si esa persona está o no está lo suficientemente comprometida.

La manera de hacerlo es similar a la labor que se hace en las entrevistas de selección por competencias:

> *El seleccionador, a través de una conversación y una serie de preguntas abiertas va averiguando cuales son las competencias que tienes más desarrolladas. Y eso no siempre lo sabe por las respuestas, ya que todo el mundo suele llevar las respuestas más o menos preparadas para unas preguntas más o menos estándar, sino por la manera en que recibes cierta información, respondes a ciertas preguntas, tu comunicación verbal y no verbal, tu mirada, tus gestos...*
>
> *El entrevistador debe saber "leer entre líneas" para sacar encontrar las verdaderas respuestas a las preguntas que se hace.*

Pues esto es lo mismo, debes analizar si tus PERSONAS están o no están lo suficientemente COMPROMETIDAS y actuar en consecuencia para corregir lo que debas.

 Corregir en ti, no en ellos, recuerda que en ellos solo ajustamos COMPORTAMIENTOS, siempre que SU ACTITUD no sea la CORRECTA, tú eres el que TIENES QUE CORREGIR

FOCO

Una de las cosas más importantes que debes hacer con tus PERSONAS es ayudarles a enfocarse, ayudarles a que tengan FOCO, es decir, ayudarles a que sepan:

Hacia donde van y cómo lo que hacen ayuda y contribuye a la consecución del objetivo global.

Uno de los males del mundo laboral de las últimas décadas ha sido el "presencialismo" y el "parecer que hago", es decir, se ha premiado al que más estaba en la oficina y parecía que estaba más ocupado, y al que no entraba en ese juego, se le penalizaba.

Nuevamente destierra esa idea de tu cabeza y de tu mente, y por consiguiente, de la cabeza y de la mente de tus PERSONAS.

> ❜❜ **"La vida es demasiado corta, el tiempo es demasiado escaso para perderlo "aparentando" que haces cosas"**

Debes conseguir que tus PERSONAS maximicen su tiempo, y lo primero que deben hacer es tener FOCO, es decir que sepan QUÉ tienen que hacer y CÓMO sus acciones contribuyen al objetivo global, a la VISIÓN, y qué acciones son las que MÁS contribuyen, cuales MENOS, y cuales NADA. Y liberarles de las acciones que NO APORTAN NADA.

Volvamos a nuestros ejemplos:

*Si recuerdas, hace unos capítulos te conté el caso de una **PERSONA** que enviaron a mi oficina bancaria al que le dije que si **CONFIABA** en nosotros, en nuestra manera de hacer las cosas, iba a ganar más dinero, iba a trabajar mejor, iba a tener mejores resultados…*

*Una de las cosas que hicimos los dos juntos fue analizar las tareas que en su anterior oficina hacía a lo largo del día, no para criticarle, sino con la intención de **ANALIZAR** si sus tareas aportaban **VALOR** o no lo hacían.*

Una vez que analizamos su jornada laboral, nos dimos cuenta que, en su anterior oficina bancaria, ampliaba periódicamente su jornada laboral más allá de la hora establecida, porque si se iba a su casa "a su hora" estaba mal visto. Además, como no cumplía con sus objetivos, le decían que:

> **"!Cómo se iba a ir a su casa a su hora, sin ampliar su jornada, si no cumplía con su presupuesto! Eso demostraba falta de COMPROMISO"**

*En este análisis vimos que muchas de las tareas que hacía no le aportaban ningún valor y no le ayudaban a conseguir el presupuesto, le sobrecargaban de trabajo, le quitaban **FOCO**, le restaban productividad, le despistaban y le agotaban.*

¿Y qué fue lo que hicimos?

*Eliminamos todas esas acciones, todo lo que no valía y que era prescindible, le descargamos de trabajo "inútil" e hicimos que se centrara en las tareas que le interesaba **HACER** (y nos interesaba a todos: al equipo, a la oficina y a la empresa).*

¿El resultado?

En poco más de dos meses ya estaba cumpliendo su presupuesto y saliendo a su hora, sin necesidad de prolongar su jornada laboral.

Eso hizo además que su vida personal mejorara, su humor mejorara, viera su **BENEFICIO** *haciendo las cosas así, hiciera su trabajo con mayor* **COMPROMISO** *y* **PASIÓN.**

Al terminar el primer año se situó en un cumplimiento del 115% y con una evaluación de desempeño de **MUY DESTACADO,** *cuando el año anterior había tenido una de* **DEFICIENTE.**

Ni que decir tiene que hubo que defender con uñas y dientes ese cambio de evaluación, porque dudaban que fuera posible:

"No podía pasar alguien de ser DEFICIENTE a MUY DESTACADO"

Afortunadamente teníamos cifras que lo respaldaban, el rendimiento estaba ahí, con números y con nombre y apellidos.

INTENSIDAD

Cuando las PERSONAS saben dónde tienen que poner el FOCO de su esfuerzo, cuando son conscientes de que lo que importa son los resultados que consigan y se dan cuenta que si hacen las cosas como les indicas van a obtener un BENEFICIO para ellos, su INTENSIDAD aumenta exponencialmente.

Hay muchas PERSONAS a las que se les dice que son unos vagos, unos perezosos, que no quieren trabajar ni esforzarse...pero realmente es que no saben qué deben hacer, dónde poner el FOCO y, por supuesto, no están COMPROMETIDOS ni hacen las cosas con PASIÓN.

Pero si van consiguiendo los otros puntos, que se van alimentando unos a otros, es increíble cómo la INTENSIDAD aumenta.

A lo largo de mi carrera me he encontrado con muchísimas PERSONAS que no hacían nada, que les costaba casi respirar, que mover un músculo, hacer una tarea, cualquier actividad, les costaba un esfuerzo increíble. Ya no te digo ser CREATIVOS y pensar, o tener iniciativa propia, eso era imposible. Habían llegado a un punto que hacían solo lo que les decían que tenían que hacer, y a su ritmo.

Sin embargo, esa falta de INTENSIDAD implica falta de todo lo demás y, por supuesto, de LIDERAZGO.

Como le ocurrió a mi amigo, el que fracasó en el instituto:

Durante los años que no encontró su camino, es probable que los días que acudió a clase y las horas que estudió para exámenes se pudieran contar con los dedos de una mano.

Tenías que haberlo visto cuando descubrió su PASIÓN, cuando supo dónde poner el FOCO, cuando se COMPROMETIÓ con lo que hacía, le puso una INTENSIDAD enorme, que hizo que en todos los años que estuvo estudiando lo que le "gustaba" no volviera a perder ni un curso. Como la PERSONA de mi oficina, él también

> **"Cambió su rendimiento de DEFICIENTE a MUY DESTACADO"**

Y te estoy hablando de alguien que prácticamente estaba desterrado en el ámbito intelectual y no tenía ningún futuro ni expectativas en el ámbito laboral.

DIVERSIÓN

Y por último, algo que para mí es muy importante y que debes estar muy atento porque:

> **"Debes conseguir que tus PERSONAS se diviertan y disfruten con lo que hagan"**

Nuevamente, olvídate de que la vida es un baño de lágrimas y que hemos venido aquí a sufrir. Y esto quiero que lo apliquemos específicamente al mundo laboral:

> **"Elimina de la cabeza que el trabajo es un mal necesario para poder vivir y pagar facturas"**

Una persona debe tener un equilibrio en su vida, con todas las facetas que quiera incluir: su propia persona, su familia, sus amigos, su ocio…y su trabajo.

El trabajo es la actividad a la que más horas del día dedicamos. Asegúrate que las PERSONAS se divierten con lo que hacen, eso no va a significar que no hagan un trabajo SERIO, al contrario.

> **"DIVERTIDO es lo contrario de ABURRIDO, PESADO, TEDIOSO…no de SERIO"**

Es más, te aseguro que si las PERSONAS se DIVIERTEN con lo que hacen, conseguirán hacer el trabajo más SERIO que hayan hecho en su vida.

En resumen, quiero que veas el círculo que hemos elaborado, un círculo en el que todas las piezas están unidas, un círculo que te va a decir si estás IMPACTANDO en tus PERSONAS, si te estás COMUNICANDO con ellas, si están ayudándote a conseguir tu VISIÓN.

Recuerda que todo esto no se pide, sino que todo es va a ser una consecuencia de tu trabajo, tus PERSONAS te lo van a regalar o no, y de ti depende la autocrítica que hagas cuando veas su ACTITUD.

Porque una cosa quiero que te quede muy clara:

Si tus PERSONAS actúan con PASIÓN, están COMPROMETIDAS, tienen el FOCO correcto, demuestran INTENSIDAD en su desempeño y se DIVIERTEN...

Es que tienen la ACTITUD correcta, por lo que es probable que estés consiguiendo IMPACTAR en ellos, fruto de una buena COMUNICACIÓN, por lo que, si estáis JUNTOS consiguiendo llegar a vuestra VISIÓN...

Puedes SENTIR que estás haciendo las cosas BIEN, les estás SIRVIENDO y estás DESARROLLANDO tu...

LIDERAZGO INSPIRADOR

Ejercicio 21

Hemos trabajado en este capítulo cómo la **ACTITUD** de las **PERSONAS** debe ser una señal que debes tener muy en cuenta, no para pedirle que cambien su **ACTITUD** porque recuerda que eso **NUNCA** se lo debes **PEDIR**
(Solo debes pedir que ajusten comportamientos, ni **ACTITUDES** ni maneras de **SER**)

Para que te convenzas un poco más vas a hacer un nuevo ejercicio sobre ti.
Quiero que, de cada una de las características que hemos visto de la **ACTITUD**, busques en tu vida, épocas, situaciones, de trabajo, de estudios, vitales...:

Una en la que sintieras una **PASIÓN** enorme por lo que hacías y otra en la que no sintieras nada de **PASIÓN** por lo que hacías.

¿Cuál era la diferencia?
¿Quién causaba una cosa u otra?
¿Por qué?

Una en la que estuvieras totalmente **COMPROMETIDO** con lo que hacías y otra en la que no lo estuvieras en absoluto.

¿Cuál era la diferencia?
¿Quién causaba una cosa u otra?
¿Por qué?

Una en la que tuvieras claro el **FOCO** de lo que hacías y otras que no lo tuvieras nada claro.

¿Cuál era la diferencia?
¿Quién causaba una cosa u otra?
¿Por qué?

Una en la que demostraras unas **INTENSIDAD** enorme y otra en la que estuvieras totalmente flojo, sin ganas, a medio gas.

¿Cuál era la diferencia?
¿Quién causaba una cosa u otra?

¿Por qué?

Y una en la que te **DIVIRTIERAS** con lo que hacías y otra en la que NO lo hicieras para nada.

¿Cuál era la diferencia?
¿Quién causaba una cosa u otra?
¿Por qué?

Y por último quiero que me contestes una cosa:

¿En estas situaciones, en cuales de ellas eras más **PRODUCTIVO**, en las que tenías esa **ACTITUD** o en las que no la tenías? Entonces:

¿Cuál era la diferencia?
¿Quién causaba que fueras más o menos PRODUCTIVO?
¿Por qué?

Cuando hayas contestado a todo...**¡CONTINUAMOS!**

28 Haz un Plan de COMUNICACIÓN para TODO

Creo que te he dejado bastante claro que, si quieres explorar y desarrollar tu LIDERAZGO, vas a tener que trabajar muchísimo tu COMUNICACIÓN. Y además de trabajar la técnica que hemos visto, te dije que te iba a ayudar a preparar un PLAN DE COMUNICACIÓN, y eso es lo que vamos a hacer en este capítulo.

Nuevamente quiero que recuerdes que COMUNICAR no es lo mismo que HABLAR, es convertir información en conocimiento y trasladarlo de una PERSONA a otra.

De esa manera, vas a ser el RESPONSABLE de la COMUNICACIÓN de doble vía, de tus PERSONAS hacia TÍ y de TÍ hacia tus PERSONAS.

Recuerda que el modelo de LIDERAZGO se basa en las PERSONAS, a las que debes conocer, es decir, debes obtener INFORMACIÓN de ellas, y esa INFORMACIÓN la debes convertir en CONOCIMIENTO útil para TI, ¿Para qué?

Para que puedas conocerles, entenderles, para que puedas desarrollar esa EMPATÍA que te va ayudar posteriormente a transmitirles CONOCIMIENTO para llevarles hacia la VISIÓN, IMPACTARLES y conseguir de tengan la ACTITUD correcta para que den lo mejor de SÍ mismos.

Así de SIMPLE es todo lo que hemos visto, ¿A que SÍ?

Ahora solo tienes que practicar, y practicar, y practicar CONSCIENTEMENTE hasta que lo hagas de manera INCONSCIENTE, ¿Recuerdas?

Muy bien, para ayudarte a desarrollar ese PLAN DE COMUNICACIÓN quiero que te quedes con una frase:

> **"Debes obtener información de TODOS, pero no de TODOS la MISMA información, y debes transmitir información a TODOS, pero no a TODOS la MISMA información"**

¿Te ha quedado claro? Además, tu COMUNICACIÓN debe ser OPORTUNA, es decir, en el MOMENTO JUSTO y correcto.

Por eso debes ir diseñando modelos de acciones de COMUNICACIÓN que puedas estandarizar, para que hagas una buena planificación, lo tengas todo organizado y puedas analizar si estás teniendo buenos resultados o no para que, en el caso de que no estés obteniendo los resultados que deseas, puedas realizar los ajustes oportunos.

Esto que parece un tanto lioso, lo vamos a ver con un ejemplo, en el que vamos a enumerar factores que debes tener en cuenta. Los que te voy a decir son orientativos, ya que puedes añadir todos los que consideres oportunos. Yo te pongo esta lista porque creo que es muy completa y a mí con ella me ha ido muy bien.

Comencemos entonces con nuestro Caso Práctico que quedará ilustrado con varios ejemplos:

Imagínate que eres el Director Comercial de una Compañía Farmacéutica.

*La compañía ha desarrollado un nuevo producto que se va a lanzar al mercado, y ha contratado **10 visitadores adicionales**, por lo que **has pasado de tener 30 visitadores en tu área a tener 40.***

*El área comercial está estructurada en **4 direcciones territoriales**, con **un responsable de cada dirección** que **te reporta a tí** directamente, haciéndolo **cada visitador a su Director Territorial** correspondiente.*

*Se va a desarrollar una campaña de **6 meses** en la que se va a realizar una actividad comercial muy intensa con el objetivo de informar a la totalidad de los facultativos del país del nuevo producto.*

*El **objetivo** es que, en estos **6 meses**, se consiga una importante penetración en el mercado con **una cuota del 15%**.*

*Para **LÍDERAR** a tus **PERSONAS** hacia la **VISIÓN**, la consecución del **OBJETIVO**, la **Dirección Comercial** va a diseñar, planificar y ejecutar un detallado **PLAN DE COMUNICACIÓN** con todos los integrantes del área. Dicho Plan estará formado por una larga lista de actividades de comunicación, del que extraemos para este ejemplo 3 de ellas, la vamos a llamar A, B y C.*

Para cada una de las acciones vamos a enumerar los factores que vamos a tener en cuenta:

> **Nombre de la acción – Vamos a llamar a la acción de una manera concreta, con el nombre que tú quieras.**

ACCIÓN A – *Kick-Off – Reunión de lanzamiento*
ACCIÓN B – *Entrevista de acogida con las nuevas incorporaciones*
ACCIÓN C – *Entrevista de seguimiento semanal*

> **Objetivo – Para qué hacemos esta acción, que es lo que pretendemos, el objetivo último.**

ACCIÓN A – *Dar a conocer la campaña, el producto, la duración, los participantes, los objetivos, el plan de comunicación, el seguimiento, la incentivación económica...*

ACCIÓN B – *Obtener información de los nuevos visitadores, darles la bienvenida y explicarles lo que se espera de ellos, las metodologías de trabajo...*

ACCIÓN C – *Dar información del resultado de la campaña global, por territoriales e individual. Analizar las dificultades de los visitadores y obtener información de la realidad en "trincheras" del funcionamiento de la campaña, con los facultativos, aspectos que estás funcionando, cuáles no, aspectos a mejorar, apoyos que necesitan por parte de la compañía.*

Participantes – En la acción formativa, personas que van a formar parte de la misma, tanto de forma activa como pasiva.

ACCIÓN A – *Director Comercial, directores territoriales, visitadores, especialista de producto, director de marketing, responsable técnico...*

ACCIÓN B – *Director Comercial y nuevas incorporaciones.*

ACCIÓN C – *Directores territoriales y visitadores*

Medio – A través del cual se va a desarrollar la acción.

ACCIÓN A – *Presencial*

ACCIÓN B – *Presencial*

ACCIÓN C – *Remoto, verbal*

Canal – A través del cual se va a desarrollar la acción.

ACCIÓN A – *Reunión presencial física en espacio común para todos*

ACCIÓN B – *Reunión presencial física en lugar formal*

ACCIÓN C – *Preferiblemente Skype, si no es posible, Teléfono*

Metodología – Que vamos a utilizar en el desarrollo de la acción.

ACCIÓN A – *Presentación teórica de contenidos en exposiciones de 45 minutos*

ACCIÓN B – *Conversación bidireccional entre dos personas*

ACCIÓN C – *Conversación bidireccional entre dos personas*

Fecha y hora – En el que vamos a desarrollar la acción.

ACCIÓN A – *Martes 2 de septiembre – 9:00am*

ACCIÓN B – *Lunes 1 de septiembre – A partir de las 9:00am*

ACCIÓN C – *Viernes a las 16:00*

Duración – De cada acción.

ACCIÓN A – *Un día laborable – 8 horas*
ACCIÓN B – *20 minutos*
ACCIÓN C – *15 minutos*

Lugar – Donde se va a desarrollar la acción.

ACCIÓN A – *Hotel Los Girasoles – Auditorio*
ACCIÓN B – *Hotel Los Girasoles – Sala Verano*
ACCIÓN C – *Libre*

¿Única o periódica?

ACCIÓN A – *Única*
ACCIÓN B – *Única con cada nueva incorporación*
ACCIÓN C – *Periódica*

Periodicidad – (En el caso de que sea periódica)

ACCIÓN A – *No aplica*
ACCIÓN B – *No aplica*
ACCIÓN C – *Semanal*

Contenido – De la acción.

ACCIÓN A – *Exposición informada de (todo lo que hemos incluido en objetivos)*
ACCIÓN B – *Filosofía de empresa, de equipo de trabajo, análisis del trabajador, formación...Presentación de metodología de trabajo en la empresa, en el equipo (las incorporaciones ya han hecho inducción)*
ACCIÓN C – *Datos numéricos e información cualitativa y de sentimiento*

Responsable

ACCIÓN A – *Director Comercial*
ACCIÓN B – *Director Comercial*
ACCIÓN C – *Directores Territoriales*

Documentación previa – Que hay que preparar para que se desarrolle la acción.

ACCIÓN A – *Información de producto y campaña*
ACCIÓN B – *Información específica de producto, equipo, compañía y trabajador*
ACCIÓN C – *Información de campaña*

Documentación resultante – De la propia acción

ACCIÓN A – *Acta de Kick-Off, video, fotos*
ACCIÓN B – *Ficha de colaborador para área comercial*
ACCIÓN C – *Ficha de seguimiento de campaña*

Documentación entregable – A los participantes en la acción

ACCIÓN A – *Información comercial, de producto, de campaña y de apoyo para gestión de visitas y seguimiento*
ACCIÓN B – *Pack de bienvenida*
ACCIÓN C – *Acta de reunión de seguimiento*

Resultado deseado – Después del desarrollo de la acción, cómo queremos que impacte directamente.

ACCIÓN A – *Conocimiento por parte de los asistentes del producto, campaña, duración, objetivos, presupuesto y plan de incentivación.*
ACCIÓN B – *Integración de la nueva incorporación en el equipo*
ACCIÓN C – *Resolución de dudas, obtención de información, ajustes de campaña...*

Fíjate que en esta supuesta campaña de Ventas de un producto hemos hecho la tabla con tres acciones de comunicación. Si te paras a pensar un poquito, en una campaña así podríamos encontrar... ¿Más de 20 tipos? ¿Más de 30? Seguramente habría más de 40 o 50 tipos de acciones de comunicación con diferentes actores, periodicidades, objetivos...cuanto más estructures tu **COMUNICACIÓN**, más fácil será conseguir todo lo que hemos venido trabajando en nuestro libro.

Con esto vamos a dar por terminado el desarrollo del Modelo de **LIDERAZGO INSPIRADOR**, y en el siguiente módulo te voy a explicar detalladamente **TRES EJEMPLOS, TRES CASOS REALES,** que van a servir para analizar todo lo que hemos visto, cómo se ha aplicado, los resultados que se obtuvieron...

Pero antes, vamos a hacer un pequeño ejercicio que espero que te resulte muy útil para que te comiences a planificar tus acciones de **COMUNICACIÓN**.

Ejercicio 22

En este ejercicio vas a empezar a trabajar con esta estructura de Plan de Comunicación.

Para que no te asustes, y veas que no es tan difícil, quiero que lo hagas rellenándolo con las 5 acciones de **COMUNICACIÓN** que desarrollaste en el **BLOQUE 3** **¿Recuerdas?**

Pues coge el cuaderno donde tengas toda la información de esos Ejercicios y comienza a rellenar esta tabla:

	NOMBRE	OBJETIVO	PARTICI-PANTES	MEDIO	CANAL	METODO-LOGÍA
ACCIÓN 1						
ACCIÓN 2						
ACCIÓN 3						
ACCIÓN 4						
ACCIÓN 5						

FECHA /HORA	DURA-CIÓN	ÚNICA O PERIÓ-DICA	PERIODICI-DAD	CONTE-NIDO	RESPON-SABLE	DOC PREVIA	DOC RESUL-TANTE	DOC ENTREGA-BLE	RESUL-TADO DESEADO

Y cuando te hayas familiarizado con las tablas...

CONTINUAMOS

BLOQUE 5
CASOS DE ÉXITO

29 Había que demostrar que FUNCIONA

Antes de continuar, me gustaría que echáramos la vista atrás e hiciéramos un pequeño repaso de todo lo que has trabajado ya en el desarrollo de tu LIDE-RAZGO.

En primer lugar has trabajado en TI porque debes tener claro que TÚ eres donde empieza y acaba TODO, eres el RESPONSABLE de TODO, del éxito o el fracaso.

En segundo lugar, las PERSONAS. Hemos visto que sin PERSONAS que te sigan, que te ayuden a hacer realidad tu VISIÓN no hay nada, solo no eres NADIE. Esto no quiere decir que no tengas momentos de soledad, al contrario, los necesitarás y los tendrás, pero necesitas SERVIR a las PERSONAS que estén a tu lado.

El tercer punto es la COMUNICACIÓN, la manera de unir tu VISIÓN con las PERSONAS que te van a ayudar a conseguirla y hacerles PARTÍCIPES de ella. Vas a tener que COMUNICAR DE TODO A TODOS, pero NO TODO a TODOS.

En cuarto lugar, hemos desarrollado nuestro modelo de LIDERAZGO INSPIRADOR, para unir todos los puntos anteriores: TÚ y las PERSONAS, con la COMUNICACIÓN como eje fundamental de esa unión, para conocerles y tener toda la información que necesitas sobre ellos, para poderles dar todo lo que necesitan, para que te puedan ayudar en la consecución de tu OBJETIVO, de tu VISIÓN.

Y ahora, en este quinto bloque, vamos a ver si esto que te he contado tan bonito, sirve para algo y si realmente se puede aplicar a la realidad.

Para demostrarte su utilidad te voy a contar tres casos distintos de éxito. Lo bueno de todos es que comenzaron en 3 momentos y de 3 maneras distintas, pero con algo en común: LA VISIÓN.

Y los tres se han ido desarrollando en paralelo hasta converger actualmente en el mismo punto.

 Apasionante, ¿Verdad? ¿Quieres conocerlos?

Antes de comenzar a contarte estos casos, quiero hacerte partícipe de todo el trabajo que ha habido detrás de la creación de este modelo que tienes en tus manos, para que veas que no es algo improvisado, sino que está estudiado, investigado y contrastado.

En primer lugar, como ya te he dicho, hace once años se me dio el caso de esa **PERSONA** que estaba *"desahuciada laboralmente"* en mi empresa y que conseguimos cambiar su **ACTITUD**, y que diera lo mejor de sí mismo para ÉL, para EL EQUIPO y para **LA EMPRESA**, con el consiguiente beneficio para todos.

En ese momento, podía haberme dicho a mí mismo:

"Héctor, eres un artista. Te plantean un reto extremo respecto a una PERSONA y lo solucionas con nota. "

Afortunadamente no lo hice (aunque te reconozco que me produjo una satisfacción enorme), sino que me hizo preguntarme:

"¿Por qué unas PERSONAS dan lo mejor de sí mismas en ciertas circunstancias y en otras no?"

Y ese camino que ese día empecé me ha llevado hasta aquí.

Todo lo vivido se convirtió en fuente inagotable de preguntas a las que tenía que dar respuesta, y es lo que me he dedicado a hacer a lo largo de la siguiente década:

Analizar los hechos, formarme, leer e investigar sobre ellos e ir sacando conclusiones.

A partir de entonces, surgieron muchísimos proyectos de consultoría en los que he tenido la oportunidad de analizar las relaciones humanas en las empresas, los modelos de **LIDERAZGO**, la manera en que las **PERSONAS** se comunican...

El hecho de poder ver la realidad de tantas empresas por dentro, tanto en España como en Latinoamérica, me llevó a detectar las necesidades que yo creía que tenían distintos tipos de organizaciones en distintas partes del planeta, y que no eran más que trabajar mucho más intensamente (en algunos casos comenzar a trabajar porque aún no se había hecho nada) en sus **PERSONAS** y en su **COMUNICACIÓN**.

De ahí surgieron proyectos de formación en desarrollo de habilidades: **Comunicación, manejo de reuniones, gestión del tiempo, planificación de proyectos, dirección de personas, formación para formadores, presentaciones efectivas**...que me sirvieron para darme cuenta de todas las oportunidades de mejora que había en la mayoría de las organizaciones y que fueron documentando y dando forma al modelo.

También me di cuenta que existían muchas empresas que decían en un cartel bien grande en la pared de la sede principal que su orientación eran las **PERSONAS** pero esa declaración de intenciones no era real.

Había otras que decían tenían uno u otro modelo de **LIDERAZGO** pero que tampoco era real, porque luego su comportamiento del día a día no se correspondía con esas declaraciones de intenciones.

Por ponerte un símil es como si una fábrica dice que su pasión es la lucha por el desarrollo sostenible y en la parte de atrás estuvieran vertiendo los residuos al río.

De todo ese aprendizaje experiencial, surgió nuestro modelo de **LIDERAZGO INSPIRADOR**, que dio lugar a tres tipos de productos distintos que desarrollamos en las organizaciones, en función del **IMPACTO** transformacional que se esperaba tuvieran en las **PERSONAS** (de menor a mayor):

Charlas Motivacionales – Para que se concienciaran de la importancia de **APALAN-CARSE** en las **PERSONAS** y en la **COMUNICACIÓN** para el desarrollo del **LIDERAZGO** y la consecución de los objetivos.

Programas formativos – En los que trabajábamos directamente con **PERSONAS** que tenían la necesidad de **LIDERAR PERSONAS** a su cargo y que no lo hacían de una manera estructurada, homogénea ni organizada, sino cada uno "a su manera".

Programas de consultoría empresarial. En los que diseñamos modelos de **LIDE-RAZGO INSPIRADOR** y los implantamos en las organizaciones, no solo para que las **PERSONAS** que tuvieran que **LIDERAR PERSONAS** supieran como hacerlo de una manera más eficaz o eficiente, sino para que ese modelo de **LIDERAZGO** pasara a formar parte del **ADN** de la compañía y no estuviera en un cuadro en una pared.

Por ponerte el símil, para ser **REBELDE** no basta con tener un tatuaje en tu brazo que lo diga, debes serlo desde tu interior.

Como ves, nuestras tres líneas de negocio eran muy transparentes con el hecho del **IMPACTO** que íbamos a tener, queríamos dejar claro que, aun siendo **EXCELEN-TES** no íbamos a impactar lo mismo en una charla de **2 horas**, que en un taller de **3 días**, que en un programa de **2 años** en el que nos introducimos en la compañía para transformarla.

Todas estas experiencias y aprendizajes nos hicieron darnos cuenta que este modelo funcionaba, que las **PERSONAS** podían comenzar a trabajar en ser ese gran **LÍDER** que aspiraban a ser, y que lo iban a **SER** trabajando en ellos mismos, no leyendo artículos que no les aportaban nada, por lo que nos planteamos la necesidad de escribir este libro como alternativa a todo ese conocimiento teórico que veíamos que existía y que no nos convencía.

Pero antes de poder escribir este libro nos faltaba una última cosa:

Si recuerdas, te he dicho que íbamos a diseñar un modelo que fuera distinto de los demás, que entendíamos que solo eran modelos teóricos de cómo administrar la AUTORIDAD.

También de dije que para ello debíamos quitar el elemento MONETARIO, JE-RÁRQUICO y FAMILIAR, es decir, que fuera algo externo al mundo laboral, que no lo hiciéramos porque nos pagaran, ni porque era alguien a quien "queríamos".

Como toda la aplicación que habíamos hecho del mismo era empresarial, queríamos tener experiencias REALES que pudiéramos documentar y que nos sirvieran para comprobar que nuestro modelo funcionaba eliminando esas tres variables.

Y ese es el motivo de que te cuente los TRES siguientes casos:

30 Cambia para Cambiar el Mundo®

Hace algo más de un año, después del verano del 2016, me encontraba haciendo algo muy parecido a lo que estoy haciendo ahora: terminando una de las reescrituras de mi primer libro Cambia para Cambiar el Mundo®.

 ¿Te he hablado de él?

Si no lo has leído aún, y este libro que tienes en las manos te está resultando útil, te recomiendo que lo hagas, porque se trata de un libro de EMPRENDIMIENTO PERSONAL y PROFESIONAL que te va a ayudar a encontrar tu VISIÓN de lo que quieres hacer y diseñar un plan para conseguirlo. Hay muchos aspectos que en este libro no tratamos en PROFUNDIDAD y que en Cambia para Cambiar el Mundo® sí lo hacemos. De hecho, Cambia para Cambiar el Mundo® se centra especialmente en TI, y Vivir para Servir® ya se centra en las PERSONAS. El primero es la base del LIDERAZGO PERSONAL, el EMPODERAMIENTO, que seas el LÍDER DE TU PROPIA VIDA, que todo CAMBIO empiece por tu CAMBIO PERSONAL y este, pues ya lo estás viendo, una vez que estás EMPODERADO, vamos a rodearnos de PERSONAS a las que SERVIR para que nos ayuden a CAMBIAR EL MUNDO.

Es curioso porque cuando comencé a idear Vivir para Servir® tenía la intención de escribir un libro que no tuviera ninguna relación con el anterior, y fue imposible porque ambos están muy relacionados, ya que en Vivir para Servir® se desarrolla algo que en Cambia para Cambiar el Mundo® se nombra pero en lo que no se profundiza:

LIDERAZGO = PERSONAS y COMUNICACIÓN

A lo que voy, que me enrollo demasiado. Los que habéis escrito un libro lo sabéis y los que no lo habéis hecho ya os lo cuento yo:

 "Lo realmente difícil no es escribir un libro, lo realmente difícil es conseguir que alguien lea tu libro"

Si piensas que solo por el hecho de escribir un libro lo vas a vender, estás completamente equivocado. Aunque sea un libro buenísimo, igual que el mundo está

275

lleno de TALENTO DESAPROVECHADO, el MUNDO está lleno de LIBROS BUENÍSI-MOS que se publican y que NO LOS COMPRA NADIE.

Pero ya no te hablo ni siquiera de venderlo, es que es muy difícil que las PER-SONAS LEAN tus libros, AUNQUE los REGALES.

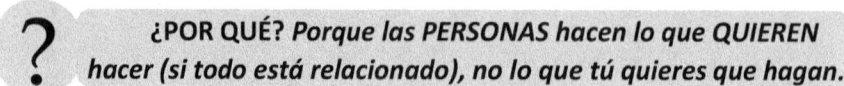

¿POR QUÉ? *Porque las PERSONAS hacen lo que QUIEREN hacer (si todo está relacionado), no lo que tú quieres que hagan.*

Al terminar el libro, después de muchas reescrituras, correcciones, ajustes...ya se encontraba la versión "definitiva" en la editorial para que la editaran, maqueta-ran, corrigieran y demás...a mí me apareció la siguiente pregunta en mi mente, de hecho no se me quitaba de la cabeza:

¿Qué hago yo ahora para que la gente lea mi libro?

Porque una cosa tenía clara, en mi casa soy muy famoso, sobre todo a la hora de cenar, me ven allí todos los días, ☺ pero más allá de eso:

SÍ, mis amigos, mis contactos profesionales...pero yo no había escrito un libro para eso, ni siquiera había escrito un libro para venderlo, yo había escrito un libro para que TODO EL MUNDO LO LEYERA, (¡Que se llama Cambia para Cambiar el Mundo®, menudo gurú de pacotilla estoy hecho si no lo lee nadie ☺), por lo que, si quería que eso se cumpliera, que el libro se leyera no me podía quedar de brazos cruzados, tenía que hacer algo.

Además, todos los elementos se alinearon para hacerlo, tenía que aprovechar lo que hiciera para que me sirviera para poner en práctica el modelo de LIDERAZGO INSPIRADOR, por lo que si lo conseguía habría triunfado, porque iba a cumplir va-rios de mis objetivos a la vez:

- En primer lugar, dar a conocer mi libro Cambia para Cambiar el Mundo® y que la gente lo leyera.
- En segundo lugar, tener material para documentar mi modelo y poder contártelo aquí y ahora.

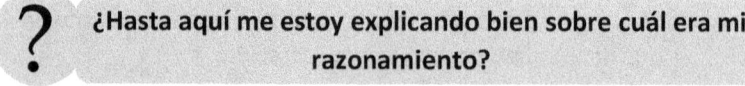

¿Hasta aquí me estoy explicando bien sobre cuál era mi razonamiento?

Espero que hayas dicho que SI porque voy a continuar.

Pues me puse a pensar y pensar...que hago, que hago, que hago...hasta que un día que estaba corriendo por el campo (se me ocurren muy pocas buenas ideas en mi vida, y casi todas me pillan corriendo ☺) dije:

Ya lo tengo, voy a pedir ayuda a gente que pueda ser influyente, para que me ayude a promocionar mi libro. ¿Y qué hice?

Yo era usuario de LinkedIn desde el año 2011, había trabajado mucho mi red de contactos profesionales tanto en España como en Latinoamérica (sobre todo Colombia), en el ámbito empresarial, consultoría estratégica y todo lo relativo al desarrollo de RRHH.

En ese momento tenía el número máximo de contactos que te permite tener la red, es decir 30.000 (sí, treinta mil).

Cogí mis 30.000 contactos y fui, uno a uno, analizando si esa persona me podía ayudar a promocionar mi libro, es decir, yo pensaba:

 ¿Si esta persona lee mi libro, le gusta y lo recomienda, alguien le hará caso?

Si la respuesta era SI la ponía en mi lista, si era NO, pasaba a la siguiente...así con los 30.000. De esos 30.000 quedó una lista de unas 500 PERSONAS que yo consideré que, si recomendaban mi libro, alguien les podía hacer caso: ¿Por qué?

Pues porque eran referentes en su sector, tenían muchos seguidores, tenían blogs influyentes...

Como no tenía dinero para hacer la promoción y, además, tenía de demostrar que se podía hacer sin los tres factores:

> **Sin relación jerárquica**
> **Sin relación monetaria**
> **Sin relación emocional**

Se me ocurrió escribirles contándoles mi situación, explicándoles mi VISIÓN, "DAR A CONOCER MI LIBRO", (aunque mi VISIÓN real iba más allá, luego te la cuento) y pidiéndoles ayuda para conseguirlo. Y así fue como, el 26 de octubre de 2016, les envié a todos, de manera personalizada, en siguiente mail:

(Este es un mail real del que solamente he eliminado el nombre del destinatario)

Asunto: Te necesito para el Blog-Tour de mi libro: "Cambia...para Cambiar el Mundo"

Hola XXXXXXX, ¿cómo estás? Espero que muy bien, seguro que sí.

Después de tanto tiempo en contacto e interactuando a través de las Redes me dirijo directamente a ti para pedirte tu colaboración en mi nuevo proyecto, porque tu ayuda para mí es súper importante.

Te cuento un poco, el próximo **24 de noviembre** sale a la luz mi libro "Cambia...para Cambiar el Mundo".

¿Qué te cuento del mismo? Que ha sido un **SUEÑO** para mí, después de mucho tiempo, dar forma a algo que tenía dentro y que sabía que tenía que "regalarle" al mundo.

Se trata de una obra escrita desde lo más profundo de mi **SER**, en la que intento ayudar a todo aquel que se encuentre en un momento vital en el que no le gusta lo que hace, o que las circunstancias le han puesto en serias dificultades y no sabe cómo reorientar su vida.

En una frase, se trata de un libro de "Desarrollo personal orientado al emprendimiento, personal o profesional". Para que lo entiendas un poco mejor te envío la sinopsis del mismo:

"Todos tenemos **SUEÑOS** que, de una manera u otra, no llegamos a cumplir. Este hecho nos genera frustración porque la sociedad actual nos da a entender que la lucha por esos **SUEÑOS** es algo muy fácil que todos podemos conseguir sin apenas esfuerzo.

Pero, **¿de verdad es tan fácil como nos lo quieren hacer ver?**

Te aseguro que no, y te lo digo desde la experiencia de alguien que, hace ya más de siete años, decidió de manera **INQUEBRANTABLE** comenzar ese camino de lucha por sus **SUEÑOS**.

Aunque mi camino está siendo apasionante, te aseguro que no es nada fácil y, echando la vista atrás, me gustaría haber tenido una guía que me dijera todas las cosas que debía tener en cuenta.

Ese es el motivo que haya escrito este libro para ti, para que juntos comencemos un **CAMINO** por la **LUCHA POR TUS SUEÑOS**, y lo haremos en dos fases:

- Una primera en la que realizarás un proceso de **AUTOCONOCIMIENTO**, fundamental para que tengas herramientas que te hagan superar **TODAS** las dificultades que te encuentres en el camino.
- Una segunda en la que diseñarás, de manera estructurada, un **PLAN** que será tu **MAPA DEL TESORO**, el cual deberás seguir para conseguir tu **OBJETIVO**.

Espero que te sumerjas conmigo en esta nueva aventura en la que, te aseguro, descubrirás que puedes hacer todo lo que te propongas, eso sí, con esfuerzo, constancia y planificación."

¿Qué me gustaría pedirte?

En estas semanas anteriores al lanzamiento oficial del libro (en papel y formatos digitales) me gustaría hacer un blog-tour, es decir, contactar con grandes referentes e "influencers" de nuestro sector para que me ayuden a promocionar el libro a través de sus publicaciones.

La idea es que, si aceptas mi ofrecimiento, te regalaría el libro en formato digital a través de Amazon para que luego tú decidieras cómo hacer algo para ayudar a *su promoción (publicar una reseña en tu blog, un artículo, una entrevista…lo que quieras, cuando leas el libro tú sabrás cuál es la mejor manera).*

Por supuesto, si crees que el libro es bueno y merece la pena, si es una basura y no es digno de que digas nada bueno del mismo, tienes toda la libertad para no hacerlo, es más, agradecería tu crítica constructiva para hacer mejor las cosas en un futuro.

Entre todos los "influencers" que aceptéis, prepararemos un calendario para que se vayan publicando de manera estructurada vuestras opiniones y así poder realizar una campaña de Marketing con las mismas para generar interés entre los futuros lectores.

¿Qué te parece la idea? ¿Podría contar contigo?

En caso afirmativo, solamente confírmamelo y una vez que tengamos toda la BBDD de "expertos" que colaboren en el blog-tour lo ponemos todo en marcha.

Muchas gracias por tu tiempo y ayuda, estoy a tu disposición para todo lo que necesites. Por supuesto que si quieres que hablemos del tema, me puedes contactar o dejarme tu teléfono, te llamo y charlamos un poco.

(Una última cosa, si conoces otras personas que pudieran aportar valor a este proyecto, te agradecería me falicitaras su contacto, seguro que tienes en mente a alguien y a lo mejor no l@ he contactado)

Un fuerte abrazo,

Héctor Trinidad

Eso fue lo que hice, lo mandé a esa lista de 500 personas y esperé a ver qué pasaba. Fíjate en el contenido del mail. Les trasladé cual es mi OBJETIVO, la VISIÓN (DAR A CONOCER MI LIBRO) y les PEDÍ ayuda, les traté de igual a igual, pidiéndoles su participación.

 ¿Qué fue lo que pasó?¿Recuerdas el proceso por el cual SE CREABA UN MOVIMIENTO?

Pues esto fue lo que pasó:
- Empezó a contestar mucha gente diciendo que SI, que contara con ellos para lo que fuera, y que querían comenzar ya.
- Otros dijeron que SÍ, que por supuesto y que les fuera diciendo.
- Otros dijeron que NO.
- Otros me dijeron que si quería su ayuda debíamos llegar a un acuerdo económico (es decir, les tenía que pagar para que lo hicieran).
- Y otros sencillamente no contestaron.

Lo primero que hice fue no tomarme nada como PERSONAL, sino entender a todo el mundo, los motivos por los que las PERSONAS hacen las cosas son totalmente respetables, así que...

A los que no contestaron...pues no pasa nada, no hice una lista negra ni nada parecido. A los que dijeron que NO, les agradecí su contestación y les dije que entendía sus motivos, y a los que pidieron dinero, les agradecí sus sugerencias pero les indiqué que no era la filosofía de lo que quería hacer.

Por lo que me quedé con las PERSONAS que me dijeron que SÍ.

Cuando envié el mail tenía dudas de si alguien iba a contestar y de si alguien iba a decir que sí, y estuve a punto de no enviarlo por MIEDO, por VERGÜENZA, por *"¿Qué van a pensar?"*, pero al final me dije a mi mismo que si no lo hacía no iba a conseguir nada, así que...!P´alante!

Mi sorpresa fue cuando me encontré con 70 (setenta) PERSONAS que dijeron SI, creo en tu VISIÓN y quiero participar.

Ya tenía el lío montado, y aquí venía el gran desafío:

Tenía que darle forma a todo para que fuera fiel a mi modelo de LIDERAZGO INSPIRADOR, por lo que...

? ¿Qué fue lo que hicimos?

Lo primero fue diseñar y estructurar mi PLAN de COMUNICACIÓN. Tenía claro que debía COMUNICAR a TODOS, pero no debía COMUNICAR TODO a TODOS, por lo que hice varios niveles:

-   En primer lugar, todas las PERSONAS que dijeron que sí pasaron a formar parte de un grupo, que se llamó el grupo de los ÁNGELES, ¿Por qué ese nombre?
-   Porque yo les había pedido ayuda, habían dicho que SÍ, y eran como mis ÁNGELES guardianes, que me estaban ayudando con mi VISIÓN. Ellos pasaron a SER los protagonistas, ellos y el libro, la VISIÓN, Cambia para Cambiar el Mundo ®, yo estaba al SERVICIO de AMBOS, de ayudar a los ÁNGELES a que lo consiguieran.
-   Hicimos una Base de Datos de todos los ÁNGELES, donde se compartió para todos: Nombre, Apellidos, mail, cuenta de twitter y cuenta de LinkedIn.

Yo entendí que para ellos podía ser una MOTIVACIÓN tener un grupo profesional en el que estuvieran en contacto con la excusa de ayudar "al del libro".

Y, efectivamente, eso resultó muy bueno, porque las PERSONAS valoraron mucho formar parte de algo que les pusiera en común con otros profesionales.

-   Creamos un calendario de publicaciones de ellos en el que todos los ÁNGELES sabían qué iba a publicar cada uno y cuando.

- Creamos una página web www.cambiaparacambiarelmundo.com donde se publicaban todas las reseñas, recomendaciones, videos, publicaciones que los ÁNGELES iban haciendo.
- Creamos una cuenta de twitter @CambiaElMundo3 que sirvió para darle difusión a todas las publicaciones.
- Lo mismo hicimos con Facebook donde creamos la Fan Page de Cambia para Cambiar el Mundo®
- Se diseñaron una serie de acciones de mail donde iban a estar al corriente de lo que sucediera. De esta manera, habría distintos tipos de mails.

Unos con el nombre de NOVEDADES donde se les informaba del desarrollo del proyecto,

Otros con el nombre PUBLICACIONES donde se les informaba que había una nueva publicación para que la vieran y ayudaran a su difusión.

Establecimos que la periodicidad de los mails fuera decreciendo, es decir, que fuera muy intensa al principio, prácticamente a diario, para coger impulso, y luego fuera bajando de intensidad poco a poco para no agobiar (las PERSONAS tienen vida, personal y PROFESIONAL, demasiado que me REGALAN su tiempo, debía encontrar el EQUILIBRIO)

- Creamos un grupo de WhatsApp donde los que QUISIERON pudieron tener una interacción mayor entre ellos.
- Creamos un grupo de Facebook de acceso libre para que pudieran publicar lo que quisieran y aprovecharlo como quisieran "Un Cielo para Cambiar el Mundo"
- Me fui a la caza del ÁNGEL, no conocía personalmente a prácticamente ninguno de estos ÁNGELES, por lo que yo me fui a conocerlos y hacerme una foto con ellos, con el libro y publicarla en nuestra cuenta de Facebook.
- Ellos no lo sabían, pero todos los que hicieron "algo" para el libro, recibieron el regalo de un ejemplar físico. Es decir, no lo hicieron por el incentivo del libro, porque no sabían que lo recibirían, pero todos los que colaboraron se les hizo partícipes del mismo.

? ¿El resultado?

- Más de 30 reseñas de estos ángeles.
- Lo de hacer RESEÑAS se fue luego extendiendo (el libro tiene muchas más pero esas vinieron posteriormente de PERSONAS que no pertenecieron a este grupo), las puedes ver todas en las web www.cambiaparacambiarelmundo.com y en la Fan Page de Facebook https://www.facebook.com/cambiaparacambiarelmundo/

- La primera edición se agotó en 45 días y preparamos automáticamente la SEGUNDA EDICIÓN, en la que incluimos algunas opiniones de los ÁNGELES que quisieron.
- Más de 1.150 seguidores en el grupo de Facebook.
- Más de 250 fotos de Ángeles con el libro físico de Cambia para Cambiar el Mundo ®, se fue extendiendo lo de las fotos y nos llegan continuamente fotos de nuevos lectores con el libro (si lo deseas puedes enviarnos la tuya con este libro, con Cambia...con los dos y estaremos encantados de publicarla)
- Más de un año seguido (a fecha de hoy) en el TOP 10 de los libros más vendidos en Amazon en sus dos categorías:
- Y lo más importante, la VISIÓN ha ido evolucionando, ahora es

❝❞ **"Un grupo de profesionales unidos en un grupo de Networking real para apoyarse, aportarse, ayudarse y enriquecerse"**

- El EQUIPO la ha ido creando, yo he dado paso a un lado y ya soy "UNO MÁS" dentro del grupo de ÁNGELES.

CLAVES DEL ÉXITO

- Exponer claramente la VISIÓN, lo que quería, lo que me podían aportar, lo que necesitaba de ellos, lo que les pedía...
- NO EXIGIR nada a nadie. Desde el primer día les dije que no tenían obligación de nada. Que cada uno podía hacer lo que quisiera, que podía decir que SI y luego NO hacer nada. Que la implicación de cada uno fuera la que QUISIERA dar.
- NUNCA se criticó a nadie, ni se dijo a nadie nada malo, todos dieron lo que quisieron, de manera generosa y altruista por conseguir la VISIÓN.
- El éxito del proyecto fue de TODOS, pero la RESPONSABILIDAD fue mía. Yo tenía claro que tenía que tomar las decisiones y que era responsable de las mismas, de los aciertos y los errores, pero el ÉXITO solo se podía conseguir si yo tomaba las decisiones correctas para que las PERSONAS dieran lo mejor de ellos mismos.
- Se trató de entender muy bien CÓMO cada PERSONA podía BENEFICIARSE por participar en el proyecto. Dándoles visibilidad, ayudándoles a entender cómo era eso de escribir y publicar un libro por si querían hacerlo, ayudándoles a tener una red de contactos...
- Se intentaron buscar todas las maneras posibles para que se pudieran beneficiar y lo pusimos a su disposición.

- Cada uno se BENEFICIÓ a su manera, como estimaron oportuno, no como les dijimos que se iban a beneficiar.
- Las personas que no vieron un BENEFICIO abandonaron el proyecto o, simplemente no lo siguieron, se desinflaron. No pasó nada, se entendió totalmente y se agradeció su participación hasta ese momento.

Se fue creando un movimiento de manera similar a la que vimos con los nuevos proyectos, hubo:

- PRIMEROS SEGUIDORES – Que fueron los primeros que dijeron que sí.
- CREADORES DE TENDENCIAS – Que publicaron reseñas e influyeron en otros
- SEGUIDORES – Que siguieron a los creadores de tendencias. En este grupo hubo PERSONAS que no contestaron al mail inicial y que luego han sido muy buenos seguidores y siguen arrastrando e influyendo en otras PERSONAS.
- CUESTIONADORES – Personas que no creían en el proyecto, no que lo ignoraran, sino que lo rechazaron en un principio, y que ahora se han convertido en SEGUIDORES.
- DESTRUCTORES – Que nunca nos seguirán, ¡Qué le vamos a hacer!, no pasa nada, la vida es así, se acepta y nos centramos en lo que nos interesa.

En definitiva, si te tuviera que resumir en unas pocas frases las claves del ÉXITO serían:

- Hubo una orientación total de SERVICIO a los ÁNGELES, para entender las MOTIVACIONES que podía tener cada uno para ayudar a conseguir la VISIÓN que se le planteó y poner el MOVIMIENTO al servicio de cada uno, para que lo aprovechara como quisiera.
- Mediante una muy buena estrategia de COMUNICACIÓN se les mantuvo continuamente informados de todo lo que consideramos que cada PERSONA debía conocer en cada momento, para no descuidar ni saturar.
- Como conclusión, te diría que todos los participantes se BENEFICIARON de una manera u otra de su participación en el proyecto y creo que eso fue clave para conseguir su IMPLICACIÓN.

De esta manera, mediante este proyecto de los ÁNGELES pude comprobar que el modelo funcionaba, pero me quedaba una duda.

 ¿El modelo funcionaba por cómo estaba estructurado o porque yo era un artista?

Porque lo que realmente me interesaba era que funcionara por cómo estaba diseñado, estructurado y ejecutado, no porque yo fuera más o menos "artista", ya que si todo era por el modelo, tú te podrías beneficiar, que es lo que realmente importa. (Si es porque yo soy un artista, me sube el EGO un poquito, pero a ti no te vale para nada, que es lo que realmente me importa, que sea útil para TI)

Así que, para comprobar que así era, que el modelo de LIDERAZGO INSPIRA-DOR era bueno, comenzamos otros proyecto, en el que hubo una serie de modificaciones, y que te voy a contar ahora, para que entiendas qué pasó, las características, similitudes y diferencias de Cambia para Cambiar el Mundo® con K-Thar-Sys®.

31 K-Thar-Sys®

Si recuerdas, a lo largo del libro hemos visto lo importante que es mantener a las PERSONAS motivadas y cómo la MOTIVACIÓN no dura para siempre.

Además, hemos visto que eres el responsable de la MOTIVACIÓN de tus PERSONAS, por lo que debes hacer todo lo posible para mantenerlas MOTIVADAS.

Esa idea la tenía muy clara al comenzar el año 2017, había terminado la campaña de Navidad, en la que Cambia para Cambiar el Mundo® había tenido un resultado excelente, todos los ÁNGELES habían estado implicadísimos, entregadísimos y dando lo mejor de sí mismos en lo que se refería a publicar reseñas, recomendaciones, compartirlas, viralizarlas...con lo cual estaba súper satisfecho, no podía pedir más.

Sin embargo, era consciente de que, después de Navidad, al volver a la rutina, el invierno...todo se podía "desinflar" y durante los primeros días del año estuve dándole vueltas a la cabeza para encontrar la manera de que los ÁNGELES se mantuvieran motivados, había que hacer algo nuevo, algo distinto, pero no daba con la clave para que esto sucediera.

 Hasta que llegó el 11 de enero de 2017 a las 7 de la mañana.

Era una tradición nuestra al despertar, ir diciendo los buenos días en nuestro grupo de WhatsApp e ir interactuando unos con otros. Esa mañana a primera hora nos juntamos en el grupo Manuel Calle Mena y yo, y tuvimos una conversación acerca de una reseña que él había hecho de Cambia para Cambiar el Mundo® en la que había utilizado un estilo mucho más creativo del que estaba acostumbrado a leer en los post y artículos que normalmente publicaba sobre temas laborales.

En esa conversación le sugería que explorara esa nueva faceta creativa y que la desarrollara puesto que me había gustado muchísimo. La cosa fue creciendo hasta que surgió la MAGIA y apareció una pregunta:

 ¿Y si escribimos una novela? ¿Entre todos los Ángeles? ¿Un capitulo cada uno? ¿Un capitulo cada día? ¿Y si lo publicamos en un blog para que la gente lo lea?

Y así surgió K-Thar-Sys®. En ese mismo momento decidimos ACTIVARLO, que MANUEL escribiera el primer capítulo para publicarlo al día siguiente y yo escribiría el segundo, y aprovechábamos esos dos días para organizarlo todo para continuar.

Fíjate, de repente ya teníamos:

- VISIÓN: Escribir una novela multiautor, entre todos los ANGELES, un capítulo cada día y lo íbamos a publicar en un blog para posteriormente, publicar la novela en papel.
- VISIONARIO: Héctor Trinidad
- PRIMER SEGUIDOR: Manuel Calle Mena

Y así pasó, el día 12 de enero a las 12 del mediodía se publicó el primer capítulo de K-Thar-Sys®, y ese mismo día a las 20:42 yo envié el siguiente mail a todos los ÁNGELES:

Asunto: NOVEDADES 12/01/17 - K-Thar-Sys
Hola a todos, ¿ya habéis vuelto a la rutina?
Espero que sí, por aquí hemos comenzado a tope!!!!!!!!!!!!!!!!
*(Elimino más cosas que se contaban relativas a **Cambia para Cambiar el Mundo**® en el mail, hasta llegar a lo que nos interesa)*
Ayer por la mañana estábamos los más madrugadores interactuando en el grupo y en esa hora bruja de las 7:30am se fue construyendo una idea. Escribir una novela entre todos.
Como las cosas no hay que dejarlas pasar, decidimos darle forma y ya es una realidad, y es de lo que os vengo a hablar para invitaros a todos a participar.
La idea es escribir una novela entre todos los que se apunten, una novela multiautor, con periodicidad diaria.
¿Qué quiere decir esto? Que cada día se va a publicar un artículo de la misma, escrito por uno de los autores, que tiene que continuar la historia según se la encuentre.
¿Es una locura? Por supuesto
¿Es posible? Más por supuesto todavía, ¿por qué?
Porque ya es una realidad. Os invito a conocer:
K-Thar-Sys
¿De qué va? No lo sabemos, los días y vuestra creatividad nos lo irá diciendo, pero ya hemos arrancado, ¿no os lo creéis? Aquí tenéis el enlace del blog donde se publicarán, diariamente, todos los capítulos
https://ktharsys.blogspot.com.es/
Hoy se ha publicado el primer capítulo y ya está programado el capítulo de mañana, que se publicará a las 12:00 del mediodía, por lo que...ya hemos arrancado, iremos aprendiendo y mejorando por el camino.

¿A dónde queremos llegar con esto? !!!! A donde sea !!!! No nos ponemos límites, pero sabemos que vamos a disfrutar haciéndolo, entre todos los que nos apuntemos y el límite lo pondrá el tiempo, no nosotros.

Pero, como todo este camino lo hemos comenzado entre **TODOS**, os queremos invitar a **TODOS** a formar parte de esto, y para eso os voy a explicar las reglas que hemos definido para organizarlo bien:

- Se puede unir a este proyecto cualquier persona del grupo de ÁNGELES hasta que K-Thar-Sys llegue al capítulo 30, a partir de entonces no aceptaremos más incorporaciones (tenéis 29 días para decidiros)
- Los autores irán publicando mediante un cuadrante, en el cual publicarán todos por orden. ¿Qué quiere decir esto? Que si somos 15 autores, publicaremos una vez cada 15 días.
- Cada capítulo tendrá un máximo de 500 palabras, tendrá que continuar lo que se haya dicho, no caer en incoherencias ni contradicciones con lo anteriormente publicado, aunque se pueden dar todos los giros que se quiera a la historia.
- Ningún capítulo podrá finalizar la obra.
- Todos los autores escribirán bajo seudónimo y enviarán un avatar (libre de derechos) para que se publique con su seudónimo. (me lo enviarán por WhatsApp)
- Si esta novela generara algún beneficio, se repartirían a partes iguales entre todos los autores que estuvieran inscritos a partir del capítulo 30.
- Los autores deberán incorporarse al grupo de WhatsApp para que haya comunicación fluida entre todos.
- Se publicará **TODOS** los días (fines de semana incluidos) a las 12:00h y la hora máxima para recibir el capítulo será el día anterior al que os toque publicar a las 22:00 para que se pueda revisar y programar la publicación para el día siguiente a las 12:00.
- Si alguno no puede publicar, deberá **CAMBIAR** su día de publicación con algún compañero/a, comunicármelo y este último enviarme el capítulo a publicar.
- Todos los capítulos se me enviarán a mí, a esta dirección de mail en un archivo Word.
- Yo guardaré el master de la obra en archivo Word y la propiedad de los derechos será de **TODOS** los autores registrados hasta el capítulo 30.
- Al llegar al capítulo 100 se intentará publicar la obra en formato Kindle en Amazon. (y así sucesivamente cada 100 capítulos).
- Si algún autor abandonase la obra, tendría los derechos hasta la publicación del siguiente e-book, pero no los siguientes. Por ejemplo, si un autor abandona la obra en el capítulo 167, tendría los derechos del libro de los 100 y de los 200, pero no de los siguientes.

- Si alguien quiere comprar los derechos para publicar la obra, hacer una película, derechos de imagen...La decisión se tomaría entre todos los autores en activo por mayoría simple, debiendo aceptar los demás el resultado.
- Y si hay que ir a Hollywood a recoger un Óscar, es obligatorio para todos ponernos bien guap@s. ☺

Bueno, no sé si ha quedado claro o no, pero de momento estas son las normas que creemos que hay que poner, que aunque pensemos que nos hemos fumado algo, cuanto más claro esté todo, mucho mejor.

Como os decimos, esto es para divertirnos y os invitamos a todos, tenéis hasta el capítulo 30 para decidiros, aunque os pedimos que entréis en el blog, os suscribáis y veías cómo va evolucionando la cosa.

Hoy no os envío nada más, solo eso, espero que haya quedado todo claro y que os unáis a que creemos **K-Thar-Sys** entre todos.

Millones de besos e infinitas gracias,
Héctor Trinidad

Y así comenzó K-Thar-Sys®; a partir de ahí se fue desarrollando el proyecto según lo habíamos previsto, se fueron incorporando PERSONAS hasta el capítulo 30, hubo un momento en que fuimos 20, luego algunas personas abandonaron el proyecto, otras volvieron...

Lo importante es que al final, 105 días después, el 26 de abril de 2017, conseguimos lo imposible: Publicar un capítulo durante 105 días seguidos, todos los días a las 12 del mediodía, sin fallar ni un solo día y terminar nuestra novela, terminar K-Thar-Sys®.

Y no nos quedamos ahí, el 22 de junio de 2017 se publicó K-Thar-Sys® en papel y formato digital. Por eso, no me cansaré nunca de dar las gracias y la enhorabuena a todos los autores, puesto que ha sido uno de los proyectos más maravillosos en los que he participado en mi vida.

 ¡Infinitas gracias a todos!

Nuevamente lo habíamos conseguido, nos habíamos puesto a trabajar por una VISIÓN, y el GRUPO lo había hecho REALIDAD.

En este proyecto, aunque Manuel Calle Mena y yo lo comenzamos, muy pronto yo me aparté a un lado, y realmente fue él quien coordinaba las operaciones. Fue muy enriquecedor ver cómo la VISIÓN se imponía nuevamente por encima de todo lo demás y cómo Manuel nos enriqueció a los demás.

Este proyecto K-Thar-Sys®, además de hacer crecer a todos los que participábamos en tiene él se encuentra en el mismo punto que el de los ÁNGELES, ha derivado en un grupo de Networking en el que unos cuantos locos consiguieron algo juntos y ahora tienen la misma VISIÓN que el otro:

> ❚❚ **"Un grupo de profesionales unidos en un grupo de Networking real para apoyarse, aportarse, ayudarse y enriquecerse"**

Y al hacerse realidad K-Thar-Sys®, además de toda mi satisfacción personal por participar en un proyecto tan apasionante y conseguir algo único, pudimos seguir validando el modelo de LIDERAZGO INSPIRADOR, arrancamos un proyecto y, en un momento dado me aparté para que otros lo llevaran adelante siguiendo otro rol.

Pero aún me quedaba una duda, ¿Y si no me implico TANTO? ¿Si solo muestro la VISIÓN?, ¿Se puede seguir igual este modelo de LIDERAZGO INSPIRADOR? Porque se supone que el GRUPO ya es consciente de CÓMO se hacen las cosas con este tipo de LIDERAZGO y, al igual que Manuel se empoderó y se encargó de K-Thar-Sys®, todos deberían ser capaces de hacerlo, ¿NO?

Pues teníamos que comprobar que, efectivamente, esto era así.

32 Ruteros Catalizadores

Si has leído Cambia para Cambiar el Mundo®, sabrás que, hace unos cuantos años tuve la suerte de comenzar a publicar mis artículos en "La Nueva Ruta del Empleo", una red social temática en la que muchos "ruteros" publicamos periódicamente lo que queremos "regalarle al mundo". Puedes conocernos en la web:

 www.lanuevarutadelempleo.com

Y en nuestras Redes Sociales. Esta experiencia me ha aportado tanto que cada vez me he ido implicando más y más, hasta el punto que, comenzando el año 2017 me incorporé a la compañía como socio de la misma y ahora mismo soy el encargado de coordinar toda la operación (lo cual es una de las labores más enriquecedoras que he tenido nunca, personal y profesionalmente).

Una de las cosas que hacemos en "La Ruta" son "Ferias/Foros/Eventos de empleo" en muchas ciudades por todo el territorio nacional. Eventos muy "distintos" con un enfoque totalmente orientado al CLIENTE donde los RUTEROS nos volcamos por ayudar a las PERSONAS que están buscando "Reorientar su carrera profesional". Os puedo asegurar que es toda una experiencia.

En octubre del 2017 realizamos un gran evento de este tipo en una gran ciudad española y en la misma, con toda la exaltación, los participantes me plantearon la posibilidad de aprovechar nuestro presente común en "La Ruta" para CREAR

> **" "Un grupo de profesionales unidos en un grupo de Networking real para apoyarse, aportarse, ayudarse y enriquecerse"**

Ellos mismos me estaban pidiendo que lleváramos a cabo la VISIÓN en la que había derivado el grupo de ÁNGELES y el de K-Thar-Sys®. Era la oportunidad PERFECTA para comenzar algo, SOLO CON LA VISIÓN, sin tener parte activa, para ver si podía FUNCIONAR, por lo que el 23 de octubre de 2017 envié a TODOS los RUTEROS:

"Hola, hola, hola!!!!!

Como bien sabéis, la semana pasada se desarrolló #ElForo, el evento de (Nombre de la ciudad donde lo hicimos), organizado por La Nueva Ruta del Empleo y promovido por el Ayuntamiento de (la misma ciudad).

La verdad es que el resultado fue espectacular en todos los aspectos, y en el postevento, los ruteros-ponentes presentes plantearon la posibilidad de Crear un grupo de WhatsApp en el que los ruteros pudiéramos interactuar de manera más cercana y sostenida.

Y por eso estás recibiendo hoy este mail, para invitarte a formar parte de dicho grupo. Como no queremos obligar a nadie, vamos a hacer lo siguiente:

Quien quiera participar, me contesta este mail directamente a mí diciéndome que quiere hacerlo, y dándome el número con el que le tengo que agregar al grupo (recordad que al ser internacional debéis indicarme el código de país, en España +34, por ejemplo)

Quien no quiera, no pasa nada, pero que me lo diga también porfa, porque así puedo llevar el control y sé que te ha llegado, no vaya a ser que alguien quiera participar y no haya recibido el mail.

Ni que decir tiene que el contenido del grupo será totalmente libre y podréis interactuar como deseéis, yo no voy a hacer ningún tipo de moderación, solo me limitaré a crearlo e incluir a los participantes, ya que esta iniciativa surge de vuestras propias sugerencias.

Y nada más, que según me lleguen vuestras contestaciones las vamos haciendo, ¿vale?

Ah, los integrantes solamente serán ruteros y "ponentes" invitados a los eventos ruteros. No se podrá agregar a nadie externo.

Millones de besos e INFINITAS GRACIAS

Es decir, a petición suya, lo único que hice fue exponer el hecho, la VISIÓN, mostrarles que unos cuantos locos querían bailar y si se querían unir.

 ¿Qué ha pasado?

Pues, efectivamente, el grupo está formado por muchísimos RUTEROS que han querido participar y sumarse a la VISIÓN. En esta comunidad yo no tengo ningún tipo de protagonismo, lo único que hice fue crear el ECOSISTEMA, y el mismo GRUPO, con las experiencias PASADAS (hay varios miembros que están en los ÁNGELES y K-Thar-Sys®) se autogestiona.

Además, en este punto los 3 proyectos están en el mismo punto, son

> **‼ "Un grupo de profesionales unidos en un grupo de Networking real para apoyarse, aportarse, ayudarse y enriquecerse"**

Los participantes de los 3 nos apoyamos entre nosotros, pedimos ayuda, consejo, asesoría, nos complementamos, nos hacemos crecer, en definitiva hacemos todo lo posible por cumplir con la VISIÓN que tenemos y que hemos ido CREANDO entre todos, a partir de una VISIÓN concreta, que ha sido distinta en los 3 casos.

Esta es la APLICACIÓN PRÁCTICA de nuestro modelo de LIDERAZGO INSPIRADOR, un modelo en el que ya has visto que lo importante es la VISIÓN, las PERSONAS que van a hacer que esa VISIÓN sea una REALIDAD y la unión que se haga entre ambos mediante la herramienta de la COMUNICACIÓN.

> **¿Más o menos te ha quedado claro todo lo que hemos visto en el LIBRO?**

Ya estamos "casi" llegando al final del libro pero antes tenemos que ver CÓMO podemos CAMBIAR EL MUNDO con todo lo que hemos visto, ¿Verdad?

293

33 Catalizadores para CAMBIAR EL MUNDO

Si no te has dado cuenta, el título del capítulo anterior se llama RUTEROS CATA-LIZADORES. Lo de RUTEROS creo que ya te lo he dejado claro pero...

? ¿Lo de CATALIZADORES?

Para explicártelo, te voy a contar una historia:

Hace algo más de dos décadas estaba comenzando mi segundo año de universidad. En ese verano de 1996, una de las cosas que hice (aparte de pasar unas vacaciones espectaculares en Málaga) fue sacarme el carnet de conducir.

Al comenzar el curso mi padre me cogió y me dijo:

"Hijo, te voy a regalar un coche"

Te puedes imaginar lo que yo pensé:

!!!! El Golf TDI, para ir a la universidad !!!!

Pero la realidad no me iba a deparar algo tan...estilizado.

Mi padre aprovechó que el Pisuerga pasaba por Valladolid y se compró un coche nuevo, lo que provocó que yo heredara su Renault 18 GTS de más de 15 años, el cual me enseño muchas cosas (y aún me las sigue enseñando, fíjate que comienzo el artículo con él).

Me dijo:

"Hijo, aquí tienes el coche, pero si lo quieres, vas a tener que mantenerlo tú, porque no te voy a pagar ni el seguro, ni la gasolina, ni nada".

En ese momento, cual niño que le regalan un perrito para que se haga responsable de él, acepté el reto, el encargo y busqué un trabajo de fin de semana para poder mantener el coche (mi primera carga, me estaba haciendo mayor, luego vendrían casas, hipotecas, crisis...pero esa es otra historia).

Durante veinte horas semanales concentradas en los fines de semana, era **"El rey de la hamburguesa"**, lo cual me provocó que me pusiera en plena forma y que obtuviera mis primeras nóminas de 56.000 pesetas para poder mantener mi coche (era todo para el coche porque no tenía tiempo de salir).

Todo eso estuvo muy bien, hasta que al coche hubo que cambiarle el embrague porque ya estaba viejito, y ese arreglo se llevó más de una paga íntegra mensual.

Ahí me di cuenta nuevamente de muchas cosas, pero sobre todo de una, que la hora de un profesional cualificado se pagaba bastante más cara que una hora de trabajo de **"el rey de la hamburguesa"**, pero ahí tampoco vamos a entrar porque no es el foco del artículo.

Una vez asumido el shock inicial del pago de la factura, y sintiendo que estaba creciendo como hombre y madurando como persona (¿notas la ironía en mis palabras? ☺), volvía a tener en mis manos mi flamante Renault 18 verde metalizado.

Pasaron los meses y todo parecía ir bien hasta que mi "pequeño" decidió, un buen día de primavera, que no quería volver a caminar. Le llevamos a reanimar, pero los especialistas nos dijeron que arreglar el coche era una locura por el coste que implicaba y lo viejo que estaba.

En ese momento todos mis sueños se desvanecieron con él y, con gran dolor de mi corazón, le acompañé hasta su nuevo hogar, un precioso desguace en la carretera de Toledo.

Allí, en su nueva casa, pude ver un espectáculo asombroso: miles y miles de coches apilados, todos inútiles, sin ningún uso, con sus piececitas, esperando a que alguien acudiera una mañana de sábado a desmontarlos y quiera llevarse alguna pieza de saldo.

Y aquí es donde te digo que mi viejo Renault 18 sigue enseñándome cosas:

Nuestra sociedad actual está llena de eso, de **PIEZAS** desechadas en un desguace, pero no porque ellas no sirvan, sino porque los coches en los que estaban, ya no funcionan.

Y esas **PIEZAS** están esperando a que alguien vaya a rescatarlas, a sacarlas del desguace.

Incluso, hay **PIEZAS** nuevas que se incorporaron a un coche que, de repente, dejó de funcionar, como el embrague de mi Renault 18,

¿Y qué culpa tiene esa pieza de que la hubieran puesto en un coche que iba a dejar de funcionar tan rápido? Ninguna, ¿verdad?

Pero es que, incluso, hay piezas que forman parte de los mejores coches que existen, los Formula 1... ¿Y qué pasa con esas piezas?

Pues algo todavía peor, como estos sistemas están a la vanguardia, evolucionan mucho más rápidamente y acaban antes en el desguace (o en el museo). Fíjate que un Fórmula 1 que está disputando este año el campeonato del mundo, ya no va a correr el año que viene (¡por lo menos mi Renault 18 vivió más de 16 años!).

Nos han educado para ser **PIEZAS** que encajemos dentro de un coche, de un sistema productivo determinado. Nos han educado en un modelo creado a partir de la Revolución Industrial, donde las personas se tienen que acoplar a las máquinas, para que interactúen y trabajen juntas dentro de un determinado sistema.

Pero las personas no son máquinas, no son **PIEZAS** que se puedan desechar cuando no nos interese, porque si las tratamos así, ¿Qué es lo que nos encontramos? Personas que, estando en la mejor edad profesional no son aceptadas por el mercado laboral.

Y yo eso sí que no lo puedo aceptar.

Entonces me puse a pensar:

Vale, las personas no podemos ser PIEZAS, no nos pueden educar como a PIEZAS pero...¿Qué tenemos que ser entonces?

No me iba a quedar solo en decir lo que pienso que no estamos haciendo bien sin dar ninguna solución creativa para mejorar, ¿No?

Y ahí que me puse yo a pensar en soluciones creativas al problema que me había inventado.

Y pensé en una **LLAVE MAESTRA**, una **PIEZA** que se puede adaptar a cualquier tipo de cerradura, que puede cambiar de sistema, que si ya no vale para el Renault 18 valga para otro coche, ¡Qué buena idea!¿Verdad?

Peeeero nuevamente me di cuenta que no, porque en el momento que la tecnología evoluciona, deja a todos los sistemas desfasados. Cuando hay cerraduras digitales, ya no funcionan las llaves maestras. Cuando se desarrolla la fotografía digital dejó de venderse película, cuando apareció el email se acabó el fax y cuando apareció el PC se hundieron las máquinas de escribir electrónicas (igual que la nube ha hundido los CD´s, DVD´s...).

Vale, entonces tampoco podemos ser Llaves Maestras (tampoco iba a acertar a la primera)☺

¿Y qué tenemos que ser? Pensé nuevamente...

Ya está, tenemos que ser **CÉLULAS MADRE**, las células madre son células que eligen en qué se quieren convertir; si quieren ser una célula de un riñón, lo son, si quieren ser una célula del hígado...lo son, de un músculo...lo son.

¡Qué bien, nos forman para que adaptemos nuestro SER a la realidad que queramos adoptar!...Esta podría ser la solución, ¿Verdad?

Pues tampoco, ¿Y por qué?

Porque tú eliges qué quieres ser pero...¿Y si tienes que cambiar? ¿Si ya eres una célula renal, podrías ser una célula hepática? En principio no, ¿verdad?

El mercado nos exige en la actualidad una gran adaptabilidad y anticipación a los **CAMBIOS** y nos dice que **NO** vamos a tener el trabajo actual toda la vida y que los trabajos del futuro aún **NO** se han inventado, por lo que **NO** sabemos lo que vamos a tener que ser en el futuro.

!Ahhhhh!

Entonces ya estaba "casi" desesperado y a punto de darme por vencido cuando, de repente, un día que estaba corriendo por el campo (nuevamente te digo que tengo pocas ideas buenas, y siempre aparecen cuando estoy corriendo, por lo que si quieres que se me ocurra algo útil, no me metas en una mesa de oficina, llévame a correr) se me encendió la bombilla:

¡Ya está! Ya sé lo que tenemos que ser: CATALIZADORES.

Pero...¿Qué es un catalizador? Un catalizador es una sustancia que aumenta la velocidad de una reacción química sin ser parte de la reacción, solo con estar presente...!Qué maravilla!

Es decir, es una sustancia que **HACE QUE LAS COSAS PASEN**, y que pasen más rápido, una sustancia que **MEJORA EL SISTEMA** en el que está, simplemente por estar ahí, sin hacer el trabajo, **SIN SER UNA PIEZA**.

Y me dije...!Guau!

Eso es lo que tenemos que ser, **CATALIZADORES**, para conseguir que las cosas pasen, que los sistemas sean mejores, más rápidos, más eficientes...

Porque no podemos seguir siendo **PIEZAS** por muchos motivos (los que hemos visto y muchísimos más). Además, es una tontería que intentemos competir con las **PIEZAS**, porque la tecnología cada vez es mejor, y las **PIEZAS** siempre van a ser mejores siendo **PIEZAS** que las **PERSONAS** siendo **PIEZAS**.

¿Has entendido la frase o te he hecho un lío?

Entonces pensé: vale, ya está, seamos **CATALIZADORES**. Y entonces volví al **PRESENTE**, miré a la realidad actual y me pregunté:

¿El mundo qué está haciendo?

Y vi lo siguiente:

Por un lado, el mercado laboral nos exige esas **HABILIDADES** y **COMPETENCIAS** de adaptabilidad y anticipación a los **CAMBIOS** (están en rollo células madre), pero no nos educan para ello siendo niños, nos siguen educando para ser **PIEZAS**.

Estamos exigiendo a los jóvenes, cuando salen de la universidad, que desarrollen estas **HABILIDADES** y **COMPETENCIAS** por sí mismos. Un poco pretencioso, ¿no? Veinte años educándoles para ser **PIEZAS** y ahora pretendemos que ellos, por su cuenta, se auto eduquen para ser células madre,

¿No estamos descargando en ellos demasiada "responsabilidad"?

Y por otro lado estamos cogiendo las **PIEZAS** de los desguaces, personas ya no recién salidas de la universidad, sino expulsadas del mercado laboral, y les estamos "ayudando" a que se reciclen mediante orientación laboral, coaching, formación para el trabajo...

Y yo no digo que eso esté mal, por supuesto que no, todo lo contrario, hay que ayudar a todas las **PERSONAS** que no "encajan" con lo que el mercado laboral pide, ¿Verdad?

Pero mi pregunta es...

¿Y con el niño de 3 años que empieza su educación escolar ahora? ¿Para qué le estamos educando?

Efectivamente...para ser una **PIEZA**.

¿No debería ser el momento de que nos replanteemos solucionar el problema de raíz y no solo las hojitas que van saliendo que no nos gustan?

Cambiemos el sistema educativo, dejemos de educar a nuestros niños para ser **PIEZAS** y comencemos a educarles para ser **CATALIZADORES**; para que mejoren todo aquello donde estén, para que aceleren las reacciones, para que hagan que las cosas sucedan.

Cambiemos el sistema educativo para desarrollar **CATALIZADORES** que Cambien el **MUNDO**, ¿cómo? Es el gran desafío de la humanidad para las próximas generaciones,

¿Te parece suficientemente importante?

Esto que acabas de leer es un fragmento de mi charla "Catalizadores para Cambiar el Mundo"®

 ¿Por qué la he compartido contigo?

Estamos acostumbrados a ver la comparación del JEFE tradicional con la del LÍDER actual. Tengo una imagen en la mente en la que el JEFE está detrás azotando a la gente para que tiren de un carro para conseguir un OBJETIVO.

Por otro lado nos dicen que NO, que el LÍDER no azota a la gente, que el LÍDER tira del carro y guía a los demás, para que los demás le SIGAN.

 Y esa tampoco es la solución.

Con nuestro modelo de LIDERAZGO INSPIRADOR queremos cambiar ambos PARADIGMAS, el mundo necesita otra cosa, necesita CATALIZADORES.

Necesita PERSONAS que tengan VISIONES y que hagan que las COSAS MEJOREN, no que se pongan a tirar de MIL CARROS, sino porque INSPIREN a los demás y les EMPODEREN que muestren las VISIONES a las PERSONAS e IMPACTEN en ellos (con todo lo que hemos visto que eso implica), para que estas PERSONAS sean capaces de CREAR las suyas PROPIAS, y de IMPACTAR e INSPIRAR a nuevas PERSONAS, para CREAR nuevos CATALIZADORES.

Por eso el capítulo anterior se llama "Ruteros Catalizadores" y por eso, el grupo de Facebook que comenzó llamándose "Un cielo para Cambiar el Mundo"(Por lo de los Ángeles) ahora se llama "Catalizadores para Cambiar el Mundo".

Y por eso yo te pregunto a ti,

 ¿Te gustaría ser un CATALIZADOR que Cambie el Mundo?

Pues comencemos tu camino haciendo el último ejercicio del libro.

Ejercicio 23

Me gustaría que, en este último ejercicio, diseñaras un Plan de Acción para el futuro.

Por eso, te voy a preguntar. Analizando todo lo que has visto en el libro y los ejercicios que has hecho.

¿Qué crees que debes trabajar para desarrollar tu LÍDERAZGO INSPIRADOR y ser un CATALIZADOR?

Escribe todo lo que se te ocurra (una cosa, dos, diez, cien…lo que quieras)

Muy bien, para cada cosa que hayas escrito quiero que desarrolles un Plan de Acción, es decir, escribe:

¿Qué debes hacer para mejorar? Acciones concretas

¿Cuál es el objetivo que te planteas? Para que puedas evaluarte

¿Cómo te vas a evaluar para ver si has mejorado o no? ¿Cómo vas a comprobar si has llegado al objetivo que te has planteado?

¿Cuándo vas a realizar esa evaluación? Quiero un día concreto y que te pongas una alerta en tu móvil, calendario…para que te avise de que tienes que revisar tu Plan.

Dedica todo el tiempo que necesites a este ejercicio porque es la manera en que vas a comenzar a trabajar solo en tu desarrollo y, cuando termines, continuamos al último capítulo, para despedirnos.

Recuerda que, cuanto más sincero seas contigo mismo, mucho más útil te será el libro y todos los ejercicios del mismo.

Ejercicio 23

Me gustaría que, en este último ejercicio, diseñaras un Plan de Acción para el futuro.

Por eso, te voy a preguntar. Analizando todo lo que has visto en el libro y los ejercicios que has hecho.

¿Qué crees que debes trabajar para desarrollar tu LÍDERAZGO INSPIRADOR y ser un CATALIZADOR?

Escribe todo lo que se te ocurra (una cosa, dos, diez, cien...lo que quieras)

Muy bien, para cada cosa que hayas escrito quiero que desarrolles un Plan de Acción, es decir, escribe:

¿Qué debes hacer para mejorar? Acciones concretas

¿Cuál es el objetivo que te planteas? Para que puedas evaluarte

¿Cómo te vas a evaluar para ver si has mejorado o no? ¿Cómo vas a comprobar si has llegado al objetivo que te has planteado?

¿Cuándo vas a realizar esa evaluación? Quiero un día concreto y que te pongas una alerta en tu móvil, calendario...para que te avise de que tienes que revisar tu Plan.

Dedica todo el tiempo que necesites a este ejercicio porque es la manera en que vas a comenzar a trabajar solo en tu desarrollo y, cuando termines, continuamos al último capítulo, para despedirnos.

Recuerda que, cuanto más sincero seas contigo mismo, mucho más útil te será el libro y todos los ejercicios del mismo.

34 ¡Cambiemos el Mundo! ¡Vivamos para SERVIR!

M i querido amigo, si has llegado hasta esta página no puedo hacer otra cosa que decirte:

GRACIAS

Infinitas gracias por haber confiado en lo que, humildemente, tenía que contarte. Quiero aprovechar estas últimas líneas para hablarte desde lo más profundo de mi SER.

Cuando escribí Cambia para Cambiar el Mundo® intenté reflejar en él cómo todos nosotros tenemos en nuestro interior algo magnífico, algo extraordinario, un talento, un don que debemos regalarle al mundo y que el mundo está esperando que le regalemos.

Sin embargo, con tener TALENTO no basta, no es suficiente, hay que trabajar para poner ese TALENTO a disposición del mundo, hay que descubrir nuestra UTILIDAD y cómo ponerla al SERVICIO de los demás.

En Cambia para Cambiar el Mundo® te animaba a que descubrieras eso que tenías dentro y que lucharas por dárselo al MUNDO, que SOÑARAS ALTO, muy alto, y que realizaras un PLAN para pasar a la ACCIÓN, para que ese SUEÑO se transformara en tu VISIÓN.

También te decía que no ibas a poder hacer solo, que necesitabas APALANCARTE, APOYARTE en PERSONAS que CREYERAN en ti y te AYUDARAN a conseguir esa VISIÓN.

Ese es el motivo de que haya decidido escribir este libro para ti. En este libro te doy las que considero las mejores herramientas para que esas PERSONAS te ayuden a conseguir tu VISIÓN, y nada me gustaría más que utilizarás esa VISIÓN para CAMBIAR EL MUNDO.

Vivimos tiempos de CAMBIOS, la humanidad avanza muy rápidamente y nos vamos e enfrentar a nuevos desafíos para los que aún no estamos preparados.

Como te he dicho al principio del libro, a mí me han engañado, me educaron para competir en un mundo de buenos y malos, en el que tenía que ser mejor que los demás.

303

Cambiemos entre todos ese PARADIGMA, cambiemos el mundo, dejemos de competir y luchar entre hermanos, entre compañeros, entre amigos, entre ciudadanos, entre países...y comencemos a COOPERAR.

Nos han educado en un sistema industrial para que fuéramos piezas de una cadena productiva.

Actualmente ese modelo está desfasado, se está produciendo un avance tan grande de la automatización que, en el futuro, las máquinas harán todo el trabajo que se pueda homogeneizar con un algoritmo.

Dejemos de formar a nuestros hijos para trabajar como máquinas, porque las máquinas van a hacer mejor su trabajo de máquinas que nosotros, contra las máquinas no vamos a poder competir.

Eduquemos a nuestros hijos en base a la CREATIVIDAD, para descubrir soluciones a problemas que aún no existen y que, por lo tanto, aún no tienen respuestas.

Pongamos el avance tecnológico al servicio de las PERSONAS, cambiemos el mundo, la sociedad, LUCHEMOS por una sociedad donde todas las personas se puedan desarrollar, puedan crecer, puedan aportar VALOR, puedan SERVIR a los demás.

Vivamos una vida en la que el ÉXITO no sea la cantidad de DINERO que una PERSONA pueda acumular, sino la cantidad de VALOR que pueda APORTAR, LO QUE PUEDA SERVIR.

Creemos VISIONES a largo plazo que ILUSIONEN, MOTIVEN y sean BENEFICIO-SAS para todas las PERSONAS de este planeta.

El mundo TE NECESITA, no necesita superhéroes, necesita CATALIZADORES que hagan que las cosas pasen, que las cosas mejoren, así que vamos a CAMBIAR EL MUNDO juntos.

? ¿Y cómo lo vamos a hacer?

Esa será otra historia que escribiremos juntos, recorriendo UNA MILLA EXTRA cuando hayamos aprendido a

VIVIR PARA SERVIR

Millones de besos e infinitas gracias,

H

www.ingramcontent.com/pod-product-compliance
Lightning Source LLC
Chambersburg PA
CBHW071251220526
45468CB00001B/75